鸿渐于磐
——大兴安岭林区的文化人类学考察

张雨男 著

学苑出版社

图书在版编目（CIP）数据

鸿渐于磐：大兴安岭林区的文化人类学考察 / 张雨男著. -- 北京：学苑出版社，2025.4. -- ISBN 978-7-5077-7166-4

I. C958

中国国家版本馆CIP数据核字第2025JM3808号

出 版 人：洪文雄
责任编辑：陈　佳
助理编辑：余兴亚
出版发行：学苑出版社
社　　　址：北京市丰台区南方庄2号院1号楼
邮政编码：100079
网　　　址：www.book001.com
电子信箱：xueyuanpress@163.com
联系电话：010-67601101（营销部）、010-67603091（总编室）
印 刷 厂：北京建宏印刷有限公司
开本尺寸：710mm×1000mm　1/16
印　　张：14.75
字　　数：240千字
版　　次：2025年4月第1版
印　　次：2025年4月第1次印刷
定　　价：80.00元

本书系2024年国家社会科学基金青年项目"交通基础设施建设与东北边疆民族地区乡村振兴研究"(批准号：24CMZ038)阶段性成果。

本书获中国社会科学院2024年度"青启计划""近北极民族社会发展比较研究"(编号：2024QQJH148)资助。

目 录

导 论 / 001

上编 理论与方法

第一章 研究的分析单位——兼论费孝通的"中国"个案研究观 / 009
    一、由利奇之批判引发的问题意识 / 010
    二、重思费孝通研究方法论之意义 / 012
    三、费孝通开展研究的分析单位 / 014
    四、费孝通研究的分析层次 / 017
    五、费孝通研究观对相关研究方法的回应 / 024
    六、费孝通对定量研究方法的态度 / 029
    七、结语 / 031

第二章 民族志中的寓言 / 033
    一、田汝康与《芒市边民的摆》 / 034
    二、一本作为寓言性质的民族志 / 037
    三、再思那目寨之平等 / 039
    四、结语 / 041

第三章 文化人类学视野下的狩猎采集社会研究 / 043
    一、狩猎采集社会研究初期的基本议题 / 044
    二、20世纪末的"重写"思潮 / 049
    三、"本体论转向"与狩猎采集社会研究 / 052
    四、狩猎采集社会研究展望 / 057

第四章 试论作为方法的大兴安岭林区 / 061
　　一、生存智慧与"本体论" / 062
　　二、内外交织互动与动态研究视角 / 065
　　三、民族社会发展变迁 / 067
　　四、结语 / 068

第五章 文化人类学话语中的鄂伦春族社会与文化 / 069
　　一、1949年以前对鄂伦春的记载和调查 / 071
　　二、20世纪50至80年代的鄂伦春族研究 / 074
　　三、20世纪90年代以来的鄂伦春族研究 / 079
　　四、鄂伦春族研究展望 / 086

下编　田野与经验

第六章 大兴安岭林区各民族交往交流交融的历史演进与当代实践 / 091
　　一、问题的提出 / 091
　　二、历史演进 / 094
　　三、当代实践 / 098
　　四、结语 / 102

第七章 大兴安岭林区居所变迁与各民族交往交流交融 / 105
　　一、问题的提出 / 105
　　二、大兴安岭林区传统居所与各民族交往交流交融 / 107
　　三、大兴安岭林区居所的现代变迁与各民族交往交流交融 / 112
　　四、大兴安岭林区居所的旅游开发与各民族交往交流交融 / 117
　　五、结语 / 120

第八章 "路"与大兴安岭林区社会文化变迁 / 121
　　一、问题的提出 / 121
　　二、传统时期的道路观念 / 125

三、公路的修筑及其影响 / 129
　　　四、铁路的修筑及其影响 / 133
　　　五、结语 / 137

第九章　鄂伦春族日常生活节奏的变迁与适应 / 139
　　　一、问题的提出 / 139
　　　二、鄂伦春族传统日常生活节奏 / 143
　　　三、鄂伦春族日常生活节奏的变迁 / 148
　　　四、分析与讨论 / 154

第十章　大兴安岭林区振兴的实践路径研究 / 157
　　　一、问题的提出 / 157
　　　二、大兴安岭林区振兴的实践路径 / 159
　　　三、结语 / 173

第十一章　大兴安岭林区文旅融合的并接实践 / 175
　　　一、问题的提出 / 175
　　　二、文化人类学视野下传统与现代的并接实践 / 176
　　　三、居住文化与现代旅游的并接实践 / 177
　　　四、节日文化与现代旅游的并接实践 / 179
　　　五、红色文化与现代旅游的并接实践 / 183
　　　六、结语 / 185

附录

美国原住民酗酒问题探析 / 189

参考文献 / 207
后　记 / 225

导 论

本书是关于大兴安岭林区的文化人类学考察。本书采用文化人类学的视角,梳理大兴安岭林区多元文化的历史与现代变迁,探讨该区域社会发展进程中的一些规律性认识,以便更好地从东北区域视角出发,理解中国式现代化进程,并对文化人类学学科本身做出一些粗浅的学理性思考。

大兴安岭位于黑龙江省西北部、内蒙古自治区东北部,是内蒙古高原与松辽平原的分水岭,在其东北部地区,森林密布。在今天人们的概念中,"大兴安岭林区"通常指内蒙古大兴安岭林区与黑龙江大兴安岭地区。内蒙古大兴安岭林区归属于内蒙古大兴安岭重点国有林管理局,由内蒙古自治区人民政府直接管理,局址驻牙克石市,下设19个林业局(该单位也以"中国内蒙古森林工业集团有限责任公司"挂牌运营,一个机构两块牌子)。黑龙江大兴安岭地区则归黑龙江省管辖,是中国最北端的地级行政区。与这两个人们已经熟知的管理机构、行政区划概念不同,本书所研究的大兴安岭林区是生态地理范围概念,主要是指大兴安岭森林地带及其周边植被交错地带,主要涉及内蒙古自治区呼伦贝尔市东部与黑龙江省大兴安岭地区两地之中的森林地带及其周围地区。必须强调的是,笔者关注的并非生态地理本身,而是从文化人类学学科视角入手,关注这一区域之内的"人",及其背后的人群互动与社会文化。

本书系笔者自2016年以来关于大兴安岭林区研究的汇编,分上、下二编。上编"理论与方法"主要围绕研究分析单位、民族志寓言等文化人类学理论议题,回顾与评析前人对于大兴安岭林区、狩猎采集社会等方面的研究,思考未来大兴安岭林区的研究路径。下编"田野与经验"主要围绕大兴安岭林区的现代变迁、林区振兴、文旅融合、多元文化交融等议题展开论述,关注大兴安岭林区的中国式现代化进程。

文化人类学的经典研究方法是参与观察（participant observation），即参与到所观察、描述与分析的事项当中。但在本书上编中，讨论更多的是文化人类学研究的民族志与方法论。作为人类学独特的研究策略，民族志是一种研究过程，即人类学家密切观察、记录并参与另一文化的日常生活——标签为"田野研究方法"的一种体验，然后通过对可描述性详细细节的强调撰写出对该文化的说明解释。① 在20世纪很长一段时间中，民族志以及参与观察法是不容置疑的权威。但在20世纪80年代，随着后现代思潮影响到人类学领域，人们逐渐认识到民族志的权威以及参与观察研究方法的不足，思考人类学在"写文化"过程中所隐藏的权力关系，并揭示出民族志的种种特征。

研究分析单位是社会科学方法论的焦点，决定了一项研究的关注对象、研究过程与终极关怀。本书关注的研究分析单位虽为大兴安岭林区，但并非意味着只在大兴安岭林区这一中观层面上开展研究。林区内部诸要素的微观层面研究，不同区域对比中的中观层面研究，林区外部世界的宏观层面研究，这三个层面都应该给予同等关注，以便更好地切入大兴安岭林区这一"个案"。在文化人类学相关领域，产生了许多对于研究分析单位的探讨。在第一章中，笔者将从利奇对费孝通研究的批判说起，讨论人类学研究的分析单位，指出利奇对于费孝通研究分析单位的误读。在梳理费孝通研究观的同时，思考人类学研究中分析单位的范围及界定。

"以小见大"是描述人类学学科特征常用的关键词之一。好的人类学研究与民族志，其背后经常会具备寓言性质。传统时代的人类学研究往往聚焦于一个微型社区，从个案出发，关怀更为宏观层面的议题。尽管在全球化的今天，研究的起点已经不能仅仅聚焦于一个看似相对封闭的社区，但今天的人类学研究依然需要寓言。在百年来中国经典民族志之中，田汝康先生所著的《芒市边民的摆》虽称不上影响广泛，但绝对是一本佳作。尤其是在民族志寓言方面，此书虽聚焦于我国西南地区的"做摆"，但其关怀却是当时正在进行的第二次世界大战。田汝康研究所关心的是人类平等与未来命运。《芒市边民的摆》对于今天的民族志写作与人类学研究仍然具有启发意义。这本书可以激发学界同人思考如何"以小见大"，呈现出民族志的寓言。

---

① [美]康拉德·菲利普·科塔克：《人性之窗：简明人类学概论》（第三版），范可等译，上海人民出版社2014年版，第36页。

在第二章中，笔者围绕《芒市边民的摆》进行了探讨，对作者田汝康和书目内容做简单介绍，从民族志寓言角度对其进行分析，并对田汝康先生所认为的平等观念进行反思和质疑，最后阐发田汝康先生这本经典民族志的重要意义。该书除了能够促使思考大兴安岭人类学研究的民族志寓言之外，也能够将中国东北与西南进行区域对比，探寻中国不同区域之间的丰富性与多样性。

狩猎采集社会是人类社会中极为重要的一种社会形态。大兴安岭林区中的诸多民族因地理生态环境所致，在曾经很长一段时间内以狩猎采集为生。长期以来，国内人类学学界对狩猎采集领域的关注与研究相对较少。为更加深刻理解大兴安岭林区的现代化转型，对狩猎采集研究的基础性梳理就显得必不可少。第三章主要对文化人类学视野下的狩猎采集社会研究进行梳理与评述。在20世纪60年代前后开始的以生态与适应、生计与经济、世界观与象征分析等议题为主要研究内容的文化人类学中，狩猎采集社会都是学术关怀的核心所在。20世纪末的"重写"思潮对传统狩猎采集社会研究进行反思，这种不同的研究视角和近期人类学的"本体论转向"（ontological turn）使得狩猎采集社会研究重新焕发生机。尽管狩猎采集社会在地球上日渐减少，但人类学对狩猎采集社会的相关研究却在近几十年间恢复勃勃生机。这是因为人类学家发现，现代人可以从狩猎采集社会中获得启迪。在未来的研究中，人类学研究者应更多关注变迁中的狩猎采集社会以及他们的宇宙观的价值，为中国乃至世界的相关研究拓展出新的视野与方向。

近年来，人们开始重新关注与思考将不同范围的社会体系作为方法的有关论述。其表现形式就是"××作为方法"的方法论讨论。这些论述实际上都是一种化特殊为普遍的努力。在第四章中，笔者围绕"作为方法的大兴安岭林区"展开讨论，从生存智慧与本体论、内外交织互动以及民族社会发展变迁这三个方面思考大兴安岭林区研究所能给予我们的启示，从而寻找到能够超越这一区域研究本身的智识。

大兴安岭林区中生活的鄂伦春人，因其独特的生产生活方式、文化特征和近年来的社会转型备受学界关注。费孝通先生的"文化自觉"概念正是源于对鄂伦春社会转型的思考。对鄂伦春研究的综述性回顾，有助于在前人研究的基础之上，继续开拓对大兴安岭林区的文化人类学研究。第五章将回顾文化人类学对于生活在大兴安岭林区中的鄂伦春人的相关记载和研究，提出未来的大兴安岭林区研究应更多关注林区各民族的传统生态智慧，以及不同群体、文化的多元交织互动等研究视角，而这些视角同样也是当下中国一些区域研究所应借鉴之处。

与上编"理论与方法"相呼应，下编"田野与经验"则是笔者通过对大兴安岭林区多元文化的调查研究，所产生的一些研究与思考。

在中华民族不断发展壮大的过程中，大兴安岭林区多元文化不断进行交往交流交融。在认识和研究大兴安岭林区文化多样性的同时，也应关注到当地交往交流交融的历史、现状与未来。第六章与第七章从不同角度关注到当地各民族交往交流交融。第六章主要以大兴安岭林区中的鄂伦春自治旗为例，考察当地在历史上多元文化交往交流交融的过程，以及当下如何进一步促进交往交流交融，从而更好地理解大兴安岭林区的多样性与文化交流。第七章则是以居所及其变迁为研究对象，考察当地各民族间的交流互动。对大兴安岭林区居所变迁与各民族交往交流交融二者关系的考察，有助于更好地理解大兴安岭林区各民族交往交流交融的历史过程与当代实践。

随着大兴安岭林区得到不断开发，当地居民的生活也随之出现了许多变化。交通基础设施建设对于推动一个地区的经济社会发展，起到了极为关键的作用。在国家的推动下，大兴安岭林区的交通基础设施逐渐得到完善升级，便捷了当地居民的生活，也推动林区经济社会高质量发展。第八章将利用文化人类学领域近些年的"路学"研究视角，通过追溯"路"在大兴安岭鄂伦春族日常生活中的变迁，展现当地经济社会发展水平与人民生活水平不断提高的历史进程。在利用"路"这一小切口展现林区发展变迁的同时，笔者也将利用"节奏"概念分析人们日常生活的变迁过程。第九章中，笔者将讨论以资源快速消耗、与自然同步的作息和个体与群体切换为特征的鄂伦春传统日常生活节奏，在发展农业的过程中，逐渐向以农作物剩余积累、与农作物生长同步和个体与家庭切换为特征的农耕生活节奏转变。通过研究，本章试图说明，大兴安岭鄂伦春族传统日常生活节奏在应对外部变化时发生了改变，以此来展现现代化过程中大兴安岭林区居民的日常生活变迁。

近年来，乡村振兴成为党和国家的重要战略举措。相对应，大兴安岭林区也亟待振兴。受林区生产方式转型、人口外流、国内生产结构调整等多重因素的影响，进入21世纪后，大兴安岭林区发展呈现衰退之势。在本书第十章中，笔者将围绕大兴安岭林区发展过程中目前存在的症结，提出了林区振兴的四条建议举措。第十一章则更为细致地论述了大兴安岭林区的文旅融合实践。当地拥有极具特色且丰富的自然人文旅游资源，但受制于经济社会发展、交通基础设施等一系列因素，旅游开发并不充分。这一章利用"并接实践"概念，讨论了鄂伦春自治旗的居住文化、节日文化、红色文化如何与现代旅游业进行有机结合，推动当地文旅产业发展。此案例也为大兴安岭林区振兴提供了案例与经验。

近年来，国内学界开始不断出现对于（近）北极地区人文生态领域的持续关注，这弥补了以往北极研究大多关心政治、经济的单一向度，同时也吸引国内相关研究者将目光投向北极。在阅读文献的过程中，笔者注意到美国阿拉斯加地区原住民存在颇为严重的酗酒现象。通过进一步对相关文献的阅读和梳理，笔者综合前人研究成果，梳理分析了美国原住民酗酒的状况与原因，作为本书的附录呈现在读者面前。

最后，再就本书书名做一点说明。"鸿渐于磐"取自《周易》的《渐》卦，其卦象为"山上有木"，正与"大兴安岭林区"相契合。《渐》卦六二爻辞云："鸿渐于磐，饮食衎衎，吉。"意指鸿雁飞到水边磐石上，饱食和乐。这里用来比拟新中国成立后，特别是进入新时代以来，大兴安岭林区在中国共产党的正确领导下走向中国式现代化的繁荣图景。

上编

理论与方法

第一章　研究的分析单位
——兼论费孝通的"中国"个案研究观*

分析单位一向被视为社科科学方法论的焦点。①粗略来说，在研究中，分析单位可以是个体、家庭、社区或国家等，不同的分析单位会导致研究视角和结论的差异。在关于方法论的研究中，有些学者以分析单位为线索提出了自己的独到理论，如沃勒斯坦的"现代世界体系"、王铭铭"三圈说"；有些学者对不同范围的分析单位进行了方法论思考，如各种"××作为方法"的讨论；有些学者则对其他学者的分析单位提出质疑与挑战，在中文学界的文化人类学领域之中，莫过于利奇对于费孝通等人的发难。在此背景下，研究的分析单位成为值得讨论的问题。研究单位的界定，对于研究具体内容的展开以及研究所指涉的最终关怀有着深远的影响。

本书以大兴安岭林区作为分析单位。在文化人类学领域，关于大兴安岭林区的研究成果颇丰。但遗憾的是，少有学者以大兴安岭林区作为研究分析单位开展研究。与其他分析单位一样，以大兴安岭林区为研究对象开展的研究可以指向三种单位层次：一是以同层次的分析单位作为下结论的对象，例如分析大兴安岭林区以概括大兴安岭林区，或通过与西南地区对比来更加突显出大兴安岭林区的特质；二是以低层次单位作为分析对象，以更为宏大的单位层次作为下结论对象，例如研究大兴安岭林区中的某一区域、某一族群、某一议题，从而推论到大兴安岭林区；三是以更为宏大的对象如中国、现代世界体系作为分析对象，而以更加微观的单位层次作为下结论对

---

* 感谢黄志辉教授对此文的指导。
① 黄志辉：《理解费孝通的研究单位：中国作为"个案"》，《西南民族大学学报》（人文社会科学版）2016年第5期。

象。这三种研究层次可视为对一个分析单位开展研究的三条进路。

对于如何从一个研究分析单位的三种层次拓展自己的研究，费孝通的学术生涯为我们做了最好的范例。在笔者看来，费孝通的一生便是沿着三条进路最终向"中国"这个终极关怀不断靠拢。费孝通的学术生涯始终是将中国作为其个案研究对象。他的研究都是从作为个案的中国出发进行展开的。本章将通过重新阅读思考费孝通一生的论著，对费孝通方法论进行全新的理解，以便更好地学习理解文化人类学如何围绕一个研究分析单位，即"个案"开展多层次、多角度的全面研究。

一、由利奇之批判引发的问题意识

人类学家埃德蒙·利奇（Edmund Ronald Leach）论著颇丰，在学科史中拥有巨大的影响力。但许多人类学学者也遭到了他的"口诛笔伐"。詹姆斯·乔治·弗雷泽（James George Frazer）的《金枝》、马林诺斯基（Bronislaw Malinowski）的研究以及中国四大经典社区研究[1]等作品都成为他"炮轰"的对象。利奇在《社会人类学》这本小册子中对中国四大经典民族志进行了点评，并认为这些作品都存在着重大的方法论缺陷。在行文论述的过程中，他针对这几本民族志进行了批评，并提出两个问题：一是像中国人类学者那样，以自己的社会为研究对象是否可取？二是在中国如此复杂多样的国家当中，针对个别社区所进行的微型研究是否可以代表中国国情？[2]这两个问题备受中国学术界的关注，因为20世纪前半叶中国人类学的蓬勃发展大多是以微型社区法进行实地研究的。而当时中国人类学的发展已达到一个至今都还未逾越的高度——英国汉学人类学家莫里斯·弗里德曼（Maurice Freedman）以"社会人类学的中国时代"来称赞那一时期高度发展的中国人类学。[3]利奇如此严厉的批判在学界内产生巨大的轰动效应，其在方法论层面的质疑引起了学界不断的讨论。

当费孝通知道利奇的批判时，利奇已经故去了。但这两个问题依然影

---

[1] 埃德蒙·利奇在《社会人类学》中所提及的中国四大经典民族志分别是：费孝通《江村经济》、林耀华《金翼》、许烺光《祖荫下》以及杨懋春《一个中国村庄》。
[2] 费孝通：《费孝通文集》（第十二卷），群言出版社1999年版，第42页。
[3] 胡鸿保主编：《中国人类学史》，中国人民大学出版社2006年版，第103页。

响了费孝通晚期学术生命的展开。针对第一个问题，费孝通直截了当地进行了回应。费孝通认为，马林诺斯基在为其《江村经济》写序时，曾提出自我认识是人类学研究者最难获得的宝贵经历，但也是最有价值的成就，这是马老师赞成并鼓励中国人类学者研究自己国家的体现。费孝通认为，利奇之所以不赞成他或马林诺斯基的方法论观点，是由于利奇没有体会到费孝通所处的正是社会剧变、国家危急之际，费孝通有责任为自己国家的前途、命运而研究。而且随着20世纪60年代以后殖民地的纷纷独立，原有的西方人类学田野点开始拒绝西方人类学家进行调查，人类学的研究对象随即也发生了变化。加之人类学的研究大多数都有"反观自照"的学术情结蕴含在其研究之中，利奇这一对自己社会研究的质疑迎刃而解。近年来，有些研究者也指出利奇之所以强调这个问题是为警醒研究者应在经验研究中避免因熟知本文化而造成对某些文化事项的"视而不见"。①

费孝通晚年时，在《人文价值再思考》一文中对于利奇的第一个质疑有着更为明确的回应。在他看来，本土人类学者的工作实际上不只是在一个单一的参考系下面展开的。正如在费孝通自己所做的研究中，有两种"异文化"作为它的参考体系。这两种"异文化"便是在国内外其他民族中本人的阅历以及从社会人类学和其他社会科学的学习中获得的关于世界各国和各民族的知识。②更重要的一点是，中国作为一个规模巨大、历史厚重的国家，再加上20世纪上半期的历史殊异性、复杂性，其内部本身就在历史与空间两个层面蕴含了"互为他者"的特点。在中华民族多元一体的国家内外研究"美美与共"的他者，正是费孝通一生的学术实践，也是其对利奇第一个问题的系统回应。

利奇的第二个问题是对于微型研究法研究中国之合理性的质疑，即关于中国研究的方法论问题。费孝通在得知利奇的批判后，在如《人的研究在中国》《从马林诺斯基老师学习文化论的体会》《重读〈江村经济〉序言》等多篇文章对利奇进行回应。除了利奇以外，弗里德曼等人也有对中国传统的社区研究进行批判。因此，学术界受到利奇、弗里德曼等人批判性质的启发进行了有关费孝通的研究方法以及中国研究方法的学术讨论。但这些讨论大

---

① 谭同学：《类型比较视野下的深度个案与中国经验表述——以乡村研究中的民族志书写为例》，《开放时代》2009年第8期，第103页。
② 费孝通：《费孝通文集》（第十四卷），群言出版社1999年版，第199页。

都没有从根本上回答利奇所提出的质疑,而后人关于费孝通方法论的研究也非常不充分。那么费孝通研究所使用方法论到底是什么?费孝通方法论能否对利奇的第二个质疑进行有力的回应?本章从费孝通的论著入手,探究费孝通对于研究中国的真实想法,尝试能否从全新的角度重新理解费孝通,从而回应利奇所提出的质疑。

二、重思费孝通研究方法论之意义

在说明费孝通及其研究方法论意义之前,先简明扼要地回顾费孝通一生的主要学术历程。他早期的本科论文《亲迎婚俗之研究》和后来与亡妻王同惠合著的《花蓝瑶社会组织》是他学术生命的开端。而后留学英伦,在马林诺斯基指导下所写成的博士学位论文《江村经济》更是被赞誉为中国社区研究的典范。这篇博士学位论文得到了马林诺斯基的高度评价,并对以本民族文化或开化文化为研究对象的研究大加赞扬。

20世纪40年代,由于战乱原因,大批学者退守中国西南地区。费孝通回国后借此机会进行了云南三村的调查。由此,费孝通开始运用一种比较类型学的方法进行自己的研究,并不断深化对于中国的理解。中华人民共和国成立以后,由于学科、院系调整等原因,费孝通开始着重从事民族研究工作。到了80年代费孝通所进行的小城镇研究,也延续了比较的研究方法,进行了城镇比较。

进入第三次学术生命之后,费孝通提出了文化自觉、新世纪圣贤等概念,对人类社会有一个整体性的思考。黄淑娉总结费孝通的一生,认为先生立志认识中国社会,志在富民。他要科学地去认识中国社会,认为对中国社会的正确认识是解决怎样建设中国这个问题的必要前提,学人类学是想学习到一些认识中国社会的观点和方法。他反对为纯粹做学术而进行学术研究,而他自己的学术研究则更强调现实性作用,去解决中国的社会问题。① 由此可以看出,费孝通先生的学术志在为国为民,有一种爱国情结根植于他的心中。因此他不断追求着对中国社会的整体性认识。

---

① 黄淑娉:《费孝通先生对中国人类学的理论贡献》,《中央民族大学学报》(哲学社会科学版)2007年第4期,第22页。

费孝通的重要地位是毋庸置疑的，他在学术上的伟大贡献值得后人铭记。学界对于费孝通的研究可以用汗牛充栋来形容，关于他的研究论文集和专著有很多。而在这些作品中关于其方法论的研究更是可以用浩如烟海来形容。黄淑娉曾总结了费孝通的四大学术贡献：一是中华民族多元一体格局；二是将中国传统文化研究与人类学研究相结合，发展了功能派文化理论；三是提出"文化自觉"，建立世界范围内的多元一体；四是以类型比较法为主要形式的社区研究理论。① 正如杨清媚在《最后的绅士——以费孝通为个案的人类学史研究》中所言："费孝通作为中国社会科学的重要奠基人影响了整个中国相关学科的发展过程；他对中国社会的认识和书写，对中国学者如何思考自身的表达方式起到重要的启迪作用。我们接近费孝通，就是在寻找未来中国社会科学的研究基础，理解费孝通就是在理解中国人类学的历史和未来。"② 在费孝通的三次学术生命中，他不断思考着有关中国的问题。而他所思考的内容是浩瀚无边的，很难在短短的一章中呈现出来。我们则着重截取方法论这一层面的视角来对费孝通进行重新理解，并把握其学术思想的精髓。

正如在前文所叙述过的一样，对费孝通方法论的研究是我们理解费孝通非常重要的研究途径与视角，同时也可以通过其方法论了解费孝通的学术抱负。而对于以笔者为代表的学科初学者而言，费孝通研究所留下的方法论经验对于我们进行田野调查和学术研究具有重要的指导性意义。更重要的是，费孝通作为中国重要的学人之一，对其方法论的系统研究可以为中国乃至世界社会科学的发展方向指明道路。

针对费孝通在研究中的所采取的方法论，学界普遍认为他的研究视野随着时间的变化而逐渐从社区扩展到通过比较而进行类型学分析，再延伸到小城镇研究领域，并通过区域研究逐步扩大到中国社会的整体思考。但赵旭东关于《亲迎婚俗之研究》这篇基于对费孝通早期学术成果的研究就指出了费孝通先生很早就有着对于中国社会的整体性关怀。这一研究改变了我们以前对费孝通方法论的惯常理解，对以往费孝通的相关研究做了很好的补充，

---

① 黄淑娉：《费孝通先生对中国人类学的理论贡献》，《中央民族大学学报》（哲学社会科学版）2007年第4期，第22页。
② 杨清媚：《最后的绅士——以费孝通为个案的人类学史研究》，世界图书出版公司2010年版，第4页。

并对我们的研究产生了重要的启迪作用。这就让我们重新回忆起以利奇为代表的学者对于费老方法论的批判,是不是可以从一个全新的角度来思考费先生的田野研究观?之前学界关于费孝通方法论的主流观点是否正确?通过对于费老一生著述的文本阅读,我们能否揭示出费孝通先生真正所持有的研究方法论?这种对于中国整体性的关怀从何时开始?是否一直延续了费孝通的三次学术生命?这些问题需要我们重新回到费孝通的论著中去一一寻找答案。

三、费孝通开展研究的分析单位

笔者认为,费孝通关注的个案研究,并不是某个社区或族群,究其一生所研究的终极个案只有一个,那就是"中国"。从20世纪30年代至21世纪初,他一生所追求的一直是以整个中国作为一个个案来研究。有不少学者在分析费孝通方法论时提出费孝通后来遵循的研究方法是拓展个案研究法(extended case method),这些学者都认为费孝通的研究将社区本身看作是一个个案。但费孝通在自己的论著中未曾提及这一点。通过阅读费孝通的论著可以看出,费先生是要把中国当作自己的研究对象,这是一个需要从不同角度不断深化认识与理解的个案。为了更好地认识与理解中国,他从两个方向开展研究:一是对中国个案从内部进行论述;二是从世界层面来看中国个案。中国这个个案研究对象贯穿了他的一生,纵使他在不同学术生命阶段用了不同的具体方法,但他所研究的一直是中国这个作为整体的个案。费孝通的研究并非只关注社区本身,而是希望通过分析"个案中的个案"——即具体社区的相关研究,来关怀整体作为个案的中国。因此,他的写作内容也基本上都是在关怀中国这个他所研究的终极个案。

关于个案的定义有很多。罗伯特·斯特克(Robert E. Stake)强调个案是一个"有界限的系统",认为个案既可以简单,也可以很复杂。个案可以是一个儿童、一间儿童教室或是一件事等。现在学界比较认可罗伯特·斯特克对个案的这一界定方式。[①]他的这个对于个案的定义比较强调个案的两个特

---

① Robert E. Stake. "Qualitative Case Studies," in Norman K. Denzin and Yvonna S. Lincoln (eds.). *The Sage Handbook of Qualitative Research*,Sage Publications,2005,p.444.

征,分别是有界限和自成系统性。而费孝通的一生就是将有界限并自成系统性的中国作为他学术生命的终极个案来进行研究。

正如在前言中所提到的,利奇等人提出费孝通所研究的微型社区作为个案不能代表整个中国的质疑。但是,费孝通并未说过他所研究的个案是江村这样一个微型社区,而是后人在理解费孝通的时候把费孝通的个案指向社区,把微型研究与个案这种对应性强加在费孝通身上。这样的理解是片面的、错误的。

以利奇为代表的西方人类学者认为,异文化让人类学者获得一种个人涵养而从自己的社会中分化出来,客观地认识人的生活。但费孝通则强调田野工作和理论对社会产生应用的作用,同时强调回到本土社会去推进文化发展的必要性。他反复强调要在超越西方文化支配性制约的同时,也要超越自身社会对我们的局限。费孝通作为人类学者不仅要了解"别人"还要了解"自己"①,其一生有志于理解中国并试图改变中国。这也就是费孝通产生以中国为个案的研究取向的原因之一。

除此以外,费孝通受其成长环境影响而产生的爱国情结也是他将中国作为终极个案进行毕生研究的原因之一。费孝通出生时的中国是半殖民半封建社会,国家各方面凋敝,人民生活水平很低。费孝通如同鲁迅、孙中山等人一样,都是弃医从文,他们都对中国有着强烈的赤子之情,并积极为凋敝的中国寻找新的出路和方向。而对于费孝通来讲,他的学术情结与国家意识紧密地联系在了一起。在对利奇的质疑进行回应的过程中,费孝通不断提及他的理想是为了"了解中国社会",并非为了发现人类行为与文化的通则而进行纯粹的学术研究。②而他单纯的学术情结也让位给了国家重建的使命。费孝通所从事的社会学研究工作是时代的产物,反映了当时中国社会的实际面貌,也是为中国社会发展而服务的。③费孝通的那种传统知识分子"天下兴亡,匹夫有责""学以致用"的情怀在国家面对危难之时得到深刻体现。乡村工业化以及小城镇理论研究的提出都是在"个案中的个案"——社区研究

---

① 费孝通:《费孝通文集》(第十四卷),群言出版社1999年版,第200—201页。
② 王铭铭:《小地方与大社会——中国社会的社区观察》,《社会学研究》1997年第1期,第86页。
③ 费孝通:《费孝通文集》(第十一卷),群言出版社1999年版,第256页。

的基础上探索中国发展问题的解决途径。①

费孝通的爱国情结集中体现在他的学术生涯一直追寻对中国社会的整体认识。很多学者在研究费孝通方法论时都引用了费先生的原话并认为他调查村庄并非"就村论村",而是"有志于了解更广阔、更复杂的'中国社会'"。②费孝通在《乡土重建》《乡土中国》等书中所表现出来的都是对中国社会特征进行整体性叙事并积极为中国寻找出路。在后期为中文版《云南三村》写序时,他指明自己早期在江村和云南主导的社区研究就是为了科学地认识中国社会,进而思考我们建设怎样一个国家。③但对中国的关怀并不是因为他晚年思路转变才确立的,而是在其学术生命很早期的时候就确立了以此为志向的研究目标。赵旭东根据对费孝通的本科论文——《亲迎婚俗之研究》的研究,提出了费孝通亲迎比较习俗的三区论,从这一早期论著可以看出费对于中国整体社会文化的关怀。费孝通在文中没有将"落后"的社会不当作社会进行研究,同时也没有对中国进行局部考察而产生问题。在赵旭东与齐钊看来,费孝通的学术生涯自始至终都将中国作为一个整体来进行观察与思考。④赵旭东与齐钊的研究超越了之前的文献研究者,揭示出了费孝通早期暗含在研究中的中国整体观,但美中不足的是他没有再进一步提出费孝通所研究的终极个案对象——中国。

由于中国这个文明古国的巨大复杂性,人类学研究者在研究中国时不可能如研究特洛布里恩岛那样一蹴而就。费孝通在处理他复杂的个案时采取了多层次的研究分析视角,而并非利奇所认为的其个案仅仅指单一的微型社区。在费孝通的多层次个案中,有诸如"个案中的个案"等具体研究对象和研究视角。同时,费孝通将其个案研究对象的多层次性统合进了其终极个案中国之中。费孝通在处理中国个案时所呈现的视角可分为国内和国外两大范畴。而他在研究过程中也注重运用"本文化"与两种"异文化"⑤的材料丰富

---

① 崔应令:《回顾、反思与重构:近百年来中国社区研究》,《华中科技大学学报》(社会科学版)2011年第1期,第103页。
② 费孝通:《费孝通文集》(第十卷),群言出版社1999年版,第34页。
③ 费孝通:《费孝通文集》(第十一卷),群言出版社1999年版,第134页。
④ 赵旭东、齐钊:《费孝通的"三区论"与王铭铭的"三圈说"的比照分析》,《开放时代》2010年第7期。
⑤ 他本人在国内外其他民族中的阅历,以及从社会人类学和其他社会科学的学习中获得的关于世界各国和各民族的知识。

自己的研究。①在下一节中，笔者将解析费孝通研究中国这一个案时所使用的具体策略。

四、费孝通研究的分析层次

由于中国研究在共时和历时上的巨大复杂性，费孝通在研究其个案的过程中，采取了多层次的研究分析视角，总体上可视为三条研究路径。

（一）从社区、区域看中国

说到费孝通的学术贡献就不得不提《江村经济》。费孝通在进行江村研究时使用的是社区研究的基本方法。社区研究是中国人类学、民族学学界常用的一种调查方法。在中国最早运用社区调查方法的是葛学溥，将其发扬光大的则是吴文藻为首的燕京学派，而费孝通也正是吴文藻的得意门生。江村研究在后来的学术界中纵使有诸如利奇、弗里德曼等学者对它的批判，但这本"无心插柳柳成荫"的人类学专著时至今日仍被赞誉为人类学社区研究的典范以及研究本土文化人类学的开端。不能否认的是，无论是江村还是后来的云南三村，费孝通的社区研究著作都是有副标题的，而这副标题恰恰指向了费孝通所研究的终极个案，即中国。在费孝通看来，他早期所做的社区研究并非仅仅关怀这一个个社区本身，而是为国家的前途寻找出路。其社区研究是为理解个案中国所做的"个案中的个案"。而其社区研究指向的个案就是他所研究的终极个案——中国。

但不得不承认，利奇对于微型研究能否代表中国整体的质疑仍是很有启发性的命题，而费孝通在得知这一质疑后进行着不断的思考。近年来，杨清媚在研究这一问题时，提出了费孝通与利奇在对于社会的认识上存在着本质性的不同②，但费孝通本人在回应这一问题时依然是从比较的眼光上来进行的。

费孝通在江村调查期间，坚持撰写江村通讯。在通讯中，他就较早地认识到中国没有一个一般的标准的乡村社会组织形式。而他准备采用"先把

---

① 费孝通：《费孝通文集》（第十四卷），群言出版社1999年版，第199页。
② 杨清媚：《最后的绅士——以费孝通为个案的人类学史研究》，世界图书出版公司2010年版，第92页。

各地的状态加以描写叙述"等"材料充足之后，再来分别形式"的方法对中国这一整体个案进行认识。① 在抗战时期撤离到云南的日子里，他延续了这条道路并作为魁阁的总助手开展了相关研究。此时的《云南三村》是从江村基础上发展出来的。当时的费孝通认为江村的见解能否成立，仅靠江村的材料是单薄的，所以无法证实。于是他提出了类型比较的研究方法。② 在后来为《云南三村》一书中文版出版所写的序言中，费孝通对应用类型比较法做出了具体阐释。他所运用的类型比较法可以使他逐渐扩大实地观察所覆盖的范围，按照已有类型去不同的具体社区，进行比较和分析，逐步识别出中国农村各种不同的类型。费孝通认为自己所使用的类型比较法从宏观上来看是由一点到多点，由多点到面，由局部不断接近全体，从而能够进一步接近认清中国农村的基本面貌。费孝通在晚年的文章中指出，他使用的类型比较法也许是从史禄国分析体质资料的方法中所领悟到的。但费孝通也坦承应用类型比较研究法可能不是最佳办法，只能说是半个世纪里通过实践形成的一套行之有效的研究方法。③

针对利奇对于微型研究能否概括中国整体情况的质疑，费孝通经过思考后给出了一个具有整体性视野的回应。在费孝通看来，人文世界中所言的"整体"并非数学上一个个相加而成的"总数"。同一个整体中的个体类似于从一个模式里刻出来的一个个糕饼，即个别是整体的复制品。在人文世界中所提到的"整体"应和数学的"总数"在概念上有所区分。费孝通从这点出发认为利奇混淆了数学上的总数和人文世界里的整体，同时忘记社会人类学研究的不是数学而是人文世界。④ 从这个对于整体性的区分中可以观察到费孝通一直对于中国研究有一个整体性的认识，将中国作为其研究的终极个案进行探究。而其进行社区研究之后的比较研究就是为了不断更新他对他心中终极个案——中国的理解。

随着拨乱反正、改革开放等一系列措施的出台，费孝通开始了主要以小城镇为研究对象的第二次学术生命。但小城镇研究在费孝通的研究脉络中

---

① 费孝通：《费孝通文集》（第一卷），群言出版社1999年版，第371页。
② 费孝通：《费孝通文集》（第十一卷），群言出版社1999年版，第137页。
③ 同上书，第138页。
④ 费孝通：《费孝通文集》（第十四卷），群言出版社1999年版，第26页。

并非是"另起炉灶",而是以江村为代表的一系列农村调查的延伸。①从村落社区到小城镇,费孝通扩展了中国研究的内部分析层次,继续将中国作为整体性个案进行思考。但小城镇作为一个研究对象而言,依旧是孤立的、静止的。因此在小城镇之后,费孝通开启了区域性的研究,将城与乡相联系,注重城乡一体新模式。经济区域研究是费孝通在小城镇研究之后的新思考。在他自己看来,经济区域研究是农村研究和小城镇研究的再延伸。②费孝通用生动形象的比喻来说明他通过经济区域分析后形成的"全国一盘棋",即中国经济两条龙,长江、大陆桥;两只虎分别是华南虎、东北虎。③费孝通在其第二次学术生命中,从小城镇入手,形成苏南模式,往外省扩展,再形成区域性概念,加深对中国作为整体性个案的理解。

在《孔林片思》之后,费孝通上升到对整个国家精神性的思考。重新重视根植于中国人内心的儒家文化价值观,提升孔子的作用,并提出一系列如"新世纪圣贤"和"新战国世纪"等概念。至此,从江村为代表的村落社区到小城镇,从小城镇到区域再到国家,费孝通从不同层次对他眼中的中国个案进行研究并不断深化,实现他"志在富民"的宏伟目标。

在社区、区域之外,费孝通从中国内部进行研究还有一条很重要的进路——社会分层。费孝通力求从中国社会结构中的社会分层视角对其作为个案的中国进行了研究。收录费孝通与吴晗等人文章的《皇权与绅权》一书就是费孝通试图从内在逻辑把握对中国社会思考的研究脉络中最为明显的一个案例。费孝通受托尼(R. H. Tawney)研究的影响,分析出中国皇权社会中的绅士阶层。在费孝通看来,中国社会存在着皇权、绅权、帮权、民权四种权力。而绅士在中国社会的双轨政治中起到了上通下联的重要作用,也可以看成是国家与社会之间沟通的重要枢纽。费孝通试图通过对中国绅士阶层的分析来看中国皇权社会的社会结构,并为中国现代化发展如何改造这套结构寻找出路。

农民阶层同样是费孝通的研究对象。费孝通从早年就重点关注到了农民问题,而其大多数研究也是注重这一问题。从《复兴丝业的先声》到《江村经济》再到《禄村农田》都有关注农民阶层,甚至后来的小城镇研究也是这些研究的延伸。早期提出的"离土不离乡"就能充分体现出费孝通农民研

---

① 费孝通:《费孝通文集》(第十卷),群言出版社1999年版,第34页。
② 费孝通:《费孝通文集》(第十三卷),群言出版社1999年版,第219页。
③ 同上书,第218页。

究的基本思路。

经过简单的文献梳理我们就可以发现,大多研究费孝通的学者都会将费孝通所做的社区研究当作个案研究进行分析,而利奇更是从此观点提出微型研究能否代表中国的质疑。但有趣的是,为何很少有学者提及把费孝通的绅士研究或"离土不离乡"当作个案研究来分析?我们用绅士研究来进行简单的举例分析。绅士作为重要纽带联结了国家与社会。费孝通在研究绅士这一问题时并非为了停留在绅士阶层本身的分析之中。正如以上我们所叙述过的解释逻辑一样,费孝通是通过分析绅士阶层这一媒介来解释他所研究的终极个案——中国。费孝通从社会分层的角度入手来理解中国的基层政治运行以及国家与社会之间张力的磨合,其目的就是理解作为个案的中国,并为刚刚经历第二次世界大战的中国寻找出路和新方向。

(二)从世界看中国

费孝通在研究中国的时候不仅从内部对作为个案的中国进行着思考,还从世界范围对中国这个个案做了充分的讨论,而这一点恰恰也是很多研究费孝通学术思想史的研究者所容易忽视的重要维度。

1. 国家间的民族志比较

费孝通因其学术声誉之高获得了很多出访国外的机会,他的足迹遍及美国、英国、澳大利亚、苏联等国家。他每去一个国家都会有感而发写成文章。描述英美的文章还编成册子出版过。在这些游历过程中,他并没有仅仅关注当地的风土人情,而是时刻思考着中国,对比着中国和其他国家。通过在英国、美国等各国的游记来反观对照中国这个个案本身。每每发现新奇之处都会"反观自照",这或许不仅仅是出于他人类学专业的本能,也与其时代使命是密不可分的。当费孝通身处这些国家时,无时不刻不从心灵上重返中国,而这种情怀更是流露于字里行间。

从"旅美寄言"到"初访美国"再到"重访英伦",费孝通在通信中无不展现出他对中国的关切之情。在"旅美寄言"中,费孝通每观察到一个细节就试图与中国进行对比,如"课榜"(coupon)[①]、女性等话题。而他在"初访美

[①] 课榜是美国政府在战时发给居民的购物证。参见费孝通:《费孝通文集》(第三卷),群言出版社1999年版,第127—131页。

国"的第一篇稿件中就直接用杨庆堃观察美国现代化的通信作为开篇，思考中国的出路。费孝通在文中直言，他在思考中国应该是维持传统还是全盘接受西方文化这一问题。费孝通自己感慨道："到了国外，才知道自己真是中国人。"① 而他在"重访英伦"中觉得自己应该多取人之长，少说人之短。在只言片语中我们可以看出，他的心目中无疑是自己国家的成长。② 而当费孝通行走于这些国家时，他也不忘用动态的眼光观察他所感受到的英美两国在各个层面上的变化。

在"美国人的性格"的一系列文章中，费孝通介绍了美国的民族性，并用来对比中英两国。他在书中直言应将这一系列文章对应于乡土中国，将两个系列的文章对比阅读。有趣的是，大多数学者在研究过程中都没有关注到这一点，而阎云翔在2006年发表的《差序格局与中国文化的等级观》一文中将这个对比的关系再次呈现出来并进行了强调。

中华人民共和国成立以后，费孝通到澳大利亚和苏联等国家时都对国家之间的对比这一问题进行了持续的关注和思考。在澳期间，通过对澳大利亚及其土著的描述，思考中国的具体问题，如民族平等等问题。通过比较，费孝通认为民族区域自治制度可以更好地为民族平等和少数民族发展做贡献。而参观苏联科学研究院和在招待所休息时，费孝通也无时不刻不在感叹着作息制度等人性化细节与中国的不同。③

从出访时洋洋洒洒地写下的这些文字中可以看出，费孝通无时不刻不关注着中国这一个案本身。而费孝通不仅在国与国之间进行着对比，晚年时期的费孝通试图超越国与国之间，从更大的宏观视野来看待国际秩序以及中国作为其研究中最为核心的个案在世界中的位置。

而此时早期的出访经历也为费孝通90年代提出自己对世界格局的认识埋下伏笔。费孝通之所以能够在如此高龄仍对世界形势有着清晰的把握并回应亨廷顿（Samuel Phillips Huntington）及其学生福山（Francis Fukuyama）等人的相关理论学说，也正是因为早期所积累下的对这些国家的充分了解和认知。

2. 通向世界的多元一体格局——新战国世纪

中华人民共和国成立以后，中国很多家庭还处于贫困状态之中，为温

---

① 费孝通：《费孝通文集》（第三卷），群言出版社1999年版，第287页。
② 同上书，第501页。
③ 费孝通：《费孝通文集》（第十二卷），群言出版社1999年版，第85页。

饱问题而发愁。而随着改革开放带来的经济发展，费孝通先生青年时所形成的"志在富民"目标已开始得到逐步实现。1992年，恰逢费孝通山东考察时参观孔林，便写下了《孔林片思》一文。此文标志着费孝通从单纯的经济社会结构思考开始转向了在心灵、文化等方面的不断思考。

在孔林的游历只是引发了费孝通的思考，而他之所以有了这一转向与这背后的三个焦虑有关。费孝通的第一个焦虑是冷战结束以后，世界格局日趋复杂，中国的改革也进入瓶颈期。而在这一时期，亨廷顿的文明冲突论甚嚣尘上。如何应对这些问题是亟待解决的问题。第二个焦虑是中国应如何应对西方的单一民族理论。第三个焦虑是在他晚年考察中国各地区的过程中，发现除了经济问题以外，人们的心态建设也变得日趋重要。于是，费孝通在孔林的游历的过程中，提出了"新战国世纪""新圣贤"以及心态建设作为这三个问题的解决之道。① 从此，费孝通晚年着重关注他所提出的一系列诸如"新战国世纪""新圣贤""文化自觉"等从心灵层面关怀中国以及世界秩序格局的重要概念。而诸如通向世界的多元一体格局的相关论述视角，恰恰也是前人容易忽略的费孝通的研究之一。

在《孔林片思》一文中，费孝通提出，中国人讲人与人的相处讲了3000年。当时的中国之所以经济落后是因为在很长的一段时间中，我们严重忽略了人与物的关系。但从全世界的发展趋势来看，人与人相处的问题却变得更加重要了。而中国人讲人与人的相处讲了3000余年了。费孝通在孔林追忆起孔子所处的群雄并立的战国时代。再观当代社会，世界也正在进入一个全球性的战国时代，这是一个相比较而言更大规模的战国时代。而我们当前人类需要新的孔子。这个"新孔子"不仅要懂得本民族，还要懂得其他民族文化。他要从更高一层的心态关系去解决世界上存在的问题。②

费孝通晚年在回应利奇的同时曾坦言，正如利奇所指出的一样，他的人类学的确是从理解中国本土文化开始的。但费孝通关注本土文化是为了在了解自己的前提下，寻求不同人文类型之间和平共处的途径。因而，在费孝通自己看来，他不同时期的作品既体现出一种对本土观念和不同文化价值观

---

① 黄志辉：《"新战国世纪"的"新圣贤"论——费孝通先生晚年的世界秩序观》，《世界民族》2015年第1期。
② 费孝通：《费孝通文集》（第十二卷），群言出版社1999年版，第296—298页。

念的尊重，又力图展示文化之间互译和沟通的可能性。① 于是，费孝通晚年关心世界秩序的问题，并从其终极个案内部的中华民族多元一体通向了世界的多元一体，提出文化之间"美美与共"的倡议。同时也对照孔子所处的战国年代提出了"新战国世纪"，呼唤我们时代的新孔子，并提出我们需要一种"文化自觉"②。从另一个层面来看，费孝通也通过这些概念回应了当时西方讨论不断升温的亨廷顿文明冲突论和福山的历史终结论。尽管如此，费孝通论述"新战国世纪"还是着重从中国本身来讲，最后的关怀落脚点也是中国。在费孝通从世界理解中国这一终极个案的研究维度上来说，他从早年国与国之间的对比转向到关注在世界秩序格局中的中国。

（三）从民族看多元一体的中国

中国的复杂性体现在方方面面，这为相关研究带来了许多挑战。多民族构成就是其鲜明特征之一，同时也构成了中国研究复杂性的维度之一。费孝通在对个案中国的研究中，也进行了关于民族的一些相关研究。他从民族到国家的角度对作为个案的中国进行研究。

费孝通最早所做的民族相关研究就是和他的妻子王同惠在瑶山经过共同调查而写成的《花蓝瑶社会组织》。虽然费孝通的主要任务是做体质人类学测量，但最后他出版此书时却也存在着对于中国社会的思考。费孝通在《花蓝瑶社会组织》一书中探讨了如何实现中国社会的整合。瑶山的多元和冲突的状态是正常现象，但瑶山如何被国家统治秩序所纳入进来是费孝通当时所关心的问题。但他在文中明显表达出对国民党当时所采取的政策的不满。费孝通最开始做学术研究就不忘国家与民族的密切关系，时刻将志在富民作为自己的目标，形成对中国整个的关怀。

费孝通从英国留学回来，因看到顾颉刚在报纸上所发表的《中华民族是一个》，便极力反对顾颉刚的说法。主张宽容的民族多元文化政策的费孝通与顾颉刚产生了著名的争论，后来他的老师吴文藻与傅斯年也加入了这场争论。费孝通认为顾颉刚论证了中华民族的一体，但是仅有一个混元的一体而

---

① 费孝通：《费孝通文集》（第十四卷），群言出版社1999年版，第198页。
② "文化自觉"是指生活在一定文化中的人对其文化的"自知之明"，明白它的历史和作用。参见费孝通：《费孝通文集》（第十四卷），群言出版社1999年版，第149页。

不考虑多元。① 这场国家与民族的争论因为战时的原因被终止，但这一研究路径此时已经深深地烙印在费孝通的脑海中。

中华人民共和国成立以后，因院系调整和社会学撤销等原因，费孝通调入中央民族学院工作并参加了中央访问团，后又参与进行了民族识别等工作。总体而言，费孝通这段时间大多是从应用角度来思考民族问题。这一状况一直延续到20世纪80年代。1980年，费孝通在《关于我国民族的识别问题》的文章中提出了民族走廊的概念。民族走廊的概念就是超越聚焦于单个民族上的局限，从中国整体的宏观角度来思考民族与民族、民族与国家之间的关系。1988年，费孝通在香港Tanner讲座上发表了题为《中华民族多元一体格局》的文章。在文章中，费孝通从历史和宏观角度论述了中国的民族。从最初的单独仅仅针对瑶族的研究到对于整个国家的关怀，费孝通正是沿着从民族到国家的研究路径来理解作为个案的中国。

五、费孝通研究观对相关研究方法的回应

（一）对利奇的回应

在费孝通对利奇的质疑中，影响最大的是其第二个质疑，即对个别社区的微型研究能否代表复杂的中国整体。在利奇看来，费孝通所进行的一个个微型社区研究是具有独特性的，这些微型研究是不能代表中国复杂的整体状况的。但费孝通从来关注的就不是微型社区本身，而是关心他所研究的中国这一终极个案。以江村、禄村等为代表的微型社区研究只是为了理解他终极个案——中国所做的"个案中的个案"。对这些"个案中的个案"进行的不断研究和理解，只是费孝通在研究中国个案时的一个分析层次。他理解中国并非仅通过这一个个的村庄，还囊括了其他的分析层次，形成了多层次的个案，并将这些个案纳入到中国个案之中，最终形成对中国这个个案的理解。

关于利奇对费孝通发难的学术研究浩如烟海，但许多研究者都忽视了利奇有关动态研究的强调。埃德蒙·利奇的《缅甸高地诸政治体系》是他关

---

① 杨清媚：《最后的绅士——以费孝通为个案的人类学史研究》，世界图书出版公司2010年版，第186页。

于克钦人的一项重要民族志研究。他在缅甸发现了一种在"贡老"与"贡萨"之间不断摇摆的政治制度,并着重强调了这一动态性的社会特征。在结论部分,利奇直言早期人类学家都将自己所研究的对象看作是模型体系,而这些其实都是一些稳定僵化的理想类型。虽然利奇所处时代的人类学家所研究的对象规模要小于早期人类学家的研究对象,但他们依然大多将"社会"假设为模型体系。利奇认为,人类学家们只是孤立地研究事物,而并没有注意到邻近的多个社会体系。①

利奇克钦研究的背后是对于马林诺斯基及其门徒的一种批评。马林诺斯基在《西太平洋的航海者》中研究特罗布里恩群岛时,将其研究对象看作一个整体上是静态的个案来研究。利奇在他的作品中甚至直言,马林诺斯基到1938年还把社会体系间的互动描述为离散的文化间的"接触"或"冲击"②,而没有从动态的眼光来理解文化之间的关系。

利奇通过对克钦人的研究想要提醒我们,在研究时要注重动态的过程。利奇在其研究过程中,并没有局限于个案本身,而是看到在共时和历时两个维度中的变化。而利奇所批判的以马林诺斯基及其门徒为代表的人类学家中,自然就包括费孝通。但费孝通无论是在研究终极个案——中国时,还是在研究"个案中的个案",甚至晚年在研究通向世界的多元一体格局时,都采用了动态的研究办法来处理他所研究的个案。

费孝通所研究的中国个案并非"铁板一块"。当费孝通在研究一些"个案中的个案"时,就注意到了这一点。费孝通对自己最经典的研究对象——江村进行了多次重访,注意到了对研究对象的动态观察。从他在重访过程中所写下的文字来看,费孝通所认知的"乡土中国"也并非是一成不变的。

而在费孝通研究中国个案本身时,也注意到了个案在不同维度上的变化。中国研究的复杂性在历时和共时上都有所体现。而费孝通在研究过程中充分注意到了这两点。首先,费孝通在其研究领域对历时性有一定的关照。在费孝通的乡村工业研究中,他注意到了乡土是可以吸收现代性的,并充分利用这一点发展了他的乡村工业理论。他在绅权的研究中发觉自己历史基础差,提出要进行补课,也反映出费孝通在研究中感悟到了关照中国历史动态

---

① [英]埃德蒙·利奇:《缅甸高地诸政治体系》,杨春宇、周歆红译,商务印书馆2010年版,第268页。
② 同上书,第269页。

特征的重要性。而在晚年对中国"三级两跳"①的论述更加印证了费孝通在处理中国个案时并没有将他的终极个案当作"铁板一块"。其次,在共时性的问题上,他从民族到国家的研究体现了他对中国多元民族并存的学术关怀。而费孝通之所以80年代在中国进行"行行重行行"的反复行走和不断深化的研究,正是说明费孝通注意到了个案的变动。

由此我们可以看出,利奇并没有读懂费孝通。利奇在《社会人类学》中对费孝通微型社区研究的质疑是将费孝通的个案研究取向错误地固定在了一个微型社区之上,而没有注意到费孝通的个案研究取向其实是具有多层次的极大丰富性的。费孝通为了理解中国,进行了大量的个案研究,并将这些具有多层次性的个案研究整合进了中国这一终极个案之中。而他在研究的同时,也注意到了中国内部不同要素之间共时性的动态变化以及中国作为一个文明古国在历时上的动态变化。利奇只是截取了费孝通整个研究脉络的一个片段来看,因此必然会对费孝通微型研究的代表性以及是否在研究中注意到动态特征有所质疑。认真研读费孝通并从其中国个案视角来看待利奇对他的质疑和批判,这些问题便会迎刃而解。

(二)拓展个案研究法

在利奇对费孝通微型社区研究方法论进行批判之后,学界进行了思考与回应。而与此同时,在研究方法领域出现了格尔茨(Clifford Geertz)和布洛维(Michael Burawoy)的研究方法。有部分学者试图用这两种方法替换费孝通的微型社区研究法。但当我们从费孝通所研究的终极个案来看其社区研究就会发现,以前所有对于这一代表性的批判都存在误解,这是因为这些社区只是在理解终极个案路径过程中所做的"个案中的个案"。由此我们可以提出一系列的问题,费孝通从作为个案的中国所出发的研究方法是否囊括了利奇批评以后,学界所推崇的格尔茨"个案中的概括"与布洛维的拓展个案研究法?费孝通的研究方法论能否适用于今天的相关研究?

对社区研究有所批判并发展既有方法论的当属格尔茨。克利福德·格尔

---

① 费孝通认为,自己的一生经历了20世纪中国社会发生深刻变化的各个时期。这段历史先后出现三种社会形态,即农业社会、工业社会及信息社会。这里面包含两个大的跳跃,就是从农业社会跳跃到工业社会,再从工业社会跳跃到信息社会。费孝通将这些概括为三个阶段和两大变化,并把它比作"三级两跳"。

茨是阐释人类学的大师，其研究对人类学有颇高的贡献。他认为典型的人类学方法是通过尽量小的事情来进行广泛的阐释和比较抽象的分析。他进行深描不是为了超越个案进行概括，而是在个案中进行概括。① 这是格尔茨对于研究方法的最大贡献。其最典型的研究成果就是在巴厘岛田野研究而提出的"剧场国家"概念②，通过运用剧场国家的概念来比较自己的文明。

从格尔茨"个案中的概括"这一方法论中已经可以看出拓展个案研究法的一些特点，即宏观与微观的结合和互动。③ 但将拓展个案研究法系统化的还是曼彻斯特学派，后来又被布洛维发扬光大。而拓展个案研究法也被许多研究者看作是社区研究方法的新生。④

曼彻斯特学派的格拉克曼（Max Gluckman）在《现代祖鲁地区的一个社会情境》中，详细描述一个集体事件中参与者不同的行为、利益及动机，并将这一问题与更大的背景相联系。⑤ 沃伯纳（R. Werbner）认为格拉克曼注意到了个体行为对于理解宏观过程中的价值具有重要意义，因此也可将其研究方法在一定程度上视为拓展个案法的萌芽。⑥ 而后，扩展个案法被布洛维不断发扬光大。运用扩展个案研究法，可以将社会处境当作经验研究所考察的对象，从已经存在的一般性概念和法则开始，如国家、经济、法律秩序等概念，去理解那些微观情境是怎样被宏观的结构不断形塑的。布洛维认为拓展个案研究法中的"扩展"两字意义体现在四个层面：一是从单纯的观察者向参与者拓展；二是向跨越时空的观察拓展；三是从微观过程向宏观力量的拓展；四是理论的拓展。⑦ 布洛维从在赞比亚四年（1968—1972年）田野工

---

① [美]克利福德·格尔兹：《文化的解释》，纳日碧力戈等译，上海人民出版社1999年版，第24—25、29页。
② [美]克利福德·格尔兹：《尼加拉：十九世纪巴厘剧场国家》，赵丙祥译，上海人民出版社1999年版，第12页。
③ 卢晖临、李雪：《如何走出个案——从个案研究到扩展个案研究》，《中国社会科学》2007年第1期。
④ 卢晖临：《社区研究：源起、问题与新生》，《开放时代》2005年第4期。
⑤ 夏希原：《马克思·格拉克曼的社会人类学》，中央民族大学硕士学位论文，2010年，第74页。
⑥ R. Werbner. "The Manchester School in South-Central Africa," *Annual Review of Anthropology*, 1984, vol.13, pp.157–185.
⑦ 闻翔：《以扩展个案法书写"公共民族志"》，《中国社会科学报》2013年8月30日，第B02版。

作所做的经验研究中,细致呈现出如何应用扩展个案方法来进行调查研究。运用扩展个案方法,透过宏观俯视微观,经过微观反观宏观,从双向对研究对象进行考察。①

学界在利奇质疑之后,发现格尔茨"个案中的概括"的研究方法可以解决费孝通微型社区研究所带来的局限性。而后学界又普遍较为推崇的解决办法便是拓展个案研究法,尝试用拓展个案研究法来解决费孝通微型研究的局限。部分研究者试图用这两种方法作为批判和补充费孝通的工具。但是,通过重新阅读费孝通,我们可以发现一方面,费孝通是将中国作为终极个案来研究的,因此学界批判费孝通缺陷是因对其个案认识的不充分性而产生的误判;另一方面,我们应该回到费孝通的研究脉络中去,寻找费孝通是否存在"个案中的概括"以及拓展个案研究法的萌芽或者早期探索。

费孝通早期所进行的农村和农民研究,对乡村工业和人口流动有着强烈的学术兴趣,这也是因为他试图从这里去调和东方原生性的乡土手工业与西方资本主义之间的关系,保护乡土工业的发展,用来拯救中国,而这也是在完成他"志在富民"的宏伟蓝图。而在研究过程中,他提出了"离土不离乡"的建议和解决方案。在我看来,这就是一种使用类似于格尔茨"个案中的概括"的方法进行研究的典范。他从农村研究中所提炼出来的对于乡土工业的认识形成了"离土不离乡"的概括性认识,并可以推广到中国内部。这就相当于在其终极个案内部做了一种"个案中的概括",而其经验可以服务于中国广大的农村地区。

除了"离土不离乡"以外,还能举出很多例子可以看出费孝通在"实践"格尔茨的"个案中的概括"的研究方法。费孝通晚年在孔林游历所提出的"新战国世纪"和"新孔子"也是将中国作为终极个案进行研究,从内心和文化的角度概括出对于世界秩序的一种全新认识。对中国的研究从而概括出一组概念推向全世界,这正是格尔茨所运用的"个案中的概括"的研究方法。

除了回应格尔茨"个案中的概括"以外,费孝通将中国作为个案的这一研究方法能否回应拓展个案研究法呢?

以往有不少学者在分析费孝通方法论时提出费孝通后来遵循的研究方法是拓展个案研究法,但这些学者都认为费孝通的研究将社区本身看作一个

---

① 卢晖临:《拓展个案研究》,《中国社会科学报》2009年7月23日,第7版。

个案。通过前面的分析，我们可以发现费孝通是将中国作为个案来开始自己的研究，而并非从微型社区来展开。那些微型社区研究只是为了理解个案中国所作的"个案中的个案"。

通过重新阅读费孝通，我们也可以发现他在自己对中国个案的研究当中使用了类似拓展个案研究法所倡导使用的宏观与微观相结合的研究方法，而且这一方法的运用在费孝通的学术脉络中比比皆是。费孝通早年在对农村的研究过程中，不仅仅聚焦于作为"个案中的个案"的微观农村本身，也从列强对中国的入侵等宏观视角对农村进行了微观与宏观的综合研究。而在处理从世界看中国的这一维度时，费孝通有着从国与国之间的对比转向从世界秩序来看中国的变化。而这一变化正是一改早年单独进行国与国对比的弊病，从更加宏观的视野来看待他所研究的终极个案中国，进行宏观维度上的研究。

更为重要的一点是，费孝通围绕中国个案而展开的整个方法论体系就是一种从微观到中观与从宏观到中观的综合。费孝通从国内出发研究中国个案的视角就是一种从微观到中观的研究路径，而从世界回归到中国个案的研究视角是一种从宏观到中观的研究路径。这两种路径正类似于布洛维所提倡使用的拓展个案研究法，而也正是通过这两条研究路径，费孝通达到了对其终极个案的理解。

纵观费孝通研究中国所使用的所有分析层次，有相互独立的宏观、微观视野，也有宏观与微观相结合的视野。无论是从社区、民族到国家，还是从世界看中国，我们都可以看出费孝通在研究其终极个案——中国的时候，都有着拓展个案研究法中宏观与微观相结合的影子。

所以，通过重新理解费孝通而形成的作为个案的中国这一方法论，可以更有效地回应学界对费孝通方法论所形成的质疑，并从中发现新近方法论的影子。而这一讨论无论是对费孝通还是现在流行的学科方法论都能有所启迪。

六、费孝通对定量研究方法的态度

在费孝通的论述中，偶尔就会提到他对于定量研究的看法。他鲜明地指出很多定量研究忽略人，不注重人性，而只是呈现冷冰冰的数字。在费孝通看来，如果过分强调或只注重定量分析研究方法，那么社会学就会成为统计学的一门分支学科，因此对于社会的分析就会变得过于简单化了。①例如他对卜凯（John Lossing Buck）《中国农村经济》和《中国的土地利用》的批评。②他的这种想法可能受到派克（Robert Ezra Park）的影响比较深。派克就曾提出研究社会学的人要把社会看成一个活的有机体，不能以死板的数字来描写社会。③费孝通对于派克的这一想法比较认同。

而我们回到费孝通的具体研究上来进行分析，他指出对农民的研究不能单靠几个数字的论断。费孝通经过长期对"个案中的个案"进行研究后认为，了解在农民脑子里的思想活动比获取统计数据更难。如果调查者不懂得传统农业社会的基本特点，不懂得农民的过去和今天，不懂得传统是如何支配他们的日常行为，就永远不能理解这些正在变化中的农民。④

针对定量研究在研究其终极个案——中国时如何避免定量研究方法自身所存在的缺陷，费孝通提出定性分类后再定量分析的基本解决方案，即定量应以定性为前提。费孝通用村庄研究进行举例说明。他认为社会现象没有这样简单，应在统计学上通过对村庄进行抽样，以便了解中国全貌。他指出在采取抽样方法做定量分析之前，必须先进行分门别类的定性分析。而只有同一类型中的事物才能进行随机抽样。⑤费孝通先从其中国个案的宏观视角来看其具体分析层级中的研究对象——"个案中的个案"，对村庄进行分门别类，再进行定量研究分析。用这种方法更好地避免直接定量分析所带来的弊端。

当费孝通晚年对世界格局进行关怀之时，他对定量研究依然抱有不信任的态度。费孝通提出从"心"的概念出发，阐释人际关系。这在方法论上有着深刻的意义，它并非简单的定量研究可以达到的，而是用"心"和"神"去领会。⑥人和自然、人和人、我和我、心和心以及与古人的对话都无法用电脑计算的方式达成。在费孝通看来，这些都是必要而且艰巨的工程。这是对我们自身历史文化的反思，也是对"文化反思"和他在晚年所着重提

---

① 费孝通：《费孝通文集》（第一卷），群言出版社1999年版，第146—147页。
② 费孝通：《费孝通文集》（第二卷），群言出版社1999年版，第396页。
③ 费孝通：《费孝通文集》（第一卷），群言出版社1999年版，第126页。
④ 费孝通：《费孝通文集》（第十卷），群言出版社1999年版，第42页。
⑤ 同上书，第35页。
⑥ 费孝通：《费孝通在2003：世纪学人遗稿》，中国社会科学出版社2005年版，第125页。

出的"文化自觉"的一种重要实践。①

以上这些观点都是我们在费孝通所做的具体论述中所能观察到的他对定量研究的想法,而从作为个案的中国这一终极研究对象的角度出发进行思考,我们就会发现费孝通对定量研究的态度与其终极个案对象之间有着千丝万缕的联系。

从前文的叙述中能够看到,无论是从国内角度出发还是从世界走向费孝通所要理解的个案中国,他都是从不同的个案接近对于他研究的终极个案的理解。而费孝通追求整体这一点与定量研究的目的是一致的。但定量研究与费孝通个案方法论之间又存在着巨大的差异。费孝通的研究是寻求从个案逐步接近整体——作为个案的中国,而定量却是通过使用冷冰冰的数字来直接观察整体。因此,定量研究相比较于费孝通将中国作为个案的研究,对整体的历史、过程以及结构之间的联系缺乏更为生动的理解。

总体而言,费孝通并非不重视定量研究,而是由于定量研究分析方法在分析其终极个案时,存在一些方法论的固有缺陷,因而在研究中以定性研究为主要研究方法。同时费孝通也指出了定量研究不能体现动态关系以及不重视"人"的概念的方法论缺陷。这种研究方法也对整体的历史、过程以及结构之间的联系缺乏更为生动的理解。从费孝通论述中所引发出的对定量研究方法固有缺陷的讨论,值得我们当代研究者思考应如何正确、合理地使用定量研究分析方法来进行研究。

七、结语

费孝通穷其一生追求着对于中国个案的观察研究,将中国作为一个个案的中国。而费孝通在近百年中的三次学术生命所做的大部分研究都是为了理解他的终极个案——中国所逐步展开的。为了破除中国研究所带来的复杂性,费孝通从国内和国外两个不同的维度进行多层级的叙述。从国内角度来理解中国分别是从社区到国家、从民族到国家以及对社会分层的研究;从国外角度理解的层次是国与国之间的对比以及通向世界的多元一体——"新战国世纪"。在方法论上达到了从微观到中观以及从宏观到中观的综合。

---

① 费孝通:《费孝通在2003:世纪学人遗稿》,中国社会科学出版社2005年版,第141页。

除了对中国进行个案层面的宏观性论述以外，费孝通还在各个层面上做到了在分析中充分使用动态视角进行研究。费孝通在处理作为个案的中国时，注意到了个案本身在历时性与共时性上的变化，注意到了个案内部诸要素之间的动态分析，注意到了"个案中的个案"的动态变化，也注意到了世界格局的动态变化。而对研究对象动态分析的关注，也要早于利奇写成《缅甸高地诸政治体系》的时间。费孝通这一在注重动态分析的同时，追求终极个案的方法论也可以反驳之前学界对他方法论的相关批判。

费孝通所研究的个案是具有多样性和多层次性的，而并非如利奇所理解并批判的那样仅仅是将微型社区当作一个个案。费孝通之所以研究如此丰富多样的个案就是为了理解其终极个案——中国。而费孝通也正是通过其终极个案将这些多层次性的个案纳入于其中。纳入的方式就是在前文所点明的分析层次，即从中国个案内部和从世界看中国个案两个分析维度出发，从而达到了从微观到中观与从宏观到中观的综合。对于纳入了多层次个案的中国个案而言，费孝通并没有将其固定僵化，而是注意到了其内部诸要素之间的动态变化以及个案中国在历史上的动态变化。这便是费孝通"个案"的真正内涵所在。

费孝通以中国为个案进行毕生研究的多层级的动态方法论对民族学、人类学研究者进行田野工作也具有极为重要的启发性意义。我们常常做的研究是对微型社区进行从共时与历时相综合的研究，但费孝通将中国作为个案研究的视角给了我们巨大启发，突出强调了动态分析以及宏观与微观研究相结合的意义和价值。费孝通从宏观视野出发，注重动态分析的方法论还是值得田野工作者不断学习和借鉴。在读书或做田野的过程当中，我们不仅要钻入书中或田野之中，还要从宏观视角产生大的关怀，这也类似于高丙中所言的"小地方、大世界"和阎云翔所提出的"小地方与大议题"。就如同费孝通的社区研究作为"个案中的个案"为他所研究的终极个案——中国服务一样，我们不能就事论事，而应具有一种宏观视野上的关怀。

费孝通将以"志在富民"为己任的一生，全部投注在中国研究之中。他的研究是一种超越自己社会局限的应用研究。而他将中国作为个案进行研究并注重动态分析的方法论也贯穿了他整个的学术生涯。将中国作为个案的多层次研究，是费孝通为后人留下的宝贵财富。而动态分析，也是费孝通和利奇所给予我们的重要经验。后代学人应把握好费孝通研究方法论的核心，为新近研究注入新鲜的活力，从而更好地将社会科学研究造福于社会。

第二章 民族志中的寓言[*]

民族志是人类学独特的研究策略①，也是人类学研究的组成部分和重要成果。在叙述过程中，民族志文本不可能摆脱寓言性。无论是文本细节还是研究意图，人类学及其民族志研究都会存在"潜藏的文本"。詹姆斯·克利福德的《论民族志寓言》一文对此问题进行了详细论述。② 我个人很喜欢一本写作于20世纪中叶的民族志，名为《芒市边民的摆》。该书篇幅不长，所涉及主题并不复杂。但其从芒市傣族做摆仪式的考察，引申出了对于当时第二次世界大战时局的关注，以及对于人类社会的思考。这种"以小见大"的寓言式民族志对于当代民族志同样具有重要启发意义。

田汝康先生的《芒市边民的摆》是抗日战争时期中国社会学人类学界少有的一本研究宗教的民族志田野作品。所以《芒市边民的摆》是中华民国时期研究宗教人类学非常重要的一本书，也可以被称为是唯一的仪式研究。在民国时期，人类学民族学发展势头迅猛。抗日战争时期，大量研究机构和人员转移到西南地区，在外界的资助下，燕京大学在陶云逵家所在地建立的名叫"魁阁"的学术研究机构，成为战时民族学人类学研究的主要阵地。在吴文藻以及后来的站长费孝通所主持的"魁阁"领导下，费孝通和他的研究伙伴们组成的中国功能学派进行了颇为有益的实践。魁阁的学风传自伦敦经济

---

* 本章主体部分原以《摆夷中的平等——〈芒市边民的摆〉书评》为题刊载于戴成萍主编，胡晓月、张彤彤副主编：《格物致知 知行合———中央民族大学民族学与社会学学院优秀本科生论文选》（第二辑），学苑出版社2015年版，第307—316页。

① [美]康拉德·菲利普·科塔克：《人性之窗——简明人类学概论》（第三版），范可等译，上海人民出版社2014年版，第36页。

② [美]詹姆斯·克利福德、[美]乔治·E.马库斯：《写文化——民族志的诗学与政治学》，高丙中等译，商务印书馆2006年版，第136—162页。

学院人类学系，采取理论与实际密切结合的原则。每个人都有自己的研究课题，他们先到选定的社区进行调查，然后在"席明纳"（seminar）里进行集体讨论，个人负责论文撰写。这种研究方法能兼顾个人创造性的发挥和集体讨论的好处，成效显著。① 这里的成员有着各自不同的角度，而在这其中也有对西南少数民族历史与文化的考察，因此也产生了很多不错的田野民族志作品，田汝康先生的《芒市边民的摆》便是其中之一。

一、田汝康与《芒市边民的摆》

《芒市边民的摆》一书的作者田汝康先生1916年生于云南昆明，本科专业为心理学，但由于旁听了吴文藻先生和费孝通先生的课，田汝康对社会学的调查和人类学的田野研究产生了浓厚的兴趣。因此，他的本科毕业论文选取的是社会人类学的题目。在田汝康本科最后一年还未毕业的时候，他便在费孝通先生的邀请下加入了魁阁工作站。在此期间，田汝康先后对昆明纱厂的女工和滇缅边境的傣族社会进行调查，写出《内地女工》和《摆夷的摆》两篇调查报告。《摆夷的摆》由重庆商务印书馆出版时更名为《芒市边民的摆》。②

众所周知，抗日战争时期学术界大多将重点放在经济和政治上，很少将精力放在边疆少数民族宗教问题的研究上。这与抗日战争时期的学术背景和社会大环境是息息相关的，当时很多研究都是文本分析。故此书作为重要的经验研究显得十分重要。在民国时期众多田野民族志作品中，关于宗教的作品总体数量较少，而研究边疆少数民族地区宗教的作品就显得弥足珍贵。

《芒市边民的摆》一书读起来非常有趣，为我们全面描述了那目寨的宗教活动，将边民的做摆活动活生生地呈现在我们面前，饶有兴趣地塑造了各种宗教、非宗教的仪式信仰活动。这本书的正文分为八章。作为一本田野民族志的书，该书前面先是描述摆夷社会中包括摆和祭社在内的各种超自然信仰的团体活动，而后从多角度分析这些作者所观察到的现象，并在最后提出

---

① 费孝通：《逝者如斯》，苏州大学出版社1993年版，第189页。
② 褚建芳：《桃李不言自成蹊——记我与田汝康先生的交往兼评其芒市傣族研究及其对人类学的贡献》，载田汝康：《芒市边民的摆》，云南人民出版社2008年版，第130页。

摆夷做摆可以达到社会公平的论点。

在导言中，田汝康简单介绍了摆夷所在地区的情况和关于佛教的一些场所、人物头衔的基本信息，这有利于更好地理解摆夷地区的仪式活动。《芒市边民的摆》的材料获得的地方是在云南西部的芒市。而当时住在芒市的边民几乎全是摆夷。在芒市每一个较大的村寨中均有一所建筑宏大的佛寺，当地称作奘房。各村中的佛寺往往是村中一支十分重要的支配力量。在这里，作者提到当初他进入芒市这一地区的时候并不明确自己要调查哪个方面，但当他深入这一地区后就对摆夷的仪式活动产生了浓厚的兴趣，这就充分说明了芒市生活中的摆夷的仪式活动一定有不同寻常之处，从而吸引田汝康对这一问题进行研究。

做摆在摆夷社会中是常见现象，一户或者多户都可以做摆。摆在田汝康看来很难解释，所以他用了将近全书一半的篇幅来描述做摆的活动经历，这样可以更直观地让读者了解做摆的过程。摆分为六种，分别是大摆、合摆、黄金单摆、挺塘摆、干躲摆和冷细摆。其中最重要的，同时也是最大的就是大摆。笔者在此大胆地对做摆下一个定义，简单地说，做摆就是用自己挣的钱献佛，这可能会倾尽一生所有的积蓄，获得一个"巴嘎"①的称号，进而可以提高社会地位，死后可以在天上获得一个位置，而死去的父辈同样可以获得一个相应的位置，这就是人生的意义所在。

在田汝康所描述的他所经历的一次大摆中，描述到了很多很有趣的现象。其中就提到了客人到主人家拜佛而主人没有丝毫还礼表示的特殊现象。客人们到主人家所拜的对象是佛祖，并不是主人，按其他社会文化逻辑来看，主人是需要还礼的，但摆夷社会中的主人却没有还礼之意。田汝康在分析中指出，在摆夷做摆时间以外的日常生活中只有三种情况不需要还礼，分别是长对幼、土司贵族对治属以及大佛爷对普通人。而做摆时的这种无需还礼的特殊情况恰恰可以体现出做摆的重要性，以及做摆的人通过这个仪式所获得的社会影响力。田汝康在描述完大摆的过程后写下了一句意味深长的话："摆在摆夷里没有一刻沉寂；摆夷有了摆也就永远不会散场。"②

除去大摆之外还有五种也被当地人称为做摆的公共活动，以及其他与

---

① "巴嘎"是做摆后所给的称号。
② 田汝康：《芒市边民的摆》，云南人民出版社2008年版，第27页。

佛没有关系的超自然信仰的团体活动,后者统统称为"非摆"。相比较而言,在参加人数、规模、费用、仪式节目上,"摆"都要高于"非摆"。田汝康认为,"摆"是一种非功利性的活动,大摆和合摆的目的是寻找一种来世报酬,其他的四个"摆"可以看作一种集体性质的祈祷活动,并不包括实际的利益在里面,仅仅是寻找一种转瞬即逝的心理快慰,获得一种精神上的指示。"非摆"则更加功利。①

在"非摆"中,祭社是被用来和大摆比较最多的一项仪式活动。祭社之所以这么明显,是由于这个活动完全屏蔽了大佛爷。书中提道:"摆夷对于作善降祥的佛是供奉,是敬仰;以言社神,则不外竭力与之和好。"②从此看出摆夷对于两者的态度大相径庭。在田汝康看来,"摆"是一种纯粹的宗教活动,存在一种为公服务的精神,对于社会团结有很好的促进作用。而"非摆"的活动具有反社会的性质,倾向于巫术。田汝康力图构建一个从大摆到祭社之间从宗教到巫术的演化序列,但这种过于理想化的排列方式在后来遭到质疑。因为这种划分方式有些过于绝对。实际上,在"摆"中有巫术的因素,而"非摆"中有宗教的因素。

田汝康在描述并从宗教意义上对做摆进行分析后,对做摆行为所产生的功能进行了一部分论述。首先,田汝康从财富消耗的角度进行分析。有人提出摆夷的摆是无谓的消耗,但其存在必有原因。摆夷社会中做摆的开销要远远高于人们日常的收入,做摆是他们人生中相当大的一笔开销。每个人辛勤工作挣得的钱如何有益地花费都是一个很重要的问题。财富利用只有两种渠道——再生产和消费。由于地理限制,财富的不断再生产对摆夷社区来说是毫无意义的,而消耗财富又存在着很多毫无意义的方法。用田汝康先生的话来说:"唯一可能,也是正当的消耗财富的方法,在个人立场说,是用来争取社会地位。"③而"摆"就是把财产转化成为社会地位的一座桥梁。因此,摆夷社会中一般人所看重的是一个人对于财富的施舍程度,而并非是对于财富的储蓄能力。做摆不仅仅是一种物质财富的消耗,更看重的是做摆行为的精神内涵。而由此所带来的通过摆获得社会地位的方式在田汝康看来是贫富差距平衡的重要方式。防止贫富悬殊太大,使社会不致因财富分配不均

---

① 王铭铭主编:《中国人类学评论》(第22辑),世界图书出版公司2012年版,第298页。
② 田汝康:《芒市边民的摆》,云南人民出版社2008年版,第52页。
③ 同上书,第82页。

而引起裂痕,这是"摆"在积极方面的功能。

其次,摆夷的社会结构以社龄①为主要原则。经田汝康的观察发现,大摆的活动可以说是个人改变社龄的仪式。摆夷的人生历程大致可分为四个时期,"小人"、青年、成年和老年,每个阶段都对应于在摆中的不同活动,例如青年要在摆中服役等具体内容。并且摆夷社区中的某些团体和"非摆"仪式只会对某些处于特定社龄阶段的人开放,所以"摆"是转换社龄的仪式。最显而易见的就是做摆的主人做完仪式后,大和尚宣布他是"巴嘎",做摆的主人才算进入第四个社龄。而个人的身份转换都得在仪式中进行。于是,"摆"就可以安排社会中的个人社龄,由此来维持社会结构。这从另一个侧面也造成摆夷的家庭观念很淡薄。摆夷个人生活的平衡,社会生活的和平,在这个社龄结构中一代一代地传下去,并成为摆夷文化经久不衰地传延下来。

再次,"摆"在人格和社会完整上也有贡献。"摆"在摆夷社区中对个人起到了教化的功能。做摆的这个人生终极目标使得人们在生活中只注意"摆","摆"就成了人们生活中的唯一目的。这就不同于五花八门的现代社会,利益与诱惑充斥在我们每一个人的周围,使得大部分人都很浮躁。"摆"不但组织了个人人格,同时也组织了社会,使人格和社会都得到完整。②每个人的相同性认识造就了摆夷社区中的社会团结。

二、一本作为寓言性质的民族志

从文艺复兴、启蒙运动至今,人们一直在讨论人类平等的问题。人们希望生活在一个平等的社会,但是之所以有这样美好的憧憬,正是因为人们所生活的社会还存在种种的不平等。在摆夷社会中,人们通过一个全体人都认同的方式——做摆,感受到了平等的地位和声望,甚至是受人尊敬的感觉。这种获得平等的方式在田汝康看来比宗教的作用更为强大。

在书的结尾我们可以清晰地看到田汝康用他在摆夷社会中所得出的经

---

① 田汝康所言的社龄包括两层意思:它是生命史上的阶段,一级一级有个次序,所以称作龄;这些阶段并非代表体质的成熟和衰老,而是代表社会的身份,各级享受的权力不同,应尽的义务也不同。这种社会性的划分正可用"社"这个字来表示。参见田汝康:《芒市边民的摆》,云南人民出版社2008年版,第91页。
② 田汝康:《芒市边民的摆》,云南人民出版社2008年版,第101页。

验进行着民族志寓言式的叙述。这种寓言式的民族志写法使得摆夷社会的经验对于构建人类社会具有十分重要的意义。值得一提的是，在人类学民族学研究所产生的民族志作品中，这种寓言现象并不少见。在世俗的人类学作为研究人类和文化现象的科学出现之前，人们就已经把民族志报告与不同的寓言事项相联系。在《美洲野蛮人的习俗与原始时代的习俗》中，拉菲托神父把美洲土著人的风俗与那些古希伯来和古埃及人做了著名的比较。①

詹姆斯·克利福德所总结的民族志寓言的特点之一是人们对寓言的认可不可避免地会产生民族志写作的政治和伦理维度。这些维度是被公开的，而不是被隐藏的。②在众多的民族志寓言中最为老练的就是莫斯（Marcel Mauss）的《礼物》。莫斯写作《礼物》的目标是"要推导出一些道德性结论，以解答我们当前的经济危机所引发的某些问题"。③《礼物》这本书是为了回应第一次世界大战中欧洲的互惠关系崩溃而写成的。它表明交换和战争令人烦恼地近似，最后唤起了对圆桌的想象。莫斯的论述直指当时的第一次世界大战，而人们并没有汲取圆桌骑士的经验，进而引发了第二次世界大战，让身处云南的田汝康发出了对民主平等同样的呼唤。田汝康有关摆夷社会的民族志寓言同样具有民族志写作的政治和伦理维度。他要通过对摆夷社区的研究来反观当时的主流社会。在田汝康看来，通过"摆"而产生对平等的追求要远远优于现代社会中民主政治所起的作用。

正如王铭铭指出的，和"魁阁"的其他几位成员思想一样，田汝康也是想通过个案透视中国社会。但"田先生更关注的是社会人类学中的'他者'问题，试图从'边民'的社区调查中洞察借以反思主流市场经济模式的意识形态。在对公共仪式的深入研究后，田先生认为公共仪式表达的是一种难得的虔诚，一种对等级社会的内在深思"。④田先生在他的研究中采取了一种跨文化比较的方法——通过边民文化和主流文化的比对进行研究。这种反观自身和比较研究的田野调查方法值得我们学习和借鉴。

---

① [美]詹姆斯·克利福德、[美]乔治·E.马库斯：《写文化——民族志的诗学与政治学》，高丙中等译，商务印书馆2006年版，第140页。
② 同上书，第161页。
③ [法]马塞尔·莫斯：《礼物》，汲喆译，上海人民出版社2002年版，第5页。
④ 王铭铭：《继承与反思——记云南三个人类学田野工作地点的"再研究"》，载田汝康：《芒市边民的摆》，云南人民出版社2008年版。

《芒市边民的摆》可以算作一本宗教人类学意义上的学术著作，但由于被赋予了反思现代社会民主政治的这一层寓意，在我看来这也是一本政治人类学的学科著作。田汝康的写作也受到了当时的大环境——第二次世界大战爆发——很大的影响。在田汝康看来，第二次世界大战争夺的目标就是民主政治。人类一直在为自己的追求理想社会的目标进行着不懈的努力。人类生而不平等，每个人的才智、体力、社会资本都是截然不同的，还有那些后天不平等的社会因素。当时的现代社会，哪怕在现在的许多国家中也没有达到人人平等。基于这一点，田汝康大力推崇摆夷社会中做摆仪式所给人们所带来的平等，并以此否认做摆行为是一种极大的浪费。这对于我们所处社会的社会制度与政治建设确实具有很大的启发性，所以我从这个角度认为《芒市边民的摆》是一本政治人类学著作。

三、再思那目寨之平等

田汝康在全书中都很重视摆夷平等这个问题，在文末联系到了当时正在进行的第二次世界大战，并探讨了现代人民主的问题。在他看来，现代人在民主政治上所获得的安慰远不如摆夷在"摆"中所获得的大，因为摆夷社区确因为"摆"的存在而将一切天然人为的不平等弄得有个平等的信念。现代宗教中有与"摆"一样的功能，只可惜现代宗教控制社会的能力太弱，而且宗教生活的实际效果显然不如摆夷社区来得显著。田汝康真切地感受到我们社会中缺乏一个使弱者和强者间能够公平竞争的机会，甚至这种机会还能够提高弱者的成就从而抑制强者的骄横。摆夷的这种形式使人与人之间相互平等，"摆"也就成为摆夷生活愉快、社会安全的保障。但是，摆夷社会中人们是真的平等吗？我认为这一点不能妄下结论，并由此提出质疑。

在当时的大环境来看，中国受千年来专制主义中央集权的影响，皇帝的影响依旧存在，而针对边疆地区，土司贵族等制度依旧存在，至少当时摆夷社会中的两种特权阶级依旧存在。土司、贵族在摆夷社会中还是占据统治地位的特权阶级。但是由于摆夷社会中做摆这一行为的存在，人们通过做摆来提高声望，死后在天上得到位置。通过这种土司和贵族也必须亲身实践才能得到的地位，使得人们在心灵上得到慰藉，提供这样一个机会让人人感受到平等的存在。这种平等的存在的确是不可否认的，但是这显然不是绝对的平等，而这种平等更不是摆夷社会中的全部。

无论是从文本的叙述中，还是从费孝通先生为此书作的序中，我们都可以感受到田汝康先生在论述过程中受到了涂尔干（Émile Durkheim）的影响。在《宗教生活的基本形式》一书的开篇先导问题部分，涂尔干论述了他所认为的教会与社会的关系。在他看来，社会是由一个教会所构成的。但遗憾的是，涂尔干在书中并没有将佛教的"教会"论述充分。而我们也正通过中国社会的复杂性轻而易举地将这个理论解释推翻，即一个较复杂的社会可能不止由一个教会所构成。

在芒市的叙述中，田汝康似乎将佛教看作那目寨社会的全部，这种观点将土司代表的国家杂糅到佛教社会当中，是值得商榷的。那目寨是由皇权社会（吏治社会）和佛教社会并行存在而构成的。田汝康认为他所观察到的社会是平等的，但从田汝康所提供的材料中可以看出那目寨作为一个社会存在着两个不平等，即土司、贵族与平民的不平等以及宗教社会中大佛爷与摆民的不平等。

根据田汝康的描述分析可以看出，做摆这种仪式作为一种类似于救赎的社会制度在佛寺内部产生平等，人们通过自己辛勤劳作所获得的收入来进行消费从而献佛，是一种纯粹花钱买声望的行为。加之这种行为的关键不在于花费价钱的多少，而是在于人的精神上表现如何，虔诚的心理和严肃的态度常常比丰富的物质更为重要，所以声望的获得在于精神而不是物质，而声望的平等化就带来了财富的平均化，人们挣得多少就不再重要。但是，这种等级的存在情况只存在于寺庙内，到了寺庙外的社会中，土司和贵族所代表的皇权仍然占据这一地区的主导地位，人们并不因为做摆所获得的财富多少而拒绝缴纳贡赋，或者土司贵族像摆夷一样的生活。所以，这种被放在天上的平等完全不能使得摆夷社会达到平等。因此，在土司、贵族为代表的皇权社会中，土司与平民的天然不平等是显而易见的。

在佛教社会中，"摆"的自身就存在着等级差异，大佛爷与摆民是不平等的，大佛爷的地位是无法取代的。"摆"可以让人们感受平等的同时，体会到事实的不平等。在当地寺院体系中是具有等级制度的，这里大佛爷的地位无法取代，摆民作为俗人是无法模仿佛爷的。因此，俗人世界与佛爷二者的断裂导致整个佛教社会的断裂。

褚建芳进行再研究的时候曾提出："摆的社会功能不在通过消耗来平衡

社会等级差异，而是通过强调'功德'的差异与'报应'差异的对等性，是一个'弥漫着等级的社会'强化自身的等级性的手段。"[1]褚建芳的研究也从侧面印证了摆夷社会中平等不完美的观点。做摆的活动的确可以让人们通过信仰相信在天上人们是平等的，但这并不是全部。人们既然要通过做摆来达到平等，这就证明人们在开始并不是平等的。加之社会地位并不是社会的全部，通过摆来达到彻底的平等的这一途径就无从谈起。所以，那目寨做摆所带来的平等是极为有限的，但与此同时我们也不应忽视，做摆的活动依旧可以为如何构建平等的人类社会带来足够多的经验和思考。

四、结语

正如上文所提及的一样，田汝康所研究的摆夷社会平等观念有值得商榷之处。田汝康所描述的平等观念只是摆夷社会中的一部分，并不是全部，但我们仍不能否认田汝康所做出的对于现代社会民主平等和政治建设的积极思考，摆夷社会中的平等不仅使得摆夷生活得十分幸福，同样也对于外界的人有所启迪。这种启迪不仅限于田汝康所处的动荡年代，对于现在我们所处的年代也具有现实意义。"摆"对于一个社会的约束、组织、控制能力，同样值得当代中国人重新思考信仰的力量和宗教的价值。田汝康《芒市边民的摆》一书虽薄，但其蕴含的启示和对其他社会的比较作用使得此书意义重大。

摆夷社会为人类社会的平等和民主政治的建立带来了启迪，这要感谢田汝康的田野民族志作品。即使书中的很多细节理论值得商榷、很多分析被后人质疑，但是田汝康所带来的摆夷社会中关于平等的一系列思考是有价值的，描述并分析的一些宗教现象是极为有意义的，他不仅为我们展现了我国西南边疆地区的一个社会场景，也为我们更好地理解边疆少数民族宗教提供了宝贵的财富，为更好地完善社会运行机制提供了启迪。

对于民族志写作而言，田汝康的民族志为我们展现了一本好的民族志是如何有着更加宏大的现实关怀的。这种带有民族志寓言性质的写作研究方式同样需要应用在诸如大兴安岭林区研究这样具体的考察之中。

---

[1] 王铭铭：《继承与反思——记云南三个人类学田野工作地点的"再研究"》，田汝康：《芒市边民的摆》，云南人民出版社2008年版，第121页。

第三章　文化人类学视野下的
狩猎采集社会研究[*]

作为人类历史上存在时间最长、分布最为广泛的生计方式，狩猎采集（hunting and gathering）是一种通过猎捕食物和直接采摘可食用果实进行的生活方式，其与后来人类作为食物生产者（food producer）的生活方式相区别。在一万年以前，全人类几乎都以狩猎采集为主要的生计方式。随着人们学会栽培植物和驯化动物，生计方式才不断地得到改变和发展。目前，世界上以狩猎采集为主要生计方式的人群越来越少。据相关研究估算，仅有约20万人，且均分布在当今世界的边缘角落。[①] 按照目前的变迁速率来看，当代所剩不多的狩猎采集人口在今后的几十年间将完全改变他们的生活方式，成为食物生产者，人类也将就此与伴随了他们大部分时间的狩猎采集生活方式及其社会形态彻底告别。[②]

人类学研究者对于目前濒临消失的狩猎采集社会进行的相关研究，对理解当下的一些议题具有重要的启迪和借鉴意义。狩猎采集社会研究可以帮助我们了解我们是谁以及我们以前是怎样的。通过回到这种最古老和最普遍的人类生活方式，我们可以理解环境与文化的关系，并反思农业和畜牧业发展以来生产食物的社会制度。狩猎采集者的生存智慧以及与环境的互动方式

---

[*] 本章以《"重写"到"本体论"——文化人类学视野下的狩猎采集社会研究》为题发表于《世界民族》2020年第4期。

[①] 参见[美]康拉德·菲利普·科塔克：《人性之窗：简明人类学概论》（第三版），范可等译，上海人民出版社2014年版，第246页。

[②] 范可：《驯化、传播与食物生产类型的形成——人类学的视角》，《中山大学学报》（社会科学版）2018年第6期。

对于今天人类危机都是具有启发和借鉴意义的。但在目前国内学界，少有研究者对狩猎采集社会研究成果真正加以重视，并以此出发对狩猎采集民族进行深入研究。如果想对狩猎采集民族及其社会文化变迁进行考察，就需先对人类学领域中既有的狩猎采集社会研究成果有所了解。

一、狩猎采集社会研究初期的基本议题

学术界对狩猎采集社会的关注最早可追溯到17世纪。17到18世纪所流行的对"人性"（human nature）的关注构成了当时狩猎采集社会研究的核心议题。[1]霍布斯[2]、孟德斯鸠[3]、卢梭[4]、杜尔哥[5]和亚当·斯密[6]均对狩猎采集社会有所关注。对起步较晚的人类学学科而言，早期的研究大多关注遥远的"原始人"，其中自然也少不了对世界各地狩猎采集社会的资料收集。但这些涉及狩猎采集社会的研究大多主题较为分散，其研究关切的核心和重点较少集中涉猎狩猎采集社会主题本身。随着人类学学科的不断发展和材料的不断积累，学者们逐渐意识到狩猎采集社会作为一个专门性的研究主题和研究领域的价值所在。1966年由理查德·李（Richard Lee）和艾芬·德沃尔（Irven DeVore）在芝加哥大学组织的"狩猎者"（Man The Hunter）会议[7]阐明了人类学在狩猎采集社会研究中的作用和价值，清晰了原本模糊的研究主题界限，使狩猎采集社会研究成为人类学学科中的一个重要研究领域。这次会议及其成果推翻了以往学者对狩猎采集者的许多成见，同时也被后人视为现代

---

[1] Mark Pluciennik. "The Invention of Hunter-Gatherers in Seventeenth-Century Europe," *Archaeological Dialogues*. 2002, vol.9, pp.98–118.

[2] Thomas Hobbes. *Leviathan*, London: J. M. Dent & Sons, 1973, p.64.

[3] Charles de Secondat. baron de Montesquieu. *The Spirit of the Laws*. Cambridge: Cambridge University Press, 1989, p.290.

[4] Jean Jacques Rousseau. "A Discourse on the Origin of Inequality," in Jean Jacques Rousseau. *The Social Contract and Discourses*. London: J. M. Dent & Sons, 1973, p.52.

[5] A.R.J. Turgot. "On Universal History," in Ronald L. Meek (ed.). *Turgot on Progress, Sociology and Economics*. Cambridge: Cambridge University Press, 1973, p.65.

[6] [英]亚当·斯密著，R. L. 米克、D. D. 拉斐尔、P. G. 斯坦编：《法理学讲义》，冯玉军、郑平、林少伟译，中国人民大学出版社2017年版，第52—53、57页。

[7] 1968年由他们二人主编并出版了同名论文集，参见Richard Lee and Irven DeVore (eds.). *Man the Hunter*. Chicago: Aldine Publishing Company, 1968.

狩猎采集社会研究的起点。① 在20世纪70年代，狩猎采集社会研究呈现出研究范围逐渐扩大的趋势，相关研究开始遍及世界各地。1978年，巴黎召开了一次狩猎采集社会研究的后续会议。这次会议在后来被视为狩猎采集研讨大会（Conference on Hunting and Gathering Societies，简称CHAGS）的第一届会议。由于当代仅存的狩猎采集者被民族国家同化的进程日益加快，因此狩猎采集社会研究及相关会议的举办就显得十分必要。后来陆续召开的一系列狩猎采集研讨大会对于确立和推动狩猎采集社会研究具有十分重要的作用，而历次狩猎采集研讨大会的研讨主题和论文成果也反映了特定时期狩猎采集社会研究的研究热点及其变化过程。在下文中，笔者将从生态与财产、世界观（world-view）② 与象征分析两个方面来简单总结现代狩猎采集社会研究初期的研究成果。

（一）生态与财产研究

20世纪60年代，很多学者受到当时流行的生态人类学理论与范式的影响，着重探讨狩猎采集社会的技术、生计、社会组织、观念系统与生态环境的适应关系。③ 当时与生态有关的狩猎采集社会研究大多都受到了斯图尔德（Julian Steward）文化生态学和马文·哈里斯（Marvin Harris）文化唯物主义的影响。研究者会在研究中试图考察狩猎采集者与生态的互动关系，即狩猎采集者是如何利用生态，而生态又是如何影响狩猎采集者的。研究议题包括能量的输出与摄入、生产模式和工时、劳动分工、人口与空间分布、性别和财产关系以及"觅食策略"等。④

狩猎采集社会研究初期的基本理论问题是用各种多样化的形式、类型

---

① Robert Kelly. *The Lifeways of Hunter-Gatherers: The Foraging Spectrum*. Cambridge: Cambridge University Press, 2013, p.9.
② 不同于带有政治意涵的"世界观"，本书所使用的"世界观"指的是个体或社会对所处世界的认知和看法。对狩猎采集者而言，其"世界观"可能会与现代西方人有所不同，而这也应是研究所关心的重点。
③ 值得一提的是，生态人类学是由20世纪60年代以前的人类学研究所积淀和发展出来的分支学科，其中也包括以往狩猎采集社会相对分散的研究。
④ Richard Lee. "Is There a Foraging Mode of Production?" *Canadian Journal of Anthropology*. 1981, vol.2, pp.13–19.

和标准对"觅食游群"(foraging band)进行模式建构。①大部分研究都将狩猎采集纳入"简单—复杂"这样一个简单的二元对立模式中,而这种含有进化论思想的二元对立方式在很长一段时间内一直被人类学界所使用。在这些研究中,伍德伯恩(James Woodburn)在对非洲狩猎采集者哈扎人(hadza)的研究中所提出的"即时回报"(immediate return)与"延迟回报"(delayed return)是比较具有影响力的一对概念。②正如伍德伯恩所言,狩猎采集生产方式是一种以食物资源的快速消耗为基础,灵活并依赖多样策略的即时回报体系。狩猎采集者每天直接采集食物,没有食物存储观念。他们的技术简单,每个人都能很快采集到每日生活所需。他们没有对于土地、森林、动物的私有观念,可以相对自由地去任何地方狩猎采集。尽管狩猎采集社会内提倡分享劳动成果,但实际上没有人会在食物或资源问题上依附于别人,这也导致了社会群体组合的灵活性。即时回报的生产方式也成为抑制狩猎采集社会内部贫富分化的重要机制。相比而言,延迟回报体系以食物资源的剩余积累为基础,是一种等级性的生产方式。

狩猎采集社会研究者对生态议题的研究兴趣一直持续到20世纪90年代,其中对财产的关注在这些研究中占据重要地位。③其中最有影响力的是萨林斯(Marshall Sahlins)提出的"原初丰裕社会"(Original Affluent Society)概念。在他看来,如果我们以空闲时间来衡量人们的富裕程度,那么狩猎采集者往往比他们的农民邻居更富裕。萨林斯通过对于狩猎采集经济效率的再计算提出,狩猎采集者平均只需要2—5个小时就能采集每日生活所需的食物。除非出现资源稀缺的状况,狩猎采集者每天只用花费短短几个小时的时间来从事与生存有关的活动就能够比农民过得更好。如果让狩猎采集者自己做出利益最大化的选择,他们不会积累财富,而是会选择用更多的时间休息和玩耍。狩猎采集者没有充分地利用他们的生产能力和资源,这是由于不同

---

① Alain Testart. "The Significance of Food Storage among Hunter-Gatherers: Residence Patterns, Population Densities, and Social Inequalities." *Current Anthropology*, 1982, vol.23, no.5, pp.523–537.

② James Woodburn. "Egalitarian Societies." *Man*, 1982, vol.17, no.3, pp.431–451.

③ Alan Barnard and James Woodburn. "Property, Power, and Ideology in Hunter-Gathering Societies. An Introduction." in Tim Ingold, David Riches and James Woodburn (eds.). *Hunters and Gatherers. vol.2: Property, Power, and Ideology*, Oxford: Berg, 1988, pp.4–31.

政治体系所生成的生产动机是不同的。不同的政治制度会生成出不同权力欲望和生产目标，生产未必都以生产剩余产品和财富积累为目标。萨林斯将之称为"有限目标经济"（economy of limited objectives）。生产力并不决定人们的观念，恰恰相反，观念、价值决定生产。① 萨林斯的观点冲击了过去人们在单线进化论思维模式中对狩猎采集者的刻板想象，改变了人们长期以来对狩猎采集者的偏见。他从狩猎采集社会中所提出的"有限目标经济"等论断也构成了对西方现代性的反思。

针对萨林斯提出的"原初丰裕社会"，学界也在不断地进行讨论，而非简单地认可。有些学者提出如果狩猎采集者是丰裕的，那么他们在适应现代世界时会失去他们的丰裕吗？伯德-大卫强调狩猎采集者对当地环境和动物的看法是非常重要的。② 由此，她纠正了萨林斯"原初丰裕社会"概念中存在的缺陷。她认为萨林斯混淆了文化与生态的视角。萨林斯对劳动时间的强调仍过于形式主义，他没有意识到对狩猎采集者而言，最重要的是一个人与其他人以及所处环境之间的关系。③

（二）对生态研究范式的超越——世界观与象征分析

前文所描述的这些研究都是从生态的角度不同程度地对狩猎采集社会进行研究和分析。大多数生态路径的狩猎采集社会研究采用的是一种唯物主义"自下而上"的分析路径，这使得很多研究忽略了意识形态议题以及"自上而下"的分析路径，观念与生产关系的重要性无法得到充分有效的重视。针对这种过于单一的情况，人类学研究者们开始注意到对狩猎采集者的世界

---

① [美]马歇尔·萨林斯：《石器时代经济学》，张经纬、郑少雄、张帆译，生活·读书·新知三联书店2009年版，第1—47页。

② Nurit Bird-David. "The Giving Environment: Another Perspective on the Economic System of Hunter-Gatherers," *Current Anthropology*, 1990, vol.31, no.2, pp.189–196.

③ Nurit Bird-David. "Beyond 'The Original Affluent Society': A Culturalist Reformulation," *Current Anthropology*, 1992, vol.33, no.1, pp.25–47.

观及其象征系统进行分析的必要性，并以此来补充生态视角所存在的缺陷。①这些研究被视为是对之前一直占据狩猎采集社会研究主导地位的生态研究议题的批评与反动。②现如今，针对狩猎采集者的世界观与象征分析现已成为狩猎采集社会研究领域内非常重要，并受到持续关注的研究议题。近来人类学学科内热议的"本体论转向"就是对世界观与象征分析相关议题讨论的一种延续。

但针对狩猎采集社会研究采用过于唯物主义和生态视角进行研究的批评并不适用于所有区域的研究。实际上，着重采用唯物主义和生态视角的研究分布呈现出一定的区域特征，其大多集中于对北美狩猎采集者、非洲布须曼人（Bushmen）以及其他非洲狩猎采集者的研究之中。③相反，在对澳大利亚土著民的研究中，研究者不会仅从生态视角切入，这是由于当地的神话信仰系统以及图腾制度是如此的明显。早在19世纪末和20世纪初，斯宾塞（Baldwin Spencer）和吉伦（Francis James Gillen）就曾对澳洲中部和北部的土著部落考察，关注到当地土著部落的图腾。④在他们的影响下，涂尔干对澳大利亚图腾制度进行了精彩的研究。在南美洲的研究中，对人类学影响最为深远的当属列维-斯特劳斯（Claude Lévi-Strauss）的神话学研究，其关注到了狩猎采集者的象征体系。此外，考察北美地区的研究者也关注到了狩猎采集者的神话和仪式。⑤从不同大洲和区域的研究中可以看出，人类学家在

---

① 代表性的研究包括Kirk Endicott. *Batek Negrito Religion*: *The World-view and Rituals of a Hunting and Gathering People of Peninsular Malaysia*. Oxford: Oxford University Press, 1979; Hugh Brody. *Maps and Dreams*. Harmondsworth: Penguin, 1981; Fred Myers. *Pintupi Country. Pintupi Self*: *Sentiment, Place and Politics among Western Desert Aborigines*. Washington: Smithsonian Institution Press, 1986; Robin Ridington. *Little Bit Know Something*: *Stories in a Language of Anthropology*. Vancouver: Douglas and McIntyre, 1990.

② Richard Lee. "Art, science, or politics? The Crisis in Hunter-Gatherer Studies," *American Anthropologist*, 1992, vol.94, no.1, pp.31–54.

③ Mathias Guenther. *Tricksters and Trancers*: *Bushman Religion and Society*. Bloomington: Indiana University Press, 1999, pp.1–3.

④ Baldwin Spencer and Francis James Gillen. *The Northern Tribes of Central Australia*. Carolina: Nabu Press, 2010, pp.1–34.

⑤ 如Adrian Tanner. *Bringing Home Animals*: *Religious Ideology and Mode of Production of the Mistassini Cree Hunters*. New York: St. Martin's Press, 1979.

生态范式研究之外，也在关注着人类学长久以来一直所关心的世界观和象征符号系统。

二、20世纪末的"重写"思潮

20世纪八九十年代，随着人类学学科内部后现代和解构主义思潮的出现，以及狩猎采集社会研究的逐步增多，一些研究人员开始对狩猎采集既有研究成果进行反思。学界将之称为"重写"（revision）。① 狩猎采集社会研究领域内的这股"重写"思潮曾经掀起过一场争论，而这股思潮也使得原有的一些被研究者所忽略的问题与事实得到了澄清。原始森林、高贵的野蛮人（noble savages）、与世隔绝的狩猎采集者等观念成为神话，更具历时性的视野成为理解狩猎采集社会更为合适的进路。②

之前的人类学研究者常常将狩猎采集者所生活的环境想象成纯粹自然且一成不变的。"重写"思潮影响下的人类学研究者强调环境也有其自身历史，人们区分所谓"自然的"和"人为的"景观本身就是错误的，这是因为所有的生态系统在过去的几千年里已被人类所改造。以往的人类学研究者没有认真对待人类所处生态系统的历史，并简单地认为狩猎采集者生活在自然形成的森林之中。然而事实上，大部分森林在很大程度上已经被狩猎采集者所改造。③

另一个不严谨之处是把狩猎采集社会想象为生活无忧无虑，少与外界接触，独自发展，且与自然保持和谐的美好社会。但这美好的描绘与想象被"卡拉哈里论战"（Kalahari Debate）所打碎。传统主义者认为非洲布须曼人是相对独立且富裕的。在他们看来，尽管布须曼人所处的Ju/'hoan社会中有其他人群，但依然可以将其看作一个独立的社会分析单位。④ 然而，这种观点对于"重写"思潮中的人类学研究者而言，显然是无法接受的。相比于传

---

① 国内部分学者将其翻译为"修正"。
② Thomas Headland. "Revisionism in Ecological Anthropology," *Current Anthropology*, vol.38, no.4, 1997, pp.605–630.
③ Ibid.
④ Richard Lee. *The !Kung San: Men, Women, and Work in a Foraging Society*. Cambridge: Cambridge University Press, 1979, p.33.

统主义者强调布须曼人的文化延续性和完整性，这些研究者认为布须曼人是被更大社会体系所剥夺的边缘人。① 他们更加关注布须曼人在南部非洲政治经济结构中的地位，从更大的社会系统中对其加以讨论。虽然这两种观点都不能完全代表布须曼人的世界观，但这场争论使得研究者更加关注狩猎采集社会与外界的交往互动。②

从宏观社会体系层面讨论狩猎采集社会的"重写"思潮，与马克思主义人类学的兴起有着密不可分的关系。华勒斯坦（Immanuel Wallerstein）所描绘的"现代世界体系"和埃里克·沃尔夫（Eric Wolf）③ 的研究使人们意识到人类学所研究的社会实际上镶嵌在更大的系统中。人类学家所看到的当地文化是殖民遭遇的状况，但却被过往的人类学研究者当作是当地人的原生状态。在当代，另一个不容忽视的事实是，狩猎采集人口已经全部都是不同现代国家的公民。这就要求对狩猎采集社会进行考察和研究时，需要关注到狩猎采集社会是如何受到外部和国家的影响，以及已经发生了怎样的改变。而不能像传统人类学研究一样，孤立地看待自己的研究对象。

正是在以上这些观点以及狩猎采集社会研究领域内"重写"思潮的推动下，出现了很多关于狩猎采集社会与外部社会交往互动的反思性研究。学者经研究发现，婆罗洲的普南人（Punan）是数百年前为了给中国商人采集林产品才将生计方式从农耕转变为采集的。④ 也有学者指出，非洲俾格米人（Pygmies）长期以来通过与相邻农业民族的交易来换取所需的大部分食物，他们在雨林中从不单独以狩猎采集为生。⑤ 这些研究证明当今狩猎采集者之所以能存在，不是因为他们与外界没有联系，而是因为他们通常与外部世界

---

① Edwin Wilmsen. *Land Filled with Flies: A Political Economy of the Kalahari*. Chicago: University of Chicago Press, 1989, p. xii.
② Alan Barnard(ed.). *Hunter-Gatherers in History, Archaeology and Anthropology*. Palgrave Macmillan, 2004, p.7.
③ [美]埃里克·沃尔夫：《欧洲与没有历史的人民》，赵丙祥、刘玉珠、杨玉静译，上海人民出版社2006年版，第7页。
④ Carl Hoffman, *The Punan: Hunters and gatherers of Borneo*. Ann Arbor: UMI Research Press, 1986.
⑤ Robert Bailey, Genevieve Head, Mark Jenike, Bruce Owen, Robert Rechtman and Elzbieta Zechenter. "Hunting and Gathering in tropical rainforest: Is it possible?" *American Anthropologist*, vol.91, no.1, 1989, pp.59–82.

保持着联系。①

实际上，"重写"思潮所批判的传统式的狩猎采集社会研究是一种浪漫主义和进化论式的论述。传统的研究对于狩猎采集社会有一种乌托邦式的幻想，研究者将今天社会中所发展出来的原始观念投射到了其研究对象之上。他们拒绝承认今天的狩猎采集者与我们是"同代人"（contemporaries），而通过类型学时间（typological time）把研究对象放置在时序中，否定人类学研究对象与人类学研究者的同在。这就是费边（Fabian）所提出的"同在否定"（denial of coevalness）。② 人类学家通过这种研究方法把研究对象与研究者的异同理解为时间的异同，而殖民统治正是构筑在这种差异上。

那么，究竟为何人类学家在描述狩猎采集社会时习惯于将其看作是"原始"、静态的，而不是与研究者同在的？实际上，这与"原始社会"概念的出现及其建构过程有着密不可分的关系。所谓的"原始社会"是人类学家制造出来的幻象，并非是一个经由实证研究所建立的概念。③ "原始社会"的出现与"进步"这类观念在19世纪中叶以后广为流行有关，这正是由于"原始社会"构成了"理性"线性进步过程中的起点。同时，把"原始"作为一种人类社会的范畴或阶段性划分也与基督教世界固有的"存在大链"观念有关。另一个极为重要的因素就是全球范围内的殖民主义和帝国主义扩张。④ 如滥用暴力、从夫居等很多对于狩猎采集社会"原始"的刻板印象和浪漫化理解，往往都是基于欧洲人扩张和殖民历史的一种自我合理化的解释。⑤ 正是出于以上的这些因素，使得研究者在过去习惯于将狩猎采集社会看作是"原始"的，将他们置于社会线性发展序列的底端。因此，研究者需要对狩

---

① Bennet Bronson. Comment on "An Evolutionary Approach to the Southeast Asian Cultural Sequence," by Karl L. Hutterer, *Current Anthropology*, vol.17, no.2, 1976, pp.221–242; Thomas Headland. "Revisionism in Ecological Anthropology," *Current Anthropology*, vol.38, no.4, 1997, pp.605–630.

② Johannes Fabian. *Time and the Other: How Anthropology Makes Its Object*. New York: Columbia University Press, 2014, p.173.

③ Adam Kuper. *The Invention of Primitive Society: Transformation of an Illusion*. London and New York: Routledge, 1988, p.1.

④ 范可：《狩猎采集社会及其当下意义》，《民族研究》2018年第4期。

⑤ [美]威廉·哈维兰：《文化人类学》（第十版），瞿铁鹏、张钰译，上海社会科学院出版社2006年版，第176页。

猎采集社会"原始"的意象加以反思，从经验和历史材料入手，对狩猎采集社会进行研究。

除此以外，"重写"思潮也带来了研究视角的反思，人类学开始关注并从当地人的主位视角进行研究。之前的研究几乎都是从研究者的角度书写狩猎采集者的民族志作品，而缺乏当地人的声音。这种缺陷其实存在于以往人类学中的各个研究领域。在20世纪80年代反思民族志的后现代思潮中，这种忽视当地人观点的民族志写法遭到了抨击。人类学研究者没有真正对待当地人的观点，他们很少提到研究者所记录下的只是他们自己的想法。如列维-斯特劳斯仅仅将当地人的观点当作揭示"结构"的材料。① 加之，人类学成果的"客体化"（objectification）呈现方式，也往往使得被研究者难以接近人类学知识。② 在这种情况下，当地人就成为失语者，任由人类学研究者任意解释其社会文化，出现了权力关系的不对等。

正是在这种思潮的影响下，狩猎采集者以各种各样的形式和方式开始亲自参与到研究中。他们可能是民族志写作或考古项目的参与者，也可能被招募来讲述他们的生活故事，进而产生一本关于他的生活的书或电影。③ 这类作品中完全都是狩猎采集者自己的观点，这也使得狩猎采集者自己的声音变得越来越突出。对当地人观点的重视使得狩猎采集社会研究更加靠近真实，并出现以玛乔丽·肖斯塔克（Marjorie Shostak）《妮萨》为代表的一系列优秀的民族志作品。④

三、"本体论转向"与狩猎采集社会研究

近来，人类学的"本体论转向"成为学科内热议的话题。⑤ 其中的许多讨

---

① George Marcus and Dick Cushman. "Ethnographies as Texts," *Annual Review of Anthropology*. vol.11, 1982, pp.25–69.
② 黄应贵：《返景入深林：人类学的观照、理论与实践》，商务印书馆2010年版，第94页。
③ Mathias Guenther. "Current Issues and Future Directions in Hunter-Gatherer Studies," *Anthropos*. vol.102, no.2, 2007, pp.371–388.
④ Marjorie Shostak. *Nisa*：*The Life and Words of a !Kung Woman*. Cambridge：Harvard University Press, 2000, pp.1–39.
⑤ Amiria Salmond. "Transforming Translations（part 2）：Addressing Ontological Alterity," *Hau*：*Journal of Ethnographic Theory*. vol.4, no.1, 2014, pp.155–187.

论都是围绕狩猎采集社会而展开的，而本体论可以让我们更好地理解狩猎采集社会及其生存之道，这使得狩猎采集社会研究者需要对人类学的本体论进行关注与透彻理解。

对于何谓本体论，科恩（Eduardo Kohn）认为本体论是对真实（reality）的研究，即一个包含但不限于人类建构的世界的研究。① 王铭铭则认为本体论旨在辨析存在的本相与"真实"的要素，与旨在辨析认识者的知识之本质的认识论（或知识论）相对。② 甚至还有学者认为，本体论就是文化的另一种说法，即本体论和文化是从不同侧重点出发所描述的一个大致相似的概念。③ 在论述与狩猎采集社会相关的经验研究之前，我们先来了解下本体论在理论层面上所批判的目标之一——后现代主义背景下的认识论。

后现代思潮中的认识论是对人类学知识生产过程和认识过程的关注与反思，而较少关注人类学本应关注的当地社会文化的本质。带有认识论色彩的美国人类学家格尔茨受马克斯·韦伯（Max Weber）的影响，提出所谓文化就是一些由人自己编织的意义之网。对文化的分析不是一种寻求规律的实验科学，而是一种探求意义的解释科学。④ 格尔茨的出现使人类学从原来对于结果的关注，转变到开始关注人们赋予行为、生活和世界的意义，将人类学引向关注人们的主观世界，而非客观结果。其阐释人类学影响了人类学中认识论的出现和发展。而在人类学的认识论中，另一种典型的观点就是建构论。人们以前总是以为如民族、宗教、原始社会等概念是天然存在的，但认识论则强调这些概念是被人为后天建构出来的。同样在一些人看来，民族志也是人类学者单方面进行的主观"文化建构"（construction of culture）。他们意识到传统民族志中对研究对象的描述并非是科学的，而只是人类学研究者的认识及其所生产出的知识，民族志叙述中充满着他人无法验证的来自人类学研究者的主观认识。在后现代主义的影响下，人们越来越关注认识的过程和知识的本质是什么，而逐渐远离了人类学本应关心的本体。这使得在认

---

① Eduardo Kohn. "Anthropology of Ontologies," *Annual Review of Anthropology*. vol.44, 2015, pp.311–327.
② 王铭铭：《当代民族志形态的形成：从知识论的转向到新本体论的回归》，《民族研究》2015年第3期。
③ [美]克利福德·格尔茨：《文化的解释》，韩莉译，译林出版社2014年版，第5页。
④ 同上。

识论影响下的人类学研究可能距离真实与本相越来越远。在这种形势下，人类学中"本体论转向"的趋势开始出现。

如果我们的视线再往前移就会发现，认识论之前的人类学其实一直在关心着本体。20世纪70年代以前，民族志书写者侧重于理解被研究的土著的存在与价值，而这符合本体论对于事物本质的关注。①同时，"本体论转向"中所强调的整体论也是认识论流行以前的人类学民族志所具备的研究特点，马林诺斯基、莫斯、埃文斯－普理查德（Evans-Pritchard）等人的经典民族志研究都证明了这一点。从某种意义上来说，人类学从一开始就在关心本体论，而如今的"本体论转向"是在恢复人类学之所长。因此，笔者认为用本体论的回归而非转向更能准确地描述出人类学对本体的重新关注。但是，从本体论到认识论，再回归到今天的本体论，人类学中的两种本体论依然存在着一些差别。

纵观"本体论转向"之前的人类学研究可以发现，其民族志大多均以人为中心进行叙述。研究者的研究视野中只有人与社会的关系，而较少关注动物。这种过于以人为中心的民族志叙事研究传统，与人类学所诞生的背景——西方基督教传统有关，也与受到涂尔干、韦伯等人的影响有关。当然，这也是很多学科的共性，因为现代知识型的特征就是以"人"作为研究的中心。②"本体论转向"所要做的就是对传统人类学中的人类中心主义（anthropocentrism）进行批判，反思过于以人为中心的人类学研究，呼吁在今后的研究中关注动物、自然与整体性。这种对于关注动物、自然与生活世界整体性的认知恰恰就来自狩猎采集既有研究成果中的启发。狩猎采集社会研究与人类学"本体论转向"的关系体现在，正是人类学学者在前期所积累下的狩猎采集社会研究成果为"本体论转向"提供了民族志材料作为讨论基础，而狩猎采集社会研究也逐渐从"重写"转到了本体论的讨论上来。

与狩猎采集社会相关的本体论研究大多都强调对西方"自然与文化"二

---

① 王铭铭：《当代民族志形态的形成：从知识论的转向到新本体论的回归》，《民族研究》2015年第3期。
② [法]米歇尔·福柯：《词与物：人文知识的考古学》，莫伟民译，上海三联书店2001年版，第12—13页。

分的认识论和宇宙观（cosmology）①进行批判和反思。尽管学界不会将蒂姆·英戈尔德（Tim Ingold）的思考归于人类学的"本体论转向"，但笔者认为其"栖居视角"（the dwelling perspective）对本体论转向确实具有启发意义。专长于研究北欧萨米人的英戈尔德在早期还是一个顽固的笛卡尔二元论者。但随后他发现许多非西方民族实际上是通过自身感官的日常实践来获取对自然环境的感受和知识，并非是对"文化图式"或"意义体系"的内化吸收。受到海德格尔（Martin Heidegger）"在世存在"（In-der-Welt-sein, Being-in-the-World）的启发，英戈尔德提出应采取一种"栖居视角"来看待生活世界，即强调要从能动者–在–环境中（agent-in-an-environment）这种现象学视角来理解人们的生活形式，从而超越主客二分和文化–自然二分的传统社会科学框架。这种视角反对"建构视角"，即世界在居住之前就已经被创造。恰恰相反，世界是在持续地进入居民的周遭，而文化是在人们熟知世界的过程中所不断认识得来的。通过栖居与实践，人们逐渐形成了一套来源于对整体性认知的行为方式。狩猎采集者正是从日常生活中的实践出发，对于他们所生活的整体世界进行认识。②在他们的世界观中，不存在自然与文化的二元截然对立。

与英戈尔德一样，法国人类学家菲利普·德斯科拉（Philippe Descola）也对西方宇宙观进行反思。他指出，现代西方表达自然的方式绝非广泛存在。涉及文化与自然这样自然主义的两分或者二元对立，是启蒙运动之后才出现的。不同于现代西方思想，在世界上的许多地区，人类与非人类不被认为是截然对立或者相互独立的范畴，大部分群体并未将自我与自然区分开来。自然不被视为一个独立的领域。在很多文化中，自然与文化的界限是模糊的。③他根据内在（interiorities）与外在（physicalities）的相似与不同将世界上的所有存在（existing beings）分为四种形式，分别是万物有灵

---

① 在人类学中，"宇宙观"指的是一个社会为了理解和解释它在人类、生命、世界（地球）和宇宙中所扮演的角色而反复强调、改造和使用的一套包罗万象的认知和行为模式。在狩猎采集研究和关乎人类学"本体论"的讨论中，"宇宙观"也可以被粗略描述为不同社会文化对人和非人世界及其两者关系的知识观念。

② Tim Ingold. *The Perception of the Environment: Essays on Livelihood, Dwelling and Skill*. London and New York: Routledge, 2000, pp.1–7.

③ Philippe Descola. *Beyond Nature and Culture*. Chicago: University of Chicago Press, 2013, pp.30, 201–225.

论（Animism）、自然主义（Naturalism）、图腾主义（Totemism）和类比推理（Analogism）。① 其论述成功相对化了现代自然主义世界观。

德斯科拉探讨的内在相似、外在不同的万物有灵论在威维洛思·德·卡斯特罗（Eduardo Viveiros de Castro）的观照主义（perspectivism）② 中曾得到更为翔实的论述。卡斯特罗运用南美亚马孙印第安人的材料，提出人、动物和灵魂都可以看到作为人的自己和别人。动物是人，或者说动物看他们自己是人。③ 这与西方宇宙观中人看人是人，动物看动物是动物的观照是不同的。卡斯特罗的思想集中体现在当地人的一种说法上："人视自己为人，美洲虎（jaguars）也视自己为人，美洲虎和人一样酿造木薯酒，但美洲虎的酒却是人类眼中的血。"④ 这种说法说明，美洲虎也像人类一样地思考。它们其实是人，但有不同的外皮。因此，用西方人的观照来描述非西方世界的宇宙观有时会有所误导。卡斯特罗用"多元自然主义"（multinaturalism）来描述南美印第安人的宇宙观。亚马孙雨林的印第安人会认为人与其他动物在心灵、精神是相似的，但身体、物质上是多元的，即多元的自然和统一的文化。⑤ 这与传统人类学文化自然两分的观点是截然相反的。由于当地人这种两分法的存在，文化仿佛是唯一的中心，周围自然却是不一样的。由此可见，亚马孙丛林印第安人的世界观完全不同于"现代人"对自然的理解。

上述研究启发我们应从狩猎采集者的主位视角来看他们认知世界的方

---

① Philippe Descola. *Beyond Nature and Culture*. Chicago：University of Chicago Press，2013，p.233.
② 目前国内学术界对于卡斯特罗理论中的perspectivism一词有不同的翻译。有人会直译为透视主义或视角主义。笔者在此根据卡斯特罗perspectivism理论的含义，借鉴范可教授的译法，在文中翻译为观照主义。观照（perspective）原指主体的透视观，如同画家作画那样，全方位地客体进行观察、透视，观照主义相信动物也同样如此，它们也会像人揣摩动物那样地揣摩人。换言之，在动物看来，人也是动物。
③ 观照主义并非包括所有动物，其所涉及的这些动物都是有重要象征或者特殊角色的，如食肉动物或者被人类捕食的动物。这是非常有趣的现象，因为其中经常会出现捕食和食肉动物关系的倒转。参见Eduardo Viveiros de Castro. "Cosmological Deixis and Amerindian Perspectivism," *Journal of the Royal Anthropological Institute*，vol.4，no.3，1998，pp.469–488.
④ 类似的例子还有秃鹰将（西方人观照中的）腐肉中的蛆看作烤鱼。
⑤ Eduardo Viveiros de Castro. "Cosmological Deixis and Amerindian Perspectivism," *Journal of the Royal Anthropological Institute*. vol.4，no.3，1998，pp.469–488.

式，拒绝使用来自现代西方宇宙观中的自然与文化截然对立的先验框架来理解狩猎采集社会。人类学要从理念、文化等认识论关怀转向本体论关怀，承认自然和存在的重要性，关注到狩猎采集者对周遭世界的不同认知和理解。从当地人视角和本体论出发的狩猎采集社会研究，可以帮助我们更好地认识到狩猎采集者的宇宙观及其生存智慧，反思西方所出现的现代性危机。

但在从本体论视角对狩猎采集社会进行研究时，也应意识到现有讨论中存在的不足。人类学"本体论转向"中部分理论和研究过于结构主义，且缺少对政治的关注，容易使人忽略狩猎采集社会所面临的宏大体系和政经关系。但笔者同意科恩的观点[①]，虽然人类学作为一门学科需要为本体论提供发展空间，但并非所有的人类学都应该成为关于本体论的研究。"重写"思潮为狩猎采集社会研究所留下的印记，同样是人类学研究者所应关注的议题。

四、狩猎采集社会研究展望

如今，在现代性力量的强势推动下，地球上的文化多样性多少出现了同质化的趋势。狩猎采集社会在这一大潮中难以独善其身。尽管今天的狩猎采集社会研究领域无论在研究对象的选取还是理论的讨论中都受到了诸多挑战，但这一领域依然有其重要价值。因为人类学研究"他者"（the Other）目的是为了理解人类自身，是为了回答一些涉及人类本质的基本问题。狩猎采集社会研究成果使我们对现代社会进行反思，前文讨论的本体论研究就是给世人展示的最好范本。此外，狩猎采集社会对权力和财富的看法，是生活在高度组织化、官僚化社会中的现代人所需要反思的。在今天强大的现代性力量和世界贸易体系的推动下，我们仍能发现一些狩猎采集社会依然存在，这充分说明其社会系统的强大性。[②]

从20世纪60年代现代狩猎采集社会研究的开始到20世纪末的"重写"，再到如今的"本体论转向"，狩猎采集社会研究已经经历了多次讨论焦点的转换。这些在不同时期具有不同特点和研究取向的狩猎采集社会研究，为当

---

① Eduardo Kohn. "Anthropology of Ontologies," *Annual Review of Anthropology*. vol.44, 2015, pp.311-327.

② Richard Lee. "Art, Science, or Politics? The Crisis in Hunter-Gatherer Studies," *American Anthropologist*. vol.94, no.1, 1992, pp.31-54.

下的学人积累下了宝贵的财富。今天的狩猎采集社会研究应该在充分汲取前人思想精髓的基础上，继续开展研究。笔者认为，在当前的狩猎采集社会研究中，应着重关注"重写"和"本体论转向"所带来的启发。受到这些思潮的启发，研究者除了关注当地人的主位观点和破除对"原始社会"的想象之外，还应重点关注到狩猎采集者与外界的互动。不同人类群体之间的交往早在殖民主义兴起之前就已经开始，更遑论处在当下的全球化时代。[①]人类学的民族志研究应该去"狭隘化"（deparochialization），以适应瞬息万变的当下世界。[②]如今的狩猎采集者不仅成为世界贸易体系的一个环节，还已成为现代民族国家中的国家公民。作为现代民族国家中的一员，狩猎采集者的日常生活会被国家所影响。传统孤立的狩猎采集者已经不复存在，他们已经消失或被动地转变为"后觅食者"，而人类学利用旧的概念和模型所做出的判断可能是错误的。这就要求研究人员在研究过程中应与时俱进。近来的"本体论转向"同样也应成为狩猎采集社会研究的关注重心。这场讨论让人类学回归初心，重新关注社会与自然的整体性。狩猎采集者看待生活世界的整体观念以及产生出的超越自然与文化的命题，构成了对西方现代社会自然与文化范畴以及发展问题等诸多反思。狩猎采集者的整体观念使得他们并非对自然进行一味地索取，而是懂得如何善待、敬畏与照顾自然。[③]当现代人对发展带来的恶果头痛不已之时，狩猎采集者的宇宙观可以带给现代人以新的灵感与思考。在未来的研究中，人类学研究者应更多地关注变迁中的狩猎采集社会及其宇宙观的价值，更加深入地理解狩猎采集的生存之道，并对现代性进行观照与反思。

在目前的狩猎采集社会研究中，尽管部分研究者已经对狩猎采集社会结构的变迁议题有所探讨[④]，但少有研究者关注到变迁中的狩猎采集者对现代社会的认知及其宇宙观的存续，并从狩猎采集及本体论的视角出发，对狩

---

① 范可：《在野的全球化——流动、信任与认同》，知识产权出版社2015年版，第45—54页。

② Paul Rabinow, George Marcus, James Faubion and Tobias Rees. *Designs for an Anthropology of the Contemporary*. Durham & London: Duke University Press Books, 2008.

③ 范可：《狩猎采集社会及其当下意义》，《民族研究》2018年第4期。

④ David Riches. "Hunter-Gatherer Structural Transformations," *The Journal of the Royal Anthropological Institute*. vol.1, no.4, 1995, pp.679–701.

猎采集社会变迁过程中所出现的状况进行解释。随着世界贸易体系的发展和国家权力的层层渗透，狩猎采集者已经无法维持原有的生活模式，甚至已经不以狩猎采集作为生计方式。但在其日常生活中，狩猎采集社会所遗留下的宇宙观与惯习（habitus）依然发挥着作用，而这造成了其与现代社会的格格不入。中国很多以狩猎采集为生的族群都因为国家政策而转产，但他们的行动逻辑与思维方式依旧存有狩猎采集社会的浓重痕迹。[1]目前学界的研究较少从本体论和生活世界整体性等角度讨论狩猎采集者在变迁前后的思维方式及其惯习是否有所变化，或从狩猎采集者的宇宙观和生活惯习去理解他们在现代社会中可能会出现的不适、问题与困境。因此，研究者应对狩猎采集者宇宙观在变迁中的存续及其对现代社会的认知予以关注。通过结合狩猎采集领域内既有研究成果，对狩猎采集者的传统宇宙观与现代思维方式的交汇和并置之点（conjunction）进行关注和研究，可以更好地理解他们是如何认知现代社会的，并厘清狩猎采集者在现代社会中可能出现的不适及其未来发展前景。同时，这也是理解世界上所有边缘民族当下生活与行动实践的重要途径之一。

---

[1] 张雨男：《鄂伦春族日常生活节奏的变迁与适应》，《民族研究》2018年第3期。

第四章　试论作为方法的大兴安岭林区*

以小见大、化特殊为普遍应当成为文化人类学研究的追求所在。近年来，人们开始重新关注与思考将不同范围的社会体系作为方法的有关论述。这些论述实际上都是一种化特殊为普遍的努力。作为我国极富典型性与特殊性的区域——大兴安岭林区，同样可以作为方法，也应当作为方法。今天，研究者可以从生存智慧与本体论、内外交织互动以及民族社会发展变迁这三个方面思考大兴安岭林区研究所能给予我们的启示，从而寻找到能够超越大兴安岭林区相关研究的一些智识。

以大兴安岭林区为研究对象开展的相关研究，无论是对于林区内部多元社会文化的描述，还是对其变迁的考察研究，都具有十分重要的意义。这些研究同时也构成了中国东北人类学研究的重要组成部分。但文化人类学并不希望其研究仅仅停留在理解地方社会的阶段，而是希望能从特殊的个案中追寻到一些普遍性的意义。实际上，以小见大、化特殊为普遍一直是文化人类学研究的追求所在。近年来，受项飙①一书的影响，人们开始重新关注

---

* 本章内容的主体部分以《本体论、族群互动与小民族——试论作为方法的鄂伦春》为题刊载于《北冰洋研究》（第7辑），上海三联书店，2024年。

① 项飙、吴琦：《把自己作为方法——与项飙谈话》，上海文艺出版社2020年版。

与思考将亚洲①、中国②、华南③、县域④、游牧、家⑤等不同范围的社会体系作为方法的有关论述。王铭铭⑥则概括了这些以"家园"作为方法的论述，实则应是一种化特殊为普遍的努力。以笔者目前的田野经验与知识水平来看，如想将大兴安岭林区作为一种方法，大致可以从生存智慧与本体论、内外交织互动以及民族社会发展变迁这三个方面进行更深入的研究。希望笔者的讨论可以起到抛砖引玉的效果，激发学界做进一步的思考，以便能够更好地实现大兴安岭林区研究与近北极民族研究的学术研究价值。

一、生存智慧与"本体论"

近年来，民族传统文化中与自然共生的生存智慧得到学界极大关注，尤其是鄂伦春族、鄂温克族本民族学者极其重视对这方面研究的梳理。包括鄂伦春族、鄂温克族在内的一些大兴安岭林区民族，与自然的关系是最为直接的，这与其完全依赖于自然的生存方式有着密不可分的关联。鄂伦春族学者白兰⑦将鄂伦春族、鄂温克族等民族的文化理念核心表达为"敬畏自然而遵从自然"，高度概括其日常生活所蕴含的人与自然一体的生存法则。这种生存智慧不仅仅体现在鄂伦春人传统日常生活之中，也体现在习惯法、宗教信仰等方方面面。尽管狩猎民的生产生活方式大多渐渐淡出历史舞台，但这些民族的生存智慧依然对于新时代生态文明建设具有极大的现实意义与理论意义，即人类对自然规律的遵从是唯一可持续发展的路径。

近年来人类学学科内部兴起的"本体论转向"可以从学理上帮助我们更好地理解大兴安岭林区民族的生存智慧及其可能蕴含的普遍性特征。人类

---

① 汪晖、杨北辰：《"亚洲"作为新的世界历史问题——汪晖再谈"亚洲作为方法"》，《电影艺术》2019年第4期。
② [日]沟口雄三：《作为方法的中国》，孙军悦译，生活·读书·新知三联书店2011年版。
③ 王佳薇：《程美宝　岭南作为一种方法》，《南方人物周刊》2020年第33期。
④ 黄志辉、李雷雷：《"作为方法"的叙事主题与县域社会科学研究的兴起——兼论施坚雅的理论批判与局限》，《社会发展研究》2024年第3期。
⑤ 肖瑛：《"家"作为方法：中国社会理论的一种尝试》，《中国社会科学》2020年第11期。
⑥ 王铭铭：《"家园"何以成为方法？》，《开放时代》2021年第1期。
⑦ 白兰：《文化中的生态：鄂伦春族、鄂温克族的生存智慧和挑战》，《实践》(思想理论版)2015年第6期。

学"本体论转向"是将相关研究从"如何看物"这一类认识论问题转向关于"看见什么"的本体论问题。① 这股思潮内部具有众多枝权。其中，与鄂伦春族、鄂温克族传统生存智慧息息相关的本体论研究，主要是关于人与动物关系的一些研究。无论是卡斯特罗的观照主义还是德斯科拉对自然与文化的超越，他们都强调了动物与人一样同为主体，是平等的社会成员。② 不同于现代西方观念，动物与人类在很多社会中共享着社会与文化。动物与人也在社会、自然、文化中组成了关系的网络。这些其实都是在反思一直占据西方现代社会科学中主流地位的笛卡尔二元论思想。③

人与动物相互平等的观念也无时无刻不出现在鄂伦春传统日常生活中。其中，最值得讨论的就是鄂伦春乃至近北极民族中对于熊的态度。鄂伦春会猎熊，但他们对熊的态度极为尊敬，这体现在他们食用熊的复杂规则禁忌以及对其尸体的谨慎处理上。其实，这种对熊极为重视的习俗，在东北亚与北美各地的许多民族中都有存在。中国的鄂伦春和鄂温克都认为熊与他们自身具有某种亲缘关系。我们在此选取一例：

> 传说有一位猎人在山中被母熊捕获，她将猎人拘禁于洞穴之中，得一熊子。母熊每次外出捕猎都用巨石堵住洞口。一次，母熊带熊子外出时没有移动石头封住洞口，回来时发现猎人离去。她抱着儿子追到河边发现猎人已顺流而下。任由母熊追逐呼喊，猎人无动于衷、渐渐远去。悲痛之中，母熊将小熊撕成两半，一半投向猎人，成为鄂伦春人的祖先。④

类似的传说还有很多。这些传说都表明在鄂伦春甚至北方通古斯人的观念世界中，熊与他们具有亲缘关系。这一点在他们对熊的称谓上也有所

---

① Martin Holbraad and Morten Axel Pedersen. *The Ontological Turn: An Anthropological Exposition*. Cambridge: Cambridge University Press, 2017.
② Eduardo Viveiros de Castro. "Cosmological Deixis and Amerindian Perspectivism," *Journal of the Royal Anthropological Institute*. vol.4, no.3, 1998, pp.469–488; Philippe Descola. *Beyond Nature and Culture*. Chicago: University of Chicago Press, 2013.
③ Kenneth Morrison. "Animism and a Proposal for a Post-Cartesian Anthropology," in Graham Harvey (ed.), *The Handbook of Contemporary Animism*. New York: Routledge, 2013.
④ 于硕:《鄂伦春妇女的口述史：里儿面儿翻转的符号学》,《职大学报》2020年第5期。

体现。当他们在打猎过程中或猎取到熊（鄂伦春语中成为"底力坎"）时，都不敢直呼其名，而是称雄熊为"雅亚"（祖父）或"阿玛哈"（舅父），称雌熊为"太贴"（祖母）。从这种称呼中可以很明显地看出，鄂伦春将熊作为自己的祖先。不仅如此，作为祖先的熊关乎生育繁衍，使鄂伦春社会中产生了一些妇女与熊的禁忌。① 在猎取到熊以后，鄂伦春人也有一套完整的祭熊仪式。② 从许多对待熊的细节可以看出，鄂伦春在传统上对熊是十分敬重的。

这种将熊作为祖先的特殊态度在今天的一些国人眼中似乎是种迷信，但这种物我间的信任、平等关系一直是文化人类学所关切的核心。而今天人类学出现的"本体论转向"思潮有助于我们理解这种观念。德斯科拉在他的著作中也讨论过埃文基人（Ewenki）关于熊的一些观念。在他看来，与南美洲的阿秋尔人（Achuar）相比，埃文基人不会模仿动物亲属关系的行为，而只是在熊身上表达出一种与祖先非常遥远的关系。③ 这提示我们，北方通古斯人中或许存在着一种与南美地区不同的人观，这值得学者进行更加深入的分析与研究。

类似的观念在鄂伦春和大兴安岭林区民族中还有很多。通过对这类观念与生存智慧的分析，有助于深化对于本体论的理解，推进相关研究，对广泛存在于当代社会中的现代性思维进行有力的批判与反思。

目前，许多民族都面临着剧烈的社会变迁。在国家与现代化等多重外部力量的不断冲击下，传统文化与社会惯习不断遭受着冲击、涵化与融合。面对这样的新形势与新问题，结合本体论既有理论成果与中国现实经验，我们可以从海德格尔提出的"在世存在"转到更为关注"在世行动"（doing-in-the-world）或者"在世生成"（becoming-in-the-world），关注到在新时代、新环境下，大兴安岭林区各民族在日常生活中是如何融汇传统与现代各种资源，来能动地生活在世界上，以及他们是如何理解今天的世界。

近年来，大陆学界对本体论转向的讨论开始不断增多，其中不乏精彩

---

① 于硕：《鄂伦春妇女的口述史：里儿面儿翻转的符号学》，《职大学报》2020年第5期。
② 赵复兴：《鄂温克族与鄂伦春族崇熊祭熊习俗探讨》，《内蒙古社会科学》（文史哲版）1988年第2期。
③ Marc Brightman, Vanessa Elisa Grotti and Olga Ulturgasheva（eds.）. *Animism in Rainforest and Tundra: Personhood, Animals, Plants and Things in Contemporary Amazonia and Siberia*. Berghahn Books, 2012, p.127.

的英文学术专著、中文研究论文与译作。①这些研究与译介不断提醒着我们，本体论研究视角对于大兴安岭林区研究以及与之相关的近北极人文研究的重要意义。因此，我们需要更加关注大兴安岭林区中各民族的生存智慧及其本体论意义，为反思现代社会的观念与行为提供重要的理论与研究基础。

二、内外交织互动与动态研究视角

在一些研究中，人们时常会受到研究分析概念的干扰或研究分析单位的限制，忽略了对社会的整体性关照，同时也忽略了观察各主体间互动的动态研究视角。例如，在民族研究领域，出现过许多"就民族论民族"的研究。其实，这一现象在20世纪40年代还不曾出现。在当时的一些研究中，民族范畴的缺失恰恰造就了对于整体社会强有力的观照。②这启发我们在今天的研究中，不应仅仅局限于关注研究分析概念所限定的内容，而应从社会整体的视角观照具体研究。具体到大兴安岭林区研究而言，就是需要关注到群体内外的互动、分化与整合。

中国各民族在历史上的交往交流交融是颇为频繁的。这就要求我们在今天的研究中不应局限于民族本身，更应看到各群体之间在历史与今天的互动过程。例如，早期鄂伦春族与周边的鄂温克族、达斡尔族交往甚密，并通过"安达"③与外界进行交易。在历史上，汉人、俄国人及日本人都曾在不同时期扮演过这一角色。猎民下山定居以后，鄂伦春族开始更多地与汉族、鄂温克族、达斡尔族、蒙古族等其他民族通婚、杂居，在生产生活上也互帮互助、相互影响。大兴安岭地区公路和铁路的修建和开通，也为鄂伦春族与外

---

① 曲枫：《平等、互惠与共享：人与动物关系的灵性本体论审视——以阿拉斯加爱斯基摩社会为例》，《广西民族大学学报》（哲学社会科学版）2020年第3期；伊戈尔·克鲁普尼克，雷切尔·梅森，托妮娅·伍兹·霍顿主编：《北方民族志景观——北极民族视角》，李燕飞、孙厌舒译，曲枫审校，社会科学文献出版社2021年版；Feng Qu. *An Exploration of Prehistoric Ontologies in the Bering Strait Region: Boundaries and Structures.* Cambridge: Cambridge Scholars Publishing, 2021.

② 刘琪：《缺失的"民族"与整体的"社会"——从魁阁时期的两个研究文本谈起》，《学术月刊》2020年第11期。

③ "安达"一词在鄂伦春语中意为好朋友、义兄弟。"安达"一词经历了官方到民间内涵的变迁。参见秋浦：《鄂伦春社会的发展》，上海人民出版社1978年版，第103页。

界各族群的交流互动带来更多的便利。①由此可见，鄂伦春族与相邻群体的互动交往颇为频繁，并一直延续至今。对区域内部多个群体交往互动的关注和思考，可以帮助我们更清晰地了解东北地区众多族群相互交汇、共生的图景，在为我们展现不同民族多重宇宙观的交汇、碰撞与共生的同时，也能更好地显示出边疆视野中的国家在场与普罗大众的日常生活样貌。②大兴安岭地区多民族的动态互动也可以为新时代铸牢中华民族共同体意识提供经验范本。当然，我们的视野不应仅仅局限于大兴安岭林区，更应看到地处近北极地区不同群体之间的互动。

除了在历史与文化维度上进行考察，我们也应看到由于经济、政治等因素所产生的社会分化与整合过程。以往的一些民族研究会将民族视为一个较为同质化的整体，或者会将其描述为一个静态、均质的社会，较少关注到社会内部的差异与动态变化过程。这些对研究对象内部差异与动态过程缺乏分析的研究，存在一种对研究对象内部同质性的浪漫化想象。这种浪漫化的想象使得研究者忽视了群体内部在政治经济上可能存在的分化甚至剥削。因此，在分析类似于生活在大兴安岭林区中的鄂伦春族、鄂温克族等民族时，我们要用动态的眼光分析民族内部的互动与分化过程，更加真实全面地把握民族的发展过程。需要强调的是，民族地区的分化并非是一种不可挽救的社会问题，而是一种需要在研究民族问题时应该注意到的现实。作为研究者，当我们进入某一个地区或社区时，研究眼光不应该仅仅局限在某个民族身上，从而忽略总体的民族关系与政治经济基础。研究者要用更加精细化的社会科学眼光，引进民族单位之外更多的研究视角，以此来做出更加全面、准确的分析与判断。③

这种注重区域内部多主体、多群体之间交往互动的研究视角，不仅仅对于理解小民族发展本身、当地区域有着重要的作用，还能够对于中国乃至世界其他区域的社会治理具有重要的贡献。多民族地区的社会治理是近年来

---

① 张雨男：《路、国家与鄂伦春社会文化变迁》，《开放时代》2020年第4期。
② 张雨男：《走出发展的"困境"——人类学话语中的鄂伦春社会与文化》，《原生态民族文化学刊》2019年第6期。
③ 李香寒：《多布库尔的社群分化与生活节奏——土地、劳动与闲暇》，中央民族大学民族学与社会学学院硕士学位论文，2018年，第77—79页；张雨男：《走出发展的"困境"——人类学话语中的鄂伦春社会与文化》，《原生态民族文化学刊》2019年第6期。

比较受人所关注的一个研究领域。刘琪①通过迪庆地区的经验研究为我们展现了当地"民族和谐"的前世今生,对当地多民族共同体进行人类学阐释,为中国民族社会治理提供了宝贵经验。同样,大兴安岭林区的经验研究也能为我国乃至世界民族地区的社会发展与社会治理提供宝贵财富。这样做的目的之一自然是希望能够使大兴安岭林区研究化特殊为普遍,逐渐成为一种方法,从而走出地方与经验所天然存在的某种特殊性。

三、民族社会发展变迁

70多年来,在党和政府的关怀与帮助下,大兴安岭林区中的各民族经历了社会巨变。国家的扶持与全球化、现代化力量不断涌入当地,使得当地各民族的日常生活发生了翻天覆地的变化。②这类现象在世界各地的民族中均有出现。大兴安岭林区中的许多民族社会发展个案可以丰富与深化我们对民族社会文化变迁及其内在规律的认知。多年来,一些国内学者在相关议题上出版了多部著作。③这充分说明了此方面的重要研究价值。

结合新近学科发展趋势与个人研究,我认为对民族社会发展变迁的讨论还有三点思路可以拓展。一是继续关注社会变迁。这一点长期以来备受学界关注,研究成果丰硕,在此就不再赘述。二是关注文化精神内涵的变革。通过对于林区中各民族日常生活的长期田野考察与"深度描写",我们或许可以试图从婚丧嫁娶等文化与仪式的变迁来考察人群的精神变革,以及精神层面上的现代化过程是如何发生和转变的。三是关注非遗传承保护及其影响。非遗保护行为有效地保存了当地各民族的一些传统文化特质。但我们也应该看到,一些非遗项目的传统根基土壤正在消失。随着生产方式的转变以及传统信仰的短暂中断,很多非遗或文化事项失去了滋养其自主存在与活力的肥沃土壤。那么,大兴安岭林区各民族的非遗保护有何经验?这些经验又可以为我国乃至世界上其他地区的非遗保护带来哪些启示?近些年来,类似的一系列议题已经逐渐成为大兴安岭林区研究中为学界所重视的研究领

---

① 刘琪:《缺失的"民族"与整体的"社会"——从魁阁时期的两个研究文本谈起》,《学术月刊》2020年第11期。
② 张雨男:《鄂伦春族日常生活节奏的变迁与适应》,《民族研究》2018年第3期。
③ 何群:《环境与小民族生存——鄂伦春文化的变迁》,社会科学文献出版社2006年版。

域。未来的研究可以大兴安岭林区为方法,理解、认识甚至是来改造更为广阔的世界。

四、结语

人类学研究需要有着宏观的视野与远大的抱负。早期的人类学研究虽然研究的是非西方社会,但其所思考的深层次的研究理论问题恰恰在于西方自身。尽管今天我们周边的他者正在逐渐消失,距离正在逐渐缩短,但我们更需要通过个案或社区研究来思考更为宏观和人类社会所共同面对的一些议题。

大兴安岭林区研究具有重要意义。本体论、族群内外互动与民族社会发展变迁这三大议题应该成为未来大兴安岭林区文化人类学研究的三个思考方向。我们需要化特殊为普遍,使得大兴安岭林区成为一种方法,促使我们思考更为宏观的议题以及反思我们所处的社会。囿于笔者阅历有限,本章的论述可能对大兴安岭林区研究的方法论意义稍有遗漏,且未能进行更加深入的探究。但笔者试图通过这样一种努力,来激发学界思考,促进大兴安岭林区研究的不断发展,使其成为一种能够给予世界更多智慧与启发的一个(区域性)研究领域。只有这样,相关研究才能走出地方,走出经验本身,能够在更大层面上进行对话与讨论,产生出具有更广泛影响力的学术讨论与学术贡献。

第五章　文化人类学话语中的
鄂伦春族社会与文化*

自清初至今，国内外文献中出现很多对于鄂伦春族的记载和研究。依据所处时代和研究特点，这些研究大致可分为1949年以前对鄂伦春族的记载和调查、作为"原始社会"的鄂伦春族研究以及以文化保护与发展转型为议题的鄂伦春族研究。本章通过对文化人类学视角下鄂伦春族社会文化研究的综述，提出未来的鄂伦春族研究应更多关注传统生态智慧以及民族内外的交织互动等多元研究视角，而这些视角同样也是当下中国边疆民族研究所应借鉴之处。

生活在欧亚大陆东端的鄂伦春人，在中俄两国境内均有分布。在中国境内，鄂伦春人是被官方认定的中国56个民族之一，同时也是人口较少的民族之一。据2010年的统计数据显示，我国境内的鄂伦春族人口为8659人。作为北方通古斯人的一支，鄂伦春人世代以狩猎采集为生。直到新中国成立以后，在政府的帮助下，鄂伦春人逐渐从在森林中以狩猎采集为生转变为下山定居，并在生计上呈现多种经营的样貌。在俄罗斯境内，鄂伦春人被划归在埃文基人中。这种划分也使得在目前英语学界，对鄂伦春人的专门性研究较少。[①] 本章将重点评述中文文献，并辅以少量其他语言文献

---

* 本章内容曾以《走出发展的"困境"——人类学话语中的鄂伦春社会与文化》为题发表于《原生态民族文化学刊》2019年第6期，收入时略有改动。

① Donatas Brandišauskas探讨了西伯利亚地区的鄂伦春人在后苏联时代环境与社会变迁，值得国内学者关注。参见Donatas Brandišauskas. *Leaving Footprints in the Taiga: Luck, Spirits and Ambivalence among the Siberian Orochen Reindeer Herders and Hunters*. Berghahn Books, 2019.

加以补充。

鄂伦春人独特的狩猎文化及其在近半个多世纪的过程中生活方式的变迁，吸引了众多学者的目光，产生了一大批的学术研究成果。尽管目前在中国，鄂伦春族的人口不足一万，但是他们所遇到的问题、发展模式、民族诉求均具有世界性的典型意义，尤其是他们的生态理念具有借鉴价值。[①] 无论是从族群传统、经济发展、文化发展还是社会发展的角度来看，对鄂伦春族的研究都具有类型学和学理上的重要意义。[②] 费孝通"文化自觉"概念也是在看到鄂伦春族在全球化浪潮下的发展及其困境后所提出的，这也凸显了对以鄂伦春族为代表的边缘民族研究的重要价值与意义。

在以往的鄂伦春研究中，不同时间段对鄂伦春人的研究都有着各自鲜明的特点。每个阶段的研究者都有着不同的研究取向、研究角度和问题意识。这与不同时代的研究目的、外部背景、权力关系以及学科发展都有着密不可分的关系。对鄂伦春族研究的梳理不仅可以了解学者在具体研究中关注重点及研究兴趣和焦点的转变，也可以理解当时的时局和学界的大环境及其对具体经验研究的影响。但今天的鄂伦春族研究中，较少有学者从文化人类学学科视角对现有研究进行总结和反思[③]，从而突破现有研究范式和固定议题。在本章中，笔者根据鄂伦春族研究在不同时期呈现出的不同研究特点，将这些既有研究划分为1949年以前对鄂伦春族的记载和调查、20世纪50—80年代的鄂伦春族研究以及20世纪90年代以来的鄂伦春族研究这三个阶段进行依次梳理与反思。本章最后将从文化人类学的学科视角出发，对鄂伦春族研究提出三点展望。

---

① 刘晓春主编：《中国民族地区经济社会调查报告：鄂伦春自治旗卷》，中国社会科学出版社2018年版，第4页。

② 《中国人口较少民族发展研究丛书》编委会编：《中国人口较少民族经济和社会发展调查报告》，民族出版社2007年版，第5—8页。

③ 赵复兴、唐戈、刘晓春等学者曾对鄂伦春研究进行过综述，参见赵复兴：《鄂伦春族研究概述——纪念内蒙古少数民族社会历史调查组鄂伦春族分组成立四十周年》，《内蒙古社会科学》（文史哲版）1997年第1期；唐戈：《鄂伦春族研究的主要阶段及其特点》，《满语研究》2006年第2期；刘晓春主编：《中国民族地区经济社会调查报告：鄂伦春自治旗卷》，中国社会科学出版社2018年版，第1—8页。

一、1949年以前对鄂伦春的记载和调查

"鄂伦春"这一族称最早出现在清代。清朝第一次把鄂伦春人从其他群体中区分出来是在崇德五年三月（1640年4月），当时称鄂伦春人为"俄尔吞"。从康熙二十九年十月（1690年11月）开始，"鄂伦春"才作为统一的名称而被固定下来。从此以后，鄂伦春人作为一个单独的群体开始频繁出现于各种史书和文献中，并逐渐成为共识。① 在清代，对鄂伦春的记载大多以描述性的文字为主。这些资料大多散落在《清实录》和以黑龙江库玛尔路档案为代表的相关衙门档案等官方文献中，也有部分记述存于文人的游记中。如在《异域录》《龙沙纪略》《黑龙江外纪》《朔方备乘》《黑龙江述略》等著述中都有对鄂伦春的零星记述。② 在19世纪的日俄学者中，俄罗斯的马克（Ричард Карлович Маак）③和日本学者鸟居龙藏、间宫林藏都曾分别对鄂伦春人有过记述。

但上述这些文献大多都是对鄂伦春人的记载，而缺少学理的分析和讨论。直到史禄国（Sergei Mikhailovich Shirokogorov）研究的出现，这种局面才开始得到改变。他在1915—1917年间对北方通古斯人进行严谨规范的人类学田野调查工作，并在之后相继出版了《北方通古斯的社会组织》《通古斯人的心智情结》（*Psychomental Complex of the Tungus*）等聚焦于北方通古斯人的人类学研究著述。《北方通古斯人的社会组织》成为第一个系统研究鄂伦春人的学术著作，同时也是第一个在真正意义上对鄂伦春人进行的现代人类学研究。他在书中对北方通古斯人在打破平衡后社会文化会出现失调的忧虑和预言，在近百余年的时间里正逐渐变为现实。从学科发展史的视角来看，史禄国扬弃了古典人类学那种坐在书斋里用零星汇集的资料沿主观思路推论的那种历史学派和传播学派的旧框架，采取了当时先进的亲身实地观察的实证主义的方法。④ 史禄国对北方通古斯人系统而全面的人类学调

---

① 都永浩：《路、佐制对鄂伦春人氏族制瓦解的影响》，《黑龙江民族丛刊》1991年第4期。
② 唐戈：《鄂伦春族研究的主要阶段及其特点》，《满语研究》2006年第2期；韩狄：《日本学者秋叶隆和泉靖一的鄂伦春族民族学调查》，《日本研究》2014年第1期。
③ [俄]马克：《黑龙江旅行记》，吉林省哲学社会科学研究所翻译组译，商务印书馆1977年版。
④ 费孝通：《人不知而不愠》，《读书》1994年第4期。

查，描述了当时北方通古斯人真实的生存图景，为后人留下了珍贵的民族志材料。他不仅收集到相当丰富的体质人类学、语言学和文化人类学等材料，探讨通古斯人的社会组织和心智情结，还从他对通古斯人的调查中提炼出了ethnos、平衡论等学术观点和概念，其中ethnos更是直接影响其学生费孝通提出了"多元一体"格局理论。在20世纪初，除史禄国外，西方学者林道恩（Ethel John Lindgren）①和普莱秋凯（Bruno Plaetechke）也都对鄂伦春进行过调查和研究。

在20世纪上半叶的鄂伦春研究中，除了西方学者的研究以外，日本学者的研究所占比重较大。这与当时地缘政治和国际局势的影响有着密不可分的关系。正如现代人类学的早期发展同殖民主义的兴起和发展有着密切关系一样，日本学者对我国鄂伦春的人类学调查，也和当时日本帝国主义对中国的贪欲妄想和殖民统治有着密不可分的关系。日本学者的调查主观上是为日本帝国主义的殖民统治服务，但客观上却为鄂伦春人的相关研究提供了大量宝贵的一手资料。②这些研究大多为民族学的实地调查，多以描述性的调查报告形式呈现。

1932年，时任京城帝国大学（位于今韩国首尔）教师并对萨满教和巫俗、民俗抱有浓厚兴趣的秋叶隆等人接受了日本外务省文化事业部的嘱托，在伪满洲国进行民族学调查。③除了与赤松智城合作出版《满蒙的民族与宗教》一书以外，秋叶隆还对鄂伦春人进行细致调查，涵盖了自然环境、氏族营地、营帐家族、社会阶层、萨满教活动、服饰用具等诸多方面。④泉靖一在其老师秋叶隆对鄂伦春人研究的基础上，发表了《大兴安岭东南部鄂伦春调查报告》一文。该文从居住与食物、狩猎与家畜、分工与贸易、氏族与家

---

① E. J. Lindgren. "North-Western Manchuria and the Reindeer-Tungus," *The Geographical Journal*, vol.75, no.6, 1930, pp.518–534.
② [日]辻雄二、色音编译：《北方民族与萨满文化——中国东北民族的人类学调查》，中央民族大学出版社1995年版，第132页。
③ 韩狄：《日本学者秋叶隆和泉靖一的鄂伦春族民族学调查》，《日本研究》2014年第1期。
④ [日]秋叶隆：《大兴安岭东北部鄂伦春族调查报告（一）》，载[日]辻雄二、色音编译：《北方民族与萨满文化——中国东北民族的人类学调查》，中央民族大学出版社1995年版，第1—21页；[日]秋叶隆：《鄂伦春族萨满教——大兴安岭东北部鄂伦春族调查报告（二）》，载辻[日]雄二、色音编译：《北方民族与萨满文化——中国东北民族的人类学调查》，中央民族大学出版社1995年版，第22—31页。

庭、部落及行政组织、结婚与女性、疾病与死亡、天文与神系八个方面全景式地描绘了鄂伦春人的文化样貌。①1939年，日本治安部参谋司调查课出版的《满洲鄂伦春族研究》调查报告也详细记录了当时鄂伦春人的生存状况及社会生活的各个方面。除了以上这些学者的研究，这一时期日本学者的研究还有浅川田郎的《兴安岭之王》，永田珍馨的《使马鄂伦春》②以及日本学者大间知笃三、赤松智城、大山彦一等人对东北民族的调查等。

这些日本学者深受早期民族志写作传统的影响，在对鄂伦春人调查和描述的过程中，采用全景描绘的方式，对社会的各个方面都分别进行事无巨细的记录和描述。这种记录虽然囿于时代的局限性，缺乏明确的问题意识，但为大兴安岭地区的民族历史文化研究提供了宝贵的资料。日本民族学者严谨、细致的研究态度和学术风格以及详细、精准的描述，为后人提供了研究20世纪30年代大兴安岭地区鄂伦春人社会生活的第一手资料。

但值得警惕的是，如秋叶隆、泉靖一、大间知笃三、今西锦司等民族学家在调查鄂伦春时，均得到陆军特务机关要员吉冈义人的帮助，并作为"满洲民族学会"的重点项目得到了特别资助。后来，日军通过"宣抚工作"将鄂伦春族编入警士组织，或经过训练将他们派到苏联从事谍报活动。而军部在这些行动中利用了秋叶隆等人的鄂伦春族调查成果。③因此，这批材料背后的写作动机是否客观、中立值得后人怀疑，在使用前需加以分辨。但我们还是愿意相信，在赴殖民地调查的民族学家中也不乏那些同情当地社会并试图进行善意的描述或客观理解的学者。④

尽管此时的国外学者对研究鄂伦春人投入极大的热情，但中国学者对鄂伦春人的专门研究相对较少。除了万福麟、张伯英等人撰著的《黑龙江志稿》以及同一时期的《瑷珲县志》等描述性文献资料，还出现了3篇民族学研究论文，分别是姜松年的《黑龙江鄂伦春族近日之状况》，亨邑的《黑龙

---

① [日]泉靖一：《大兴安岭东南部鄂伦春调查报告》，李东源译，《黑龙江民族丛刊》1986年第4期；泉靖一：《大兴安岭东南部鄂伦春调查报告（续）》，李东源译，《黑龙江民族丛刊》1987年第1期。
② [日]浅川四郎、[日]永田珍馨：《兴安岭之王 使马鄂伦春族》，赵复兴译，内蒙古文化出版社1999年版。
③ 韩狄：《日本学者秋叶隆和泉靖一的鄂伦春族民族学调查》，《日本研究》2014年第1期。
④ 周星：《殖民主义与日本民族学》，《民族研究》2000年第1期。

江之鄂伦春人》和步真的《狩猎民族——鄂伦春》。①

总体而言，1949年以前的鄂伦春研究具有以下特点：一是记述较多，学术研究相对较少，缺少明确的问题意识，俄国学者史禄国的研究是这一时期仅有的人类学研究；二是中日俄三国学者都有针对鄂伦春人的专门研究，其中，日本因侵略中国东北以及扶持伪满洲国等政治军事目的和自身发展的需要，对鄂伦春人进行较为全面的研究。日本学者的大部分研究为日军控制、利用鄂伦春人提供战略情报，为日军在这一地区的发展打下基础，在一定程度上成为日本侵略统治我国东北地区的帮凶。

二、20世纪50至80年代的鄂伦春族研究

中华人民共和国成立初期的鄂伦春族研究都是由在官方指导下的国内学者完成的。受到国内外政治环境的影响，这一时期没有出现针对中国境内鄂伦春族的国外研究或外文文献。在国内，官方将鄂伦春族的社会历史发展阶段划分为"原始社会"，这意味着鄂伦春族处于社会发展五阶段论中的最低等级。政府提出要将包括鄂伦春族在内的处于原始社会发展阶段的少数民族直接过渡到社会主义发展阶段。这是一种发展进化的线性思维模式。受到以上这些因素的影响，这一阶段的鄂伦春族研究将鄂伦春族放置在五阶段论进化论链条的最底端，围绕原始社会史，以落后与进步的研究视角对鄂伦春族开展记录、论述和研究。这些研究包括了对鄂伦春历史渊源的考察，也包括了对当时鄂伦春人生存状况的描述。既有对鄂伦春人在"原始社会"中残酷生存状况的详尽描述，也展现了作为"直过民族"的他们在社会主义大家庭中幸福生活的种种细节。

鄂伦春研究之所以在20世纪50年代仅仅聚焦于马克思主义民族学范式下的原始社会等研究主题，是因为中国高等学校院系调整工作使得对于少数民族的研究限定在民族学学科和特定的主题内，而民族学和相关研究主题又深受意识形态与苏联学科体系的共同影响。依照苏联体系，民族学被认为是

---

① 赵复兴和唐戈两位学者都对此有所介绍，笔者在此不再赘述。参见赵复兴：《鄂伦春族研究概述——纪念内蒙古少数民族社会历史调查组鄂伦春族分组成立四十周年》，《内蒙古社会科学》（文史哲版）1997年第1期；唐戈：《鄂伦春族研究的主要阶段及其特点》，《满语研究》2006年第2期。

属于历史科学中的一门学科，在原始社会史等领域可以为总结历史发展规律做出贡献，同时也有助于解决社会主义时期的民族问题。苏联的马克思主义学者认为，社会发展是从原始社会、奴隶社会、封建社会、资本主义社会到社会主义社会的线性梯级进化过程。①鄂伦春族在后来的社会历史调查中被定义为处于五阶段中的原始社会发展阶段，使得鄂伦春族成为揭示史前阶段本来面目的"珍贵材料"。实际上，这种将鄂伦春族视为处于原始社会发展阶段的社会五阶段论并非由马克思和恩格斯提出，而是来自苏联出版的苏共党史教程，亦即《联共（布）党史简明教程》。②这种严重依赖进化论和污名化的做法在20世纪80年代以后的研究中得到了反思。

回顾中华人民共和国成立初期的这段历史时期，较为重要的事件之一就是鄂伦春被识别为一个民族。官方开展的民族识别使得鄂伦春由早先的一个群体或族群变为被国家认可的鄂伦春族。中华人民共和国成立以后，国家积极开展了民族识别工作。在1954年前，经过识别和归并，从1953年全国第一次人口普查中，自报登记下来的400多种民族名称中，确认了38个少数民族。鄂伦春族就是其中的一员。③由此，鄂伦春族成为中华人民共和国政府官方认定的少数民族之一。而在同一时间段，鄂伦春族人民在政府的帮助下，开始分批下山定居。这种新的生活方式与鄂伦春族传统的狩猎采集生活方式截然不同，自然也就引发了鄂伦春族社会文化的巨变。这一变化及其引发的一连串反应在20世纪80年代以后的研究中体现得更为明显。

在民族识别后，政府于1956年组织开展了少数民族社会历史调查。这一调查"基本摸清了各少数民族的社会历史状况，包括民族来源、生产力和生产关系状况、社会政治结构、意识形态、传统文化、风俗习惯、宗教信仰，以及其他各种现象"。官方认为，民族社会历史调查为民族识别提供了重要的历史依据，为中国的民族研究学科建设打下了坚实的基础。④依照社会历史调查的研究结论，中国共产党将包括鄂伦春族在内的一些民族定义为处于原始社会发展阶段的落后民族，进行"一步走"的民主改革，将社会制

---

① 胡鸿保主编：《中国人类学史》，中国人民大学出版社2006年版，第117、126页。
② 范可：《"边疆"与民族——略论民族区域的治理逻辑》，《西北民族研究》2015年第2期。
③ 黄光学主编，施联朱副主编：《中国的民族识别——56个民族的来历》，民族出版社2005年版，第147—148页。
④ 范可：《他者的再现与国家政治》，《开放时代》2008年第6期。

度从原始公社制度直接过渡到社会主义社会形态。

少数民族社会历史调查形成了一批官方对于鄂伦春族的研究调查报告。这些材料由1956年夏天成立的内蒙古东北少数民族社会历史调查组历经8年时间调查撰写而成。鄂伦春族调查分组通过对内蒙古自治区和黑龙江省境内鄂伦春族调查，共编印13份鄂伦春族调查材料。1985年，这批材料在内蒙古民委五种丛书编委会的领导下，经原调查人员编辑加工后，由内蒙古人民出版社出版。①这些调查材料描述了鄂伦春人在解放前后的不同面貌和变化过程，描绘了鄂伦春人的历史、传说、沿革、经济、氏族、文化等诸多方面。但是，少数民族社会历史调查也存在着一些问题。其一，如前文所言，受苏联民族学的影响，对少数民族的调查着重强调其原始、落后的面貌，没有对鄂伦春族社会进行客观公正的学术评价。用"原始社会""原始民族"这样代表着落后、野蛮意味的贬义词描述鄂伦春族是对鄂伦春历史的误读和污名。②从民族志反思的视角来看，将鄂伦春族放置在五阶段论底端的这种单线进化论的叙事方式，就是否定鄂伦春人与研究者的同在，将鄂伦春人放置在时间的进步链条之中，与研究者人为地产生距离。③其二，调查只强调经济基础，忽视上层建筑，甚至把调查上层建筑的某些领域一概斥之为资产阶级的猎奇。④参与鄂伦春族社会历史调查的秋浦，在20世纪80年代敏锐地意识到这一点，注意到了萨满教研究对于理解北方通古斯民族的重要作用，并出版了《萨满教研究》一书。其三，受政治因素的影响，调查工作方针被歪曲，原本"抢救落后"的调查初衷被迫转为"厚今薄古"。⑤这些情况的出现使得报告中的部分内容夸大了鄂伦春族的落后面貌，并对解放后的社会变革大加赞扬，具有浓厚的政治色彩。此时中国民族学的苏维埃化虽然使得中国的民族研究更好地为国家服务，积极主导并参与了民族识别、少数民族社会历史调查等一系列政治任务，但也让当时的中国民族学界变成了"聋子和

---

① 满都尔图：《满都尔图民族学文集》，民族出版社2006年版，第183—192页。
② 刘晓春：《对近现代鄂伦春族社会性质的再认识》，《甘肃理论学刊》2015年第3期。
③ [德]乔纳斯·费边：《时间与他者：人类学的研究对象如何建立》，马健雄、林珠云译，北京师范大学出版社2018年版。
④ 秋浦：《关于萨满教研究的几个问题》，《社会科学战线》1989第3期。
⑤ 满都尔图：《满都尔图民族学文集》，民族出版社2006年版，第199—120页。

戴着眼罩的人"。① 尽管社会历史调查存在着种种问题和缺陷，但还是瑕不掩瑜。这些调查及形成的报告从不同角度对鄂伦春人进行详尽的描述，具有非常珍贵的研究价值。

20世纪50年代，除了政府主导的官方调查，一些学者也对鄂伦春族进行研究，但这些研究依然都是围绕原始社会史和进化论思维而展开的。如袁伟天②和蔡家麒③分别从不同角度对鄂伦春族的社会性质进行探讨。但在这段时间中，对后来学术研究最具启发性的是秋浦的研究。1955年3月至4月，秋浦以记者身份深入生活在大小兴安岭的鄂伦春族中进行为期一个月的采访，并依据此次采访于1956年出版《鄂伦春人》一书。秋浦此前从未接受过相关专业的学术训练，但由于长期以来研读马克思主义理论所积累而成的深厚功底，使他的这部作品处处体现唯物史观的理论和观点，以至于全国人大印发的少数民族社会历史调查提纲上将《鄂伦春人》书中的几个部分作为进行原始社会形态调查时的范例。④ 但这仅仅只是秋浦对北方少数民族研究的开始。秋浦在参与对鄂伦春族的社会历史调查以后，于1978年出版《鄂伦春社会的发展》一书。尽管此书中依然充满浓厚的原始社会史和马克思主义民族学等理论色彩，但秋浦准确地抓住了理解鄂伦春社会的重要概念——乌力楞。⑤ 同样，参与过内蒙古少数民族社会历史调查的民族学者

---

① Maurice Freedman. "Sociology in China: A Brief Survey," *The China Quarterly*, no.10, 1962, pp.166–173.
② 袁天伟、邢友德、黎虎：《对解放前鄂伦春族社会性质的探讨》，《民族研究》1959年第2期。
③ 蔡家麒：《鄂伦春族马匹私有制的产生与发展》，《历史研究》1965年第2期。
④ 邱永君：《民族学名家十人谈》，民族出版社2009年版，第73—81页；唐戈、黄孝东：《民族学中国马克思主义学派对唯物史观的贡献——以鄂温克族和鄂伦春族研究为例》，《满语研究》2011年第2期。
⑤ 起初，同一个"乌力楞"是由同一个男人的若干代子孙的各个小家庭组成的，它被血缘纽带紧密地联系在一起。但随着鄂伦春社会的发展，鄂伦春的"乌力楞"通常由来自不同氏族的家庭组成，氏族和"乌力楞"之间并不具有对应关系。这是由于生产力的发展和商品经济的出现使得"乌力楞"的血缘限制被逐渐打破，原来由同一个氏族的各个家庭组成的"乌力楞"开始接纳不同氏族的家庭成员，"乌力楞"不再从属于特定的氏族。详情参见秋浦：《鄂伦春社会的发展》，上海人民出版社1978年版，第29页；唐戈、黄孝东：《民族学中国马克思主义学派对唯物史观的贡献——以鄂温克族和鄂伦春族研究为例》，《满语研究》2011年第2期。

赵复兴[①]、吕光天[②]、满都尔图[③]都曾分别对鄂伦春人的社会文化进行过相关研究。[④]这些学者自20世纪70年代开始，以个人名义发表相关研究成果。其主题有着极高的相似性，大多都是围绕马克思主义民族学对私有制、社会性质、原始社会史等议题进行思考。这一局面直到20世纪80年代末期才有所改变。尽管从现在来看，这些学者受当时的政治环境和国内的封闭的学术条件等限制，着重用马克思主义民族学的视角和民族学苏维埃化的思路分析解决问题。但不可否认的是，这些学者对少数民族的生产力水平与生产关系、社会历史发展阶段、原始社会形态、社会组织等议题进行集中和重点关注，产生了很多重要的研究成果。

在这一时期的鄂伦春文献中，容易被人所忽视的一项资料是中国少数民族社会历史科学纪录电影《鄂伦春族》。该片是从1957至1963年间由中国社会科学院民族研究所组织摄制的近10部反映中国少数民族社会风貌和传统文化的科学纪录片之一。[⑤]《鄂伦春族》在1962年夏天由民族学工作者和民族影视工作者共同筹划，在1963年摄制完成。影片通过影像，勾勒出我国大兴安岭原始森林里以狩猎为主的鄂伦春社会由氏族公社、家庭公社到农村公社的历程，反映其由共同劳动、平均分配、没有阶级剥削到跨上阶级社会门槛的情形。此外，对鄂伦春族的婚姻、丧葬、服饰、手工艺品以及萨满教等也做了纪录。在影片的拍摄过程中，为了面对被拍摄民族的社会生活已经发生变迁这一现实问题，中国民族学者与电影工作者们采取了"复原重建"为主导的摄制方式，以影像重建的方式构造被拍摄民族的社会历史面貌。但正如朱靖江所言，其缺陷在于观看者难以厘清真实与虚构的边界。同

[①] 赵复兴对鄂伦春族做了大量研究，涉及鄂伦春族的方方面面，几乎都有涉及。其代表著作有赵复兴：《鄂伦春族研究》，内蒙古人民出版社1987年版；赵复兴：《鄂伦春族游猎文化》，内蒙古人民出版社1991年版。他的研究成果颇丰，在此就不一一赘述。

[②] 吕光天：《鄂伦春族十七世纪后由家族公社向比邻公社的发展》，《中央民族学院学报》1975年第3期。

[③] 满都尔图：《从家庭公社到地域公社——鄂伦春族原始生产方式的解体》，《文物》1976年第7期。此文已收录至他的论文集，参见满都尔图：《满都尔图民族学文集》，民族出版社2006年版。

[④] 由于鄂伦春与鄂温克同源且存在很多相似性，包括秋浦在内的这些学者也都对鄂温克进行过大量的调查和研究。

[⑤] 满都尔图：《民族科纪片〈鄂伦春族〉的民族学特色》，《民族研究》1996年第2期。

时，拍摄者带有"落后与先进""原始与现代"等不平等的预设标准和居高临下的文化立场，使得他们并未与被拍摄对象建立起真正平等、信任的合作关系。① 曾经参与《鄂伦春族》拍摄的蔡家骐在2003年也对当时"复原重建"的纪录片拍摄方式以及拍摄《鄂伦春族》过程中的摆拍现象等一些缺憾进行了反思。② 总体而言，尽管以《鄂伦春族》为代表的这批影像存在主流意识形态的宣教色彩较强以及"复原重建"影像民族志方式等诸多缺点③，但对于记录和理解当时鄂伦春族的情况有很大帮助。

从官方、学者的民族学研究和影像民族志《鄂伦春族》中可以看出，中华人民共和国建立初期的鄂伦春有以下两个特点：一是民族学研究增多，研究者对鄂伦春人生活的社区观察和描述也更为全面、细致，其中囊括族源、经济、文化、社会组织等议题；二是研究受到马克思主义主流意识形态影响，问题意识与社会发展阶段、原始社会史等主题密不可分。囿于这两个特点以及当时国内的政治环境和学术环境，这些研究存在着如下局限：其一，此时的研究除了在原始社会的理论脉络上进行深耕以外，并未过多地展现出在学科理论上的思考与对话，很多都是停留在对民族志细节上的描述，并以社会进化的发展线索展开相关论述，不具备独立的问题意识和丰富的学科想象力；其二，研究者在研究中更多地从国家视角"俯视"鄂伦春人，没有从主位的视角来看鄂伦春人的想法，缺少鄂伦春人的声音；其三，这一时期包括鄂伦春族研究在内的所有国内民族研究大多只关注研究对象本身，而没有将研究的民族与周边民族的互动交往过程给予足够的重视，甚至将所研究的民族当作静态、真空的存在。

三、20世纪90年代以来的鄂伦春族研究

进入20世纪90年代，随着经济发展和人员流动增多，鄂伦春的发展问题

---

① 朱靖江：《田野灵光：人类学影像民族志的历时性考察与理论研究》，学苑出版社2014年版，第143—147页。
② 蔡家骐：《纪录片的"复原"或"重建"方式——记民族志影片〈鄂伦春族〉的拍摄》，《新闻大学》2003年第3期。
③ 朱靖江：《复原重建与影像真实——对"中国少数民族社会历史科学纪录电影"的再思考》，《西北民族研究》2013年第2期。

日益严峻。这是因为自20世纪60年代以来，大量外来移民涌入大小兴安岭地区使得该地生态资源急剧恶化，破坏了鄂伦春传统的狩猎生计方式，使得内蒙古自治区鄂伦春自治旗于1996年宣布境内全面禁猎。从50年代的下山定居到90年代开始的逐步禁猎，鄂伦春人的生活发生了巨变。在国家的推动下，鄂伦春人迫不得已地进行生计方式转变与文化转型。在这种背景下，对鄂伦春传统文化的保护迫在眉睫。一批专家学者开始对鄂伦春传统文化进行搜集整理，并提出各种相应的政策建议。与此同时，鄂伦春研究也开始关注民族在发展过程中所出现的问题，并试图为鄂伦春人的发展转型找到较为合理的出路。

（一）"自观"与文化保护

在鄂伦春族社会文化急剧转型的过程中，涌现出了许多本民族学者。他们通过"自观"的"主位"视角对自己的民族文化进行深入的探索与思考。这些本民族学者凭借自身天然优势，更多致力于本民族传统文化的传承、保护与研究工作。他们的出现一改长期以来鄂伦春任由"他者"书写而缺乏本民族声音的窘境。相比于"他者"对于鄂伦春的描述和研究，鄂伦春本民族学者的研究生动而又准确地展现了鄂伦春族的文化特质，丰富了对鄂伦春族的既有研究。这种局面的出现与鄂伦春人主体性和文化自觉意识的不断增强，以及鄂伦春族教育水平逐步提升有着密不可分的关系。更重要的是，鄂伦春人在面临发展"困境"时所产生的危机意识，使他们逐渐意识到主位研究和文化传承保护的重要价值与意义。

在这些鄂伦春族学者中，关小云、吴亚芝、何青花[①]等人长期以来一直对本民族的传统文化进行记录和保护工作。关小云长期以来一直专注于鄂伦春族民族文化的征集与研究工作，出版多部专著[②]，并积极组织举办各项文化活动助力鄂伦春传统文化的保护。中央民族大学吴亚芝在《最后的传说——鄂伦春族文化研究》一书中，对鄂伦春传统文化进行细致描述。[③] 新

---

① 何青花：《金色的森林》，民族出版社2002年版。
② 其中比较具有代表性的著作有关小云：《鄂伦春族风俗概览》，黑龙江省民族研究所1993年版；关小云：《大兴安岭鄂伦春》，哈尔滨出版社2003年版；关小云、王宏刚：《鄂伦春族萨满文化遗存调查》，民族出版社2010年版；关小云、王再祥：《中国鄂伦春族》，宁夏人民出版社2012年版。
③ 吴雅芝：《最后的传说——鄂伦春族文化研究》，中央民族大学出版社2006年版。

近出版的《鄂伦春族口述家族史》一书则是她耗费多年时间，潜心收集整理鄂伦春家族口述史的重要成果。①

白兰、刘晓春、韩有峰、何文柱、查干姗登等鄂伦春族学者在关注本民族传统文化及其变迁的同时，也对鄂伦春社会发展进行诊脉和展望。从早期经典和规范的对于鄂伦春族婚姻的民族学考证和研究开始②，白兰一直坚持对鄂伦春社会进行细致研究，并出版多部专著和论文。③近年来，她在关注和记录鄂伦春族新发展的同时，大力呼吁人们重视鄂伦春人与自然和谐共处的生存智慧。刘晓春在研究中一直对鄂伦春社会发展、民族经济④以及俄罗斯境内的鄂伦春人进行关注，并从鄂伦春研究中少有的性别视角入手，对鄂伦春族女性萨满议题进行探讨。⑤韩有峰结合鄂伦春族实际，着重研究了少数民族和民族地区的经济社会发展，以及鄂伦春族的文化保护和发展问题。何文柱长期以来关心鄂伦春发展，出版《鄂伦春族发展问题研究》一书。青年鄂伦春族学者查干姗登对鄂伦春族的社会分化进行重点关注。⑥

这些本民族研究学者的出现，改变了以往鄂伦春研究均为外人对鄂伦春进行客位描述的单一局面。鄂伦春人的发声使外界逐步了解到鄂伦春人自己的真实想法。之前的那些由外族学者来描述鄂伦春人的人类学调查，其调查和民族志背后蕴藏着一种调查者与被调查者之间不平等的权力关系，鄂伦春人真实的观点和态度无法得到考察和验证。近来出现的鄂伦春本民族学者逐渐增多的现象避免了以往这种不平等的权力关系，使得鄂伦春人的真实想法可以更加全面、客观地呈现在世人面前。

除了这些本民族学者，非鄂伦春族学者也对鄂伦春族的民族文化进行细致的记录和描述。柴少敏的《葛德鸿传——一个鄂伦春人的足迹》，那敏的《桦树皮船制作技艺传承人——郭宝林》等个人传记和生命历程的研究，通过对个体案例的描述，记录着鄂伦春族的传统文化。都永浩也对定居前的

---

① 吴亚芝：《鄂伦春族口述家族史》，民族出版社2016年版。
② 白兰、赵复兴：《对鄂伦春族婚姻方式的民族学考证》，《内蒙古社会科学》1986年第4期。
③ 代表著作包括《鄂伦春族》（民族出版社1991年版）等，以及论文多篇。
④ 刘晓春：《鄂伦春人文经济》，知识产权出版社2010年版。
⑤ 刘晓春：《鄂伦春族女性萨满问题初探》，《黑龙江民族丛刊》2015年第3期。
⑥ 查干姗登：《鄂伦春人的社会变迁与社会分化——以鄂伦春自治旗猎民村落为例》，中山大学博士学位论文，2010年；查干姗登：《禁猎前后：鄂伦春族的社会变迁与社会分化》，社会科学文献出版社2022年版。

鄂伦春游猎、农业经济以及"乌力楞"的特点等问题展开历史考证和描述性研究。①

(二)"他观"与发展转型

在鄂伦春族面临社会巨变之时，来自"他者"视角的研究依然在继续。与"自观"不同，对鄂伦春人的"他观"更多着重于讨论鄂伦春社会的发展转型。这里不得不提的是在2000年7月，由国家民委组织有关专家学者开展的"中国人口较少民族经济和社会发展调查研究"。在本次调查中，黑龙江、内蒙古调研组组长麻国庆带领组员对内蒙古鄂伦春自治旗鄂伦春族进行了系统全面的调查，通过抓住定居化的过程、社区的移动、转产这条主线来看鄂伦春族的社会经济文化的变动过程。在社会变迁的纵向框架下，课题组还着重关注横向变量（如林业部门、流民社区、共同居住的其他民族等）对鄂伦春族的影响及其互动。这次调查通过丰富详实的个案揭示了鄂伦春族自中华人民共和国成立以来所经历的社会变迁，并提出一系列行之有效的建议与举措，为鄂伦春族经济社会发展注入新的活力。②

除了国家组织的这次大规模调查，许多学者也进行了卓有成效的研究。受到人类学训练的学者在关注鄂伦春族发展的同时，也将鄂伦春研究个案的意义扩展至了国家政策和世界性的民族发展议题之中。这是由于人类学虽一直强调研究"他者"，但研究"他者"不仅是为了单纯地了解"他者"，更是为了"反观自照"，即通过研究"他者"来更好地了解自己。例如，鄂伦春族的发展困境就激发了费孝通"文化自觉"概念的提出。费孝通的"文化自觉"概念不仅仅是在全球化过程中看到的，也是在思考中国人口较少民族——鄂伦春族的发展过程中看到的。③小民族的生存与发展，以及与之相关的"人重要还是文化重要"等问题一直萦绕在费孝通的心头，这也影响了

---

① 都永浩：《定居前鄂伦春族的游猎经济》，《黑龙江民族丛刊》1992年第3期；都永浩：《定居前鄂伦春族的农业》，《黑龙江民族丛刊》1993年第1期；都永浩：《鄂伦春族地域"乌力楞"的特点》，《内蒙古社会科学》(文史哲版)1993第3期。
②《中国人口较少民族发展研究丛书》编委会编：《中国人口较少民族经济和社会发展调查报告》，民族出版社2007年版，第1、6、158—186页。
③ 方李莉：《费孝通"文化自觉"思想的再解读》，《贵州大学学报》(艺术版)2017年第3期。

麻国庆对鄂伦春族定居猎民的研究。①

许多学者利用长时间的人类学田野调查对鄂伦春族的变迁与发展进行了深入思考。唐戈通过与鄂伦春猎民同吃、同住、同劳动，积累了丰富的一手资料，对鄂伦春族不适应农业的现象提出自己独到的见解。在他看来，这种困境产生的根源在于鄂伦春人对农业的耐心和兴趣始终没有培养起来、缺少储蓄习惯以及其个体家庭在传统上不是一个独立的经济实体等方面。②何群从环境与小民族生存的问题视角切入，对鄂伦春族进行了深入全面而又细致的分析③，并提出包括鄂伦春族在内的小民族，在面对现代化进程的推进和环境的急剧变化时，其传统文化简单性的特点束缚了小民族适应新环境的能力。④她没有将自己的研究局限在鄂伦春族本身，而是希望对世界性的小民族生存议题进行全面思考。

受过人类学学科训练和影响的唐戈、何群以及上文提及的鄂伦春族学者查干姗登等人均试图从文化人类学的角度对鄂伦春半个多世纪以来的发展变迁进行记录与解读。与此同时，鄂伦春族传统文化和猎民日常生活中所体现出来的对自然与文化不加区分的整体观也是值得关注的一个方面。这种对于生活世界的整体观所塑造的鄂伦春人传统宇宙观，以及从中衍生出的生存智慧应是学者关注的对象。这套与自然和谐共生的生存智慧，在现代化力量影响和进入后，遇到了诸多困境和挑战，并逐渐被世人所遗忘。于硕、赵式庆带领的香港理工大学学生通过大量的访谈获得一批猎民口述史资料，在揭

---

① 麻国庆：《开发、国家政策与狩猎采集民社会的生态与生计——以中国东北大小兴安岭地区的鄂伦春族为例》，《学海》2007年第1期；麻国庆：《全球化与文明对话中周边的边缘民族：狩猎采集民的"自立"与"苦恼"——以定居的猎民中国鄂伦春族为例》，载麻国庆：《人类学的全球意识与学术自觉》，社会科学文献出版社2016年版，第254—283页。
② 唐戈：《鄂伦春和鄂温克：从狩猎民到农民的困境》，《满语研究》2008年第1期。
③ 何群：《环境与小民族生存——鄂伦春文化的变迁》，社会科学文献出版社2006年版。
④ 何群：《地域意识行为与小民族发展——以鄂伦春族为例》，《西北民族研究》2001年第1期；何群：《狩猎民族与发展》，内蒙古人民出版社2002年版；何群：《定居化过程：文化碰撞的悲喜剧——1958年前后的鄂伦春社会》，《满族研究》2007年第3期；何群：《从社会效应看制度安排的必要调整——鄂伦春族个案》，《中央民族大学学报》（哲学社会科学版）2009年第2期；何群：《人与地之纠葛：鄂伦春社会中的地域意识行为和功能》，《中国历史地理论丛》2010年第1期；何群：《酒与"酒"之两难——基于鄂伦春族生态环境与历史文化变迁的分析》，《思想战线》2014年第2期。

示当代鄂伦春的生存发展困境的同时，也记录下了鄂伦春的生存智慧。① 书中对这些传统生存智慧中人与自然关系的生动呈现，构成了对于现代社会自然与文化二分的反思，呼应了近来人类学学科内热议的"本体论转向"。于硕组织的这项研究恰好弥补了以往研究中对鄂伦春人个体日常生活细致描述的缺乏，这种细致入微的生动描述与前期主流意识形态下的民族研究所追求的全面记录相区别。如何将自然与文化的整体性观照上升到具有理论性的学术研究是值得后人在研究中继续努力之处。笔者在对鄂伦春日常生活节奏变化的研究中，在观照鄂伦春发展困境的同时，试图在自然与文化整体性上做出一些讨论。② 但笔者相信，对于鄂伦春族生存智慧以及人类学本体论的讨论，还有更多值得研究和讨论空间。

一些学者也从法律层面关注到鄂伦春自治旗的制度设计和现实情况。周勇从民族区域自治制度的实践情况和鄂伦春人的权利视角来思考鄂伦春自治旗社会发展变迁与鄂伦春人生活处境的变化。他通过一系列调查发现，国家与市场以保护野生动物的名义，限制或禁止当地世居民族传统的使用森林资源的权利和生活方式，剥夺了鄂伦春人自主地选择社会、经济发展和文化存续的物质基础。他建议，各级单位应确认作为世居民族的鄂伦春人是森林资源管理的不可或缺的利益方、权利方和贡献方，保证他们有权参与影响其利益的立法、决策和项目实施过程，增强他们维护正当利益、协商利用森林资源发展地方经济的能力，同时贡献他们的传统知识，并分享可持续的森林资源管理成果。③

当然，还有一些学者从历史维度出发，关注清朝政府对鄂伦春社会和文化的形塑。④ 其中尤其值得关注的是金由美（Loretta E. Kim）的研究。作为第一部描述鄂伦春早期历史的英文专著，金由美在《族群蛹》（*Ethnic*

---

① 于硕、赵式庆主编：《山上啊，山上》，新世界出版社2017年版。
② 张雨男：《鄂伦春族日常生活节奏的变迁与适应》，《民族研究》2018年第3期。
③ Maria Lundberg and Yong Zhou. "Hunting-Prohibition in the Hunters' Autonomous Area: Legal Rights of Oroqen People and the Implementation of Regional National Autonomy Law," *International Journal on Minority and Group Rights*, vol.16, no.3, 2009, pp.349-397；周勇：《鄂伦春民族区域自治与可持续发展》，载刘晓春主编：《中国民族地区经济社会调查报告：鄂伦春自治旗卷》，中国社会科学出版社2018年版，第45—87页。
④ 唐戈：《鄂伦春族的"部落"组织——兼谈满族八旗制度对鄂伦春族社会的影响》，《满语研究》2002年第2期。

Chrysalis)一书中指出,清政府通过征兵和资源开采将鄂伦春人分门别类地纳入帝国统治之中。金由美利用丰富的材料探讨了清帝国对鄂伦春社会和文化观念的影响,这种影响也一直延续到了今天。①

(三)鄂伦春族的影像民族志

鄂伦春人的发展转型及其困境也吸引了纪录片导演的注意。与人类学常见的"文字型民族志"相对应,纪录片导演以"影像民族志"的方式对鄂伦春传统狩猎文化及其变迁进行记录与省思。这些纪录片同样是鄂伦春研究中不容忽视的重要影像文献。其中,最著名的莫过于孙增田导演摄制于1992年的《最后的山神》。该片以鄂伦春萨满孟金福的晚年生活为主线,描述了鄂伦春人由传统的山林文化向现代文明的转折与过渡,及其在定居后的纠葛与困境。其中,刻有山神像的树被砍倒的那一刻不知牵动了多少观众的心。从创作者角度而言,山神像被伐是全片的转折之处,象征着远古沿续下来的狩猎文化将最终消失。《最后的山神》汇集了众多鄂伦春本民族学者的智慧,以人物为主线,真挚地描绘了鄂伦春人生活的真实样貌。相较于1962年摄制的《鄂伦春族》,《最后的山神》聚焦于真实的个体生活,拒斥用宏大、抽象的影像话语为鄂伦春族的社会形态做出权威式论断;放弃"复原重建"的拍摄方式,采用"直接电影"所提倡的非干预式创作方式;采用同期录音技术,出现鄂伦春人自己的声音;出现了与被拍摄者的互动,以凸显隐藏的文化信息,实现当代影视人类学所强调的"自我反射"(reflexive)的立场。② 出生于呼伦贝尔的顾桃、宏雷同样拍摄了很多鄂伦春族的纪录片,用影像的方式将这些正在消失的民族文化定格下来,真实记录和反映了鄂伦春人日渐消逝的文化。鄂伦春族新闻工作者吴曲文用摄像机记录了大量生动、翔实的素材,从鄂伦春人"主位"视角记录自己民族传统文化及其变迁的点点滴滴。除此之外,《兴安猎神鄂伦春》、日本拍摄的《谧静的兴安岭》等纪录片也都用影像的方式从不同角度展现了鄂伦春人的传统文化及其现代变迁。

总体来看,伴随着鄂伦春狩猎文化的岌岌可危,20世纪80年代以来的鄂

---

① Loretta E. Kim. *Ethnic Chrysalis: China's Orochen People and the Legacy of Qing Borderland Administration*. Boston: Harvard University Press, 2019.

② 朱靖江:《田野灵光:人类学影像民族志的历时性考察与理论研究》,学苑出版社2014年版,第162—164页。

伦春研究更多关注到鄂伦春社会的发展及其传统狩猎文化的变迁。本土学者一改以前的失语状态，逐渐开始发声。他们更多将精力放在关注民族传统文化的传承保护议题上。与此同时，人类学问题意识明晰的研究也逐渐增多，这些研究更多关注民族的发展困境，并试图将研究提升到更大的议题上来加以讨论。但不容忽视的是，随着研究主题和数量的不断增多，从事长时间踏实、系统田野工作的非本民族学者越来越少，这是后来研究者应警惕的现象。

四、鄂伦春族研究展望

近年来，从文化人类学视角出发研究鄂伦春族的学术成果日益增多。这些研究在继续描绘鄂伦春人生活图景和社会文化变迁过程的同时，有力地拓展了世界范围内人口较少民族的实地考察与学术研究，在经验材料的积累和理论的拓展上都取得了一些成果。但从文化人类学的学科视域而言，目前的鄂伦春研究还是存在一些可供学人继续深入探讨的空间。根据上文对鄂伦春族研究的评述，笔者结合自身田野调查经验，初步提出以下三点展望。

其一，研究者应从自然与文化一体的观念出发，对鄂伦春人的宇宙观和传统生态智慧进行记录和思考，进而理解鄂伦春人在面临现代性时所出现的种种状况。人类学对狩猎采集社会的研究表明，现在人们所熟知的自然与文化的观念并非具有普适性，而是西方思想所独有的。西方的认知观使得人与本应同为一体的自然相割裂开来，自然与文化产生区分。由此，出现了一种人类中心主义，自然成为可资利用的资源，甚至出现"自然的资本化"（capitalization of nature）。[①]但狩猎采集者的世界观则不同于"现代人"对自然的理解。[②]以鄂伦春为代表的狩猎采集者，其文化与自然本身就是不可分割的整体。狩猎采集者的文化并非是建构出来的，而是在他们熟知世界的过

[①] 这一概念源于 Arturo Escobar. "Constructing Nature: Elements for a Post-structural Political Ecology," in *Liberation Ecologies: Environment, Development and Social Movements*, New York: Routledge, 2002, p.54.张雯利用这个概念对内蒙古草原牧区做出精彩的分析，参见张雯：《自然的脱嵌——建国以来一个草原牧区的环境与社会变迁》，知识产权出版社2016年版，第145—162页。

[②] Eduardo Viveiros de Castro. "Cosmological Deixis and Amerindian Perspectivism," *Journal of the Royal Anthropological Institute*, vol.4, no.3, 1998, pp.469–488; Philippe Descola. *Beyond Nature and Culture*. Chicago: University of Chicago Press, 2013, pp.30, 201–225.

程中所不断认识得来的。通过栖居与实践，人们逐渐形成了一套来源于对整体性认知的行为方式。①结合人类学中的"本体论"思潮，并对鄂伦春人生活世界进行整体性把握，一方面有助于我们更全面地理解鄂伦春人并不遥远的森林记忆及其传统生存智慧，另一方面也使得研究者能够更加客观理性地认识到鄂伦春人在面临现代性时所出现的种种状况。从这种人类学研究转向出发，注重自然与文化的连贯性、整体性，有助于从不同于以往的角度重新认识鄂伦春的世界观及其传统生活方式，理解和把握鄂伦春人在转产和社会转型过程中所面临的困境。

其二，研究者应吸收马克思分析社会的方法和思想精髓，关注鄂伦春族社会内部的分化。以往的民族研究习惯将民族视为一个整体，甚至有时会将其描述为一个静态、均质的社会，较少关注到社会内部的差异与动态变化过程。这一问题在以往的人类学理论脉络和经验研究中也是存在的，其表现为对研究对象内部的冲突缺乏分析，存在一种对其内部同质性的浪漫化想象。这种浪漫化的想象使得我们排除了群体内部在政治经济上的分化和剥削。在人类学研究中，解决这种浪漫主义比较有效的办法就是引入结构马克思主义的分析框架。布洛赫（Maurice Bloch）、美亚索（Claude Meillassoux）②、阿萨德（Talal Asad）③等人通过借鉴马克思对资本主义社会阶级的分析方法，来更好地理解非西方社会的运行逻辑和前资本主义形式的不平等。这些人类学研究展现了马克思主义人类学对某个社会单位内部进行细致分析的独特魅力，改变了以往研究对社会内部同质化的浪漫想象。因此，马克思对社会内部的分析方法和研究思路同样可以用于分析类似于鄂伦春族这样的人口较少民族。查干姗登④和李香寒⑤都关注到了鄂伦春族内部的社会分化，但这对

---

① Tim Ingold. *The Perception of the Environment*. London and New York: Routledge, 2000.
② Claude Meillassoux. *Maidens, Meal and Money: Capitalism and the domestic community*. New York: Cambridge University Press, 1981; Sherry B. Ortner. *Anthropology and Social Theory*. Durham: Duke University Press, 2006, p.49.
③ Talal Asad. "Market Model, Class Structure and Consent: A Reconsideration of Swat Political Organisation," *Man*, vol.7, no.1, 1972, pp.74–94.
④ 查干姗登：《鄂伦春人的社会变迁与社会分化——以鄂伦春自治旗猎民村落为例》，中山大学博士学位论文，2010年；查干姗登：《禁猎前后：鄂伦春族的社会变迁与社会分化》，社会科学文献出版社2022年版。
⑤ 李香寒：《多布库尔的社群分化与生活节奏——土地、劳动与闲暇》，中央民族大学硕士学位论文，2018年。

于民族内部分化的研究来说仅仅是个开始。需要说明的是，这里所言的"分化"并非是一种不可挽救的社会问题，而是一种需要在研究民族问题时应该注意到的现实。尤其对鄂伦春人而言，今天所见的这种"分化"的现状本身就是以团结户①和姑爷户②为代表的"社会结合"的另一个面向。

其三，在研究中不要仅仅在民族内部进行"庖丁解牛"，也要更多地从区域视角出发，关注鄂伦春族与其他族群的互动方式以及这种互动的具体历史演变过程。研究者应突破早期民族研究只关注民族自身的研究局限，对族际交往互动过程有所关注。费孝通在1980年前后提出的"民族走廊"概念在某种意义上就是对以往孤立地对民族进行单一研究的有效反思和补充。③今天的民族研究则更应该关注区域视角，并思考如何将民族研究和区域研究有机地结合起来。早期鄂伦春族与周边的鄂温克族、达斡尔族交往甚密，并通过"安达"与外界进行交易。在历史上，汉人、俄国人及日本人都曾在不同时期扮演过这一角色。中国共产党组织猎民下山定居以后，鄂伦春族开始与汉族、鄂温克族、达斡尔族、蒙古族等其他民族通婚、杂居，在生产生活上也互帮互助、相互影响。由此可见，鄂伦春与相邻族群的互动交往一直颇为频繁。对区域内部多个族群交往互动的关注和思考，可以帮助我们更清晰地了解东北地区众多族群相互交汇、共生的图景，在为我们展现不同民族多重宇宙观的交汇、碰撞与共生的同时，也能更好地显示出边疆视野中的国家在场与普罗大众的日常生活样貌。

以上三种视角不仅可以为现有的鄂伦春研究开拓新的视野，也为其他边缘族群或群体的研究提供新的研究思路。人与自然的"本体论"视角以及族群内外交织的分析框架可以拓展既有民族研究的研究视野，同时也为深入理解少数民族传统文化以及边疆地区民众的日常生活提供更加丰富多样的研究路径。

---

① 团结户指鄂伦春族男子与其他民族女子通婚建立的民族结合家庭。
② 姑爷户指鄂伦春族女性嫁给其他民族结合而成的家庭。
③ 费孝通：《关于我国民族的识别问题》，《中国社会科学》1980年第1期；费孝通：《民族社会学调查的尝试》，《中央民族学院学报》1982年第2期。

下编 | **田野与经验**

第六章　大兴安岭林区各民族交往交流交融的历史演进与当代实践

大兴安岭是我国各民族交往交流交融的重要区域，见证了清代以来国家疆域不断巩固、东北抗日联军英勇抗敌、新中国对森林资源进行有力开发、新时代民族团结进步事业取得新成就等重大历史事件。各民族交往交流交融推动着这些历史事件的发生，后者也在不断促进各民族交往交流交融程度更加深入。大兴安岭地区各民族的交往交流交融，对以中华民族大团结促进中国式现代化具有重要作用。①本章以大兴安岭林区中的鄂伦春自治旗为例，展现大兴安岭林区各民族交往交流交融的历史演进与当代实践。

作为全国民族团结进步示范区，地处大兴安岭东坡森林农业交错地带的鄂伦春自治旗在各民族交往交流交融上取得了卓越的成绩。历史上，鄂伦春族与外界的交流互动，以及大兴安岭的开发，不断促进当地各民族交往交流交融。当下，鄂伦春自治旗在提高政治站位、坚持党建引领、推动经济发展、加强宣传教育、注重研究工作五个方面狠下功夫，不断推动当地各民族交往交流交融。对鄂伦春自治旗交往交流交融历史演进与当代实践的总结与分析，有助于及时总结经验，不断推动当地以及其他地区各民族交往交流交融进程，在实践中铸牢中华民族共同体意识，不断实现新时代民族工作高质量发展。

一、问题的提出

在2021年中央民族工作会议上，习近平总书记指出："必须促进各民族

---

① 张雨男：《促进大兴安岭地区各民族交往交流交融》，《中国社会科学报》2023年11月24日，第Y03版。

广泛交往交流交融，促进各民族在理想、信念、情感、文化上的团结统一，守望相助、手足情深。"①之所以能够形成今天屹立于世界之林的中华民族，正是依赖于中华各民族在历史上不断的交往交流交融。当前，在将铸牢中华民族共同体意识作为党和国家民族工作主线的背景下，更要强调和推动各民族交往交流交融。促进各民族交往交流交融是推动中华民族共同体建设的重要途径。交往交流交融有利于不断推动民族工作高质量发展，有利于实现各民族大团结大发展大繁荣，有利于推动实现中华民族伟大复兴。因此，及时总结各地区各时期交往交流交融的实践经验对于实现民族工作高质量发展具有重要意义。

目前，学者们的研究从不同角度关注到了各民族交往交流交融的历史演进与当代实践，并及时总结了一些好的经验与做法。在历史研究中，张应强立足于清水江经验的历史人类学研究，探索不同历史时期多民族交往交流交融过程，进而达成对作为整体的文化中国历史结构的认识和理解②；刘志扬通过对边茶贸易的研究，展现了中华各民族在边茶发展史中所展现的交往交流交融。③在对少数民族地区的研究中，罗彩娟以广西壮族自治区成立60年来的实践为例，对广西各民族交往交流交融的经验及其深化路径进行了探讨④；赵月梅以呼伦贝尔地区为例，讨论了当地加强各民族交往交流交融的实践与启示，相应提出了"民族团结"与"民族进步"两种模式⑤；赵月梅还以内蒙古通辽地区为例，展现了各民族交往交流交融的历史演进与现代治理。⑥交往交流交融的研究不仅仅关注民族研究的传统研究领域——少数民族地区，还将眼光放在之前较少涉及的东部地区和中部地区。徐平以北仑少

---

① 中央统一战线工作部、国家民族事务委员会编：《中央民族工作会议精神学习辅导读本》，民族出版社2022年版，第27页。
② 张应强：《制度条件、主体意识与文化共生——山地多民族交往交流交融的清水江经验》，《中华民族共同体研究》2022年第5期。
③ 刘志扬：《边茶贸易与中华各民族的交往交流交融》，《中华民族共同体研究》2022年第1期。
④ 罗彩娟：《广西各民族交往交流交融的经验及其深化路径探讨》，《广西民族研究》2018年第5期。
⑤ 赵月梅：《加强各民族交往交流交融：呼伦贝尔地区的实践与启示》，《民族研究》2018年第4期。
⑥ 赵月梅：《各民族交往交流交融的历史演进与现代治理——以内蒙古通辽地区为例》，《北方民族大学学报》2022年第3期。

数民族流动人口城市融入为例，探讨如何在深化交往交流交融中铸牢中华民族共同体意识①；孙嬿聚焦南阳民族交往交流交融个案，关注到当地维吾尔族和汉族互嵌社区的建设过程，提炼出开放的全国性市场、政府正面引导、共同生活环境的不断改善、彼此相处经验的丰富是当地形成互嵌式社会结构的重要因素②；赵罗英从三个不同时期，对海南省人口迁移、人口聚居空间分布和各民族交往交流交融的变迁经验进行了历史和现实的综合考察，概括了人口迁移、空间互嵌和各民族交往交流交融三者之间的相互作用机制。③目前学界既有的这些研究都对不同时期、不同地域多民族交往交流交融的实践进行了经验总结。但也正如目前学界一些研究所分析的一样，相较于对民族交往交流交融政策解读多、逻辑推导多和宏大叙事多的"三多"特点，事实调查、个案积累和深入分析这类经验研究则显得相当不足，出现"三少"现象。④尤其是针对某个地区微观而细致的个案田野调查研究虽有但整体上还比较少。⑤根据笔者观察，目前的一些相对微观的经验研究也大多是以地级市为单位，以县、乡、村或其他为单位的案例研究相对较少。

作为被国家民委命名为"第八批全国民族团结进步示范区示范单位"的鄂伦春自治旗，多年来在民族工作上积累了宝贵的经验。原是成立于1951年的鄂伦春自治旗，1952年改设自治旗，是我国最早成立的少数民族自治旗。全旗总面积59880平方千米⑥，占呼伦贝尔市总面积的21.6%，是呼伦贝尔市面积最大的旗（市）。⑦鄂伦春自治旗下辖10个乡镇，82个行政村、33个

---

① 徐平：《在深化交往交流交融中铸牢中华民族共同体意识——以北仑少数民族流动人口城市融入为例》，《民族研究》2021年第2期。
② 孙嬿：《维吾尔族和汉族互嵌社区建设：南阳民族交往交流交融的个案研究》，《民族研究》2020年第2期。
③ 赵罗英：《海南省人口迁移、空间互嵌与各民族交往交流交融论略》，《贵州民族研究》2022年第5期。
④ 何明：《中华民族共同体的经验研究：何以必要与何以可能》，《西北民族研究》2023年第1期。
⑤ "铸牢中华民族共同体意识视角下各民族交往交流交融典型案例调查研究"课题组：《新时代各民族交往交流交融的实践研究——基于十个"三交"典型案例》，《中华民族共同体研究》2022年第2期。
⑥ 含黑龙江大兴安岭地区管辖的加格达奇、松岭两区面积。
⑦ 《鄂伦春自治旗概况》编写组、《鄂伦春自治旗概况》修订本编写组：《鄂伦春自治旗概况》，民族出版社2009年版，第1页。

社区。① 在社会发展方面，鄂伦春自治旗2021年地区生产总值完成75.09亿元，同比增长5.8%。2024年前三季度地区生产总值完成46.6亿元，同比增长6.0%；其中：第一产业完成7.49亿元，同比增长6.9%；第二产业完成6.34亿元，同比增长25.9%；第三产业完成32.76亿元，同比增长3.7%。城镇常住居民人均可支配收入完成22268元，同比增长3.8%；农村常住居民人均可支配收入完成9439元，同比增长6.2%。② 在人口民族方面，截止2019年末，鄂伦春自治旗共有112317户，户籍人口244979人，其中：城镇人口185269人，乡村人口59710人；男性124106人，女性120873人；汉族人口213965人，蒙古族人口10915人，鄂伦春族人口2967人，鄂温克族人口3399人，达斡尔族人口6261人。③ 根据第七次人口普查数据，截至2020年11月1日零时，鄂伦春自治旗常住人口为174023人。④

本章将从历史与当下两个方面入手，对鄂伦春自治旗这一县域单位进行研究，考察其多民族交往交流交融的历史演进与当代实践，为在相应层面促进多民族交往交流交融提供宝贵经验、理论支撑和决策依据，以便更好地在新时代建设好中华民族共同体，不断铸牢中华民族共同体意识。

二、历史演进

中华民族素有重视学习历史和善于总结经验的优良传统。习近平总书记曾多次就"重视历史、研究历史、借鉴历史"作出一系列重要论述。如想在新时代做好民族研究工作，就必须要重视多民族交往交流交融历史研究。因此，对鄂伦春自治旗交往交流交融的研究，首先要关注当地多民族的历史互动与演进过程。下文将分别讨论中华人民共和国成立前后，当地各民族交往交流交融的历史演进过程。

---

① 鄂伦春自治旗文旅局：《旗情概况》，http://www.elc.gov.cn/News/show/1013664.html，访问日期：2024年11月11日。
② 鄂伦春自治旗发改委：《社会发展》，http://www.elc.gov.cn/News/show/343079.html，访问日期：2024年11月11日。
③ 以上人口数据不含松、加地区。
④ 呼伦贝尔市统计局：《呼伦贝尔市第七次全国人口普查公报（第二号）》，http://www.hlbe.gov.cn/News/show/207767.html，访问日期：2022年12月1日。

(一)中华人民共和国成立前

鄂伦春自治旗及其所处地区多民族交往交流交融的历史,其实就是鄂伦春族与外来移民的互动交流历史。因地理位置、生态环境等多重因素影响,鄂伦春自治旗所处区域在清朝前期主要是鄂伦春族居住,没有其他民族长期在此居住,民族间的相互了解与交往交流非常少。随着"安达"的出现,外界的其他民族开始逐渐进入大兴安岭森林中经商。鄂伦春与其他民族的接触使得当地民族交往交流的情况开始增加。

19世纪下半叶,漠河地区发现黄金,为了防止俄国人偷盗,清政府在此创办金矿,修筑的从墨尔根通往漠河的道路。因为黄金的缘由,这条道路也被称为"黄金之路"。漠河地区黄金的发现与"黄金之路"的开通,为大兴安岭地区带来更多的人员。人员与物资流动的增多使得鄂伦春与其他民族不断进行交往交流交融。

清末,随着大兴安岭地区商品经济的不断发展,外来人员不断进入当地进行经商贸易,鄂伦春与外界交流不断增多,民族交往交流交融程度不断深化。一些鄂伦春因狩猎困难,并受周围从事农业的民族的影响,开始自发耕种土地。但他们始终过的是一种半农半猎半定居半游动的生活,其从事农业的尝试是非常脆弱且不稳定的。[①]尽管如此,对农业的初步尝试促进了鄂伦春与其他民族的交流互动。

20世纪上半叶,中国各地经历持续动荡,大兴安岭腹地也不例外。当地统治者的多种政策也或多或少地推动了当地各民族之间进行深入了解。辛亥革命后,北洋军阀政府注意到鄂伦春在沙俄利诱和奸商压迫剥削下,曾屡次掀起反抗风暴。为防止此类事件再次发生,北洋军阀政府强制推行鄂伦春弃猎归农。[②]尽管北洋军阀政府推行的弃猎归农政策最终以失败而告终,但也增进了鄂伦春与更多民族的交流互动。在日伪统治时期,日军强制一些

[①]《鄂伦春族简史》编写组、《鄂伦春族简史》修订本编写组:《鄂伦春族简史》,民族出版社2008年版,第84页。
[②] 同上书,第85—94页。

鄂伦春族下山定居，甚至组织鄂伦春"山林队"①为日军侵略服务，以针对苏联。日军的统治措施给鄂伦春人带来了沉重的负担，但从另一个角度来说，日伪的统治使得鄂伦春与更广泛的人群产生交流互动，更加认同中华民族，让中华民族成为凝聚力更强的共同体。

（二）中华人民共和国成立后

1951年，鄂伦春旗成立。1952年5月31日，经中央人民政府内务部批准，"鄂伦春旗人民政府"改称为"鄂伦春自治旗人民政府"。这是新中国成立后第一个少数民族自治旗。②鄂伦春自治旗的成立标志着鄂伦春族政治地位的提高，也推动着鄂伦春族与其他民族继续交往交流交融，共同走向社会主义现代化。

20世纪50年代，内蒙古、黑龙江两地的鄂伦春族陆续下山定居。不同于在森林中游猎时与其他民族接触较少的情况，下山定居后的鄂伦春族与鄂温克族、达斡尔族在生产、政治活动、教育、医疗等社会场景下接触得越来越多。

笔者认为，在20世纪下半叶，推动鄂伦春自治旗交往交流交融的重要影响因素之一就是国家对于大兴安岭的开发。20世纪五六十年代，中央和内蒙古自治区先后制定了各项规划，对大兴安岭林区进行了大规模的开发建设。截至1965年，不仅在当地建成了森林工业基地，为国家的工业化建设做出了贡献，而且促进了林区城镇化和交通事业的发展。一些研究认为，大兴安岭林区开发有四点影响：一是林区初步形成了以木材采伐、加工、林产化工为主的森林工业体系，奠定了内蒙古自治区东森西铁的工业格局；二是为国家工业化建设提供大量林业产品和资金积累；三是促进大兴安岭林区交通发展；四是促进了地区城市化的发展。③大兴安岭开发推动了当地

---

① 日本帝国主义侵占大小兴安岭和黑龙江流域以后，它最忌惮的是活跃在大小兴安岭里的东北抗日联军和位于黑龙江以北的苏联。为此，他们强迫所有18至45岁的鄂伦春族青壮年猎民以伪旗、伪县为单位编制成"山林队"。参见《鄂伦春族简史》编写组、《鄂伦春族简史》修订本编写组：《鄂伦春族简史》，民族出版社2008年版，第104页。
② 《鄂伦春族简史》编写组、《鄂伦春族简史》修订本编写组：《鄂伦春族简史》，民族出版社2008年版，第167页。
③ 王利中：《20世纪五六十年代内蒙古大兴安岭林区开发建设述论》，《内蒙古师范大学学报》（哲学社会科学版）2020年第6期。

社会各项事业的发展，吸引大量移民涌入，使得鄂伦春自治旗及其所在的大兴安岭林区实现了各民族交往交流交融。

笔者曾经统计过一组数字来表明大兴安岭开发后，当地主要以汉族为主的移民人口快速增长。人口比例的变化使得鄂伦春族与其他民族交往交流交融更加深化。新中国成立前，加格达奇是一片原始森林，没有定居居民，只有鄂伦春游猎者在此出没。该地区是在中华人民共和国成立后才开始逐步设置相应建制的。①但随着20世纪60年代国家对大兴安岭的开发，大量汉人移民涌入，促进了地区的资源开发与经济发展。目前，加格达奇作为大兴安岭地区行政公署驻地，受惠于大兴安岭的林业开发红利，已经具备了一个地级市的规模，在经济实力和城市规模建设上已经远远超过了它在地权上隶属的鄂伦春自治旗的旗政府所在地——阿里河镇。据2000年人口普查统计结果显示，在加格达奇区普查的140605人中，共有汉族134285人，鄂伦春族仅62人。②加格达奇所在地的地权归属者——鄂伦春自治旗在20世纪50年代建旗之初，全旗人口仅有778人，其中鄂伦春族774人，达斡尔族3人，鄂温克族1人，没有汉人在此居住。在自治旗59800平方千米的土地上，仅有小二沟、大杨树两处村落的居民点，其他广阔地域内没有任何屯落。③但到1999年，自治旗境内的汉族已猛增至285779人，而鄂伦春族却仅有2221人。④尽管受大小兴安岭重点国有天然林区全面停止商业性采伐等因素的影响，自治旗汉族人口在2019年末回落到213965人，但还是可以看到汉族人口的快速上涨与民族构成比例的变化。另外一组数据对比也可显示出移民增长之快。在驻扎鄂伦春自治旗的6个森工局中，每个森工局所管辖的施业区中人口均在4000至30000人之间⑤，而在2019年末，鄂伦春自治旗的鄂伦

---

① 加格达奇区地方志编纂委员会编纂：《加格达奇区志》，黄山书社1993年版，第4、47页。
② 加格达奇区地方志办公室编：《加格达奇区志（1990—2005）》，黑龙江人民出版社2010年版，第58—59页。
③ 白兰：《高高的兴安岭——鄂伦春族风情》，内蒙古人民出版社2014年版，第206、212页。
④ 鄂伦春自治旗史志编纂委员会：《鄂伦春自治旗志（1989—1999）》，内蒙古人民出版社2001年版，第65页。
⑤ 周勇：《鄂伦春民族区域自治与可持续发展》，载刘晓春主编《中国民族地区经济社会调查报告·鄂伦春自治旗卷》，中国社会科学出版社2018年版，第51页；张雨男：《路、国家与鄂伦春社会文化变迁》，《开放时代》2020年第4期。

春族人口只有2967人。因此，面对如此多的移民和人口数量上的悬殊差距，鄂伦春族势必会与其他民族进行交往交流交融。

回顾自清朝至20世纪末的历史，我们可以发现，鄂伦春自治旗所在的大兴安岭的各民族交往交流交融史就是鄂伦春族与外界其他民族的交往互动史，是大兴安岭开发史、移民史。在国家政策、现代化力量、市场经济、民族主观意愿等多重因素影响下，大兴安岭的鄂伦春族逐渐结束了游猎生活，与外界交流互动不断增多。搬迁至大兴安岭的移民在日常生活中也与原本在当地居住的鄂伦春族、鄂温克族、达斡尔族交流互动，逐渐形成了民族团结进步的良好面貌，为今天鄂伦春自治旗在铸牢中华民族共同体意识的大背景下不断增进各民族交往交流交融打下良好基础。

三、当代实践

近些年，鄂伦春自治旗以习近平总书记关于加强和改进民族工作的重要思想为指导，以铸牢中华民族共同体意识为主线，深入学习贯彻中央、自治区、呼伦贝尔市党委民族工作会议精神，深入开展民族团结进步创建，深化民族团结进步教育，促进全旗各民族交往交流交融，不断推动当地民族工作高质量发展。

鄂伦春自治旗在促进自治旗境内各民族交往交流交融进程以及相关民族团结进步工作中，有着许多成功的做法与经验，值得认真学习总结借鉴。下文将分别从五个方面总结归纳鄂伦春自治旗在新时代铸牢中华民族共同体意识的背景下，是如何进一步增进各民族交往交流交融的。

（一）提高政治站位

鄂伦春自治旗旗委旗政府充分认识到新时代民族工作的必要性，要以铸牢中华民族共同体意识为主线，促进当地各民族交往交流交融，实现新时代鄂伦春自治旗民族工作高质量发展。旗委旗政府统筹安排部署，压实工作责任，大力推进民族团结进步事业。主要工作内容包括：一是旗委印发《关于以铸牢中华民族共同体意识为主线推进新时代党的民族工作高质量发展的实施方案》，全面落实民族工作主体责任，强化各乡镇、各部门"一盘棋"思想；二是向各乡镇、各部门及时下发、转发民族团结进步工作指导性文件，开展专题学习百余次，开展民族政策进农村、社区、企业宣讲活动、民族团结进步创建工作培训会50余次；三是联合旗纪委监委机关、旗委统战部等相关部门开展督查，实地督导检查民族团结进步创建工作开展情况；四是常态化推进民族团结进步工作，编制《鄂伦春自治旗民族团结进步创建发展规划（2021—2025）》。

作为鄂伦春自治旗的经济重镇，大杨树镇注重在实际工作中铸牢中华民族共同体意识，扎实推进中华民族共同体建设，促进当地各民族交往交流交融。大杨树镇党委、政府始终将民族工作，作为深入践行守望相助理念，促进各民族交往交流交融的重要抓手。紧紧围绕"共同团结进步、共同繁荣发展"的主题，以铸牢中华民族共同体意识为根本方向，把民族工作纳入大杨树镇经济社会发展总体规划和镇党委、政府的重要工作日程，与党委政府中心工作同部署、同落实，成立了以镇党委书记为组长的民族团结进步创建工作领导小组，建立组织机构和相关保障制度，配备专职工作人员，定期召开专题会议，研究、推进民族团结创建工作，制定了民族工作实施方案、工作计划和任务分解方案，形成了责权清晰、任务明确、地企共创共建的工作机制。

多布库尔猎民村是大杨树镇唯一的鄂伦春猎民村。作为国家民委命名的"少数民族特色村寨"与农业部[①]命名的"中国最美休闲乡村"，多布库尔猎民村在新时代坚持旗帜鲜明讲政治，不断推进民族团结进步事业。村两委党员以集中收看视频直播、召开党员大会、研讨交流等多种形式认真学习贯彻习近平新时代中国特色社会主义思想和党的二十大精神、习近平总书记关于民族团结进步的重要讲话精神，学习其他各地民族团结进步创建经验，进一步做好村内民族团结进步创建工作。

（二）坚持党建引领

习近平总书记在2021年召开的中央民族工作会议上指出，加强和完善党的全面领导，是做好新时代党的民族工作的根本政治保证。鄂伦春自治旗各级政府始终坚持党建引领，推动地方民族工作高质量发展。

---

① 2016年9月，多布库尔猎民村被农业部评为"中国最美休闲乡村"。2018年3月，根据第十三届全国人民代表大会第一次会议批准的国务院机构改革方案，将农业部的职责整合，组建中华人民共和国农业农村部，不再保留农业部。

在大杨树镇，为进一步加强理论学习，镇委、镇政府积极开展培育基层党建与民族团结进步"双推进"示范工作，推进民族团结进步创建"双百示范工程"的实施，促进"党建+民族团结"的融合发展，使全镇各族群众感党恩、听党话、跟党走的信心和决心更加坚定，有力地推动了民族团结进步工作由"创建型"向"示范型"转变。截至2022年8月，大杨树镇共打造民族团结进步创建示范点4个，创建民族团结进步示范单位1个、模范集体4家、模范个人3名、获全国民族团结进步先进个人1名。

在大杨树镇所管辖的多布库尔猎民村，当地积极推进党建工作与民族团结进步事业融合发展。多布库尔猎民村始终坚持党建引领各项工作，坚守"发展、生态、民生"三条底线，促进基层组织建设、民族团结、乡村振兴等各项事业长足进步。

（三）推动经济发展

经济发展是促进各地区各民族交往交流交融的重要一环。有研究指出，共同参与的生计方式是各民族交往交流交融的基础动力。① 随着鄂伦春自治旗经济社会不断发展，各民族在农业、工业、林业、服务业等经济活动中合作生产，为各民族相互了解提供了坚实基础，有力地促进了鄂伦春自治旗各民族交往交流交融。与此同时，鄂伦春自治旗有效引领民族经济纵深发展。2022年，中央、自治区下达鄂伦春自治旗少数民族发展资金1287万元，共分配实施9个项目。资金投入产业发展和基础设施建设项目，涉及种植业、养殖业、村内路建设等，项目覆盖了3个脱贫村，4个少数民族聚居村。这些资金投入与项目建设推动当地经济高质量发展，有力促进各民族交往交流交融。

多布库尔猎民村积极统筹民族团结与乡村振兴有效衔接。当地将发展产业、村企共建同猎民就业、乡村振兴、民族团结更好地统筹起来，相互促进、相得益彰。多布库尔猎民村现有三大特色产业，民俗旅游采取村企共建模式，为猎民提供足够就业岗位。在景区带动下，猎民开办自己的鄂伦春民宿，实现稳定增收。村内依托景区发展，发展特色养殖，主要有鄂伦春猎马、野猪、狍子、鹿等。当地还积极发展生态农业，目前有集体耕地886

---

① "铸牢中华民族共同体意识视角下各民族交往交流交融典型案例调查研究"课题组：《新时代各民族交往交流交融的实践研究——基于十个"三交"典型案例》，《中华民族共同体研究》2022年第2期。

亩，生态采摘园60亩，其中有4个蔬菜暖棚和7个塑料大棚。2020年村集体经济收入达到60万元，猎民人均分红达到1500元，较上一年均有增长。村两委将加强民族团结、推动乡村振兴统筹起来，依靠村企共建模式，努力发展好村集体经济，解决好猎民群众就近就业问题，让猎民群众的钱袋子鼓起来，更好地推进乡村振兴，助力民族团结。

（四）加强宣传教育

习近平总书记在2021年中央民族工作会议上强调，要构建铸牢中华民族共同体意识宣传教育常态化机制，纳入干部教育、党员教育、国民教育体系，搞好社会宣传教育。宣传教育是促进各民族交往交流交融的重要路径之一。鄂伦春自治旗利用多种形式，开展丰富多彩的宣传教育活动，营造浓厚的学习氛围，为推动民族团结进步事业做出重要贡献。

具体而言，在宣传方面，主要有以下经验做法：一是将习近平总书记关于铸牢中华民族共同体意识等民族工作重要论述，纳入各级党委党组理论学习中心组必学内容；二是广泛开展铸牢中华民族共同体意识主题宣讲；三是常态化开设铸牢中华民族共同体意识专题专栏，加强党的民族政策宣传，积极转发转载上级媒体重要稿件，及时播发各乡镇各单位开展相关活动、专题培训工作开展情况等内容；四是对外讲好民族团结进步故事；五是成立新时代文明实践"红石榴"小小讲解服务队，培养"小石榴籽"讲解员，利用寒暑期、节假日依托各展陈博物馆开展讲解活动；六是着力将鄂伦春"岭上记忆"陈列馆建设为铸牢中华民族共同体意识实践基地、民族团结进步教育基地；七是在全旗各中小学坚持开展民族团结进步教育活动。

在教育方面，当地依托爱国主义教育基地、廉政教育基地集中开展铸牢中华民族共同体意识专题学习教育活动，大力弘扬以爱国主义为核心的民族精神和以改革创新为核心的时代精神。从思想上、行动上深刻认识民族团结创建工作在全旗经济发展中的战略性地位，使各族干部群众凝结成心心相印、密不可分的命运共同体、建设共同体、发展共同体。

"榜样的力量是无穷的"。鄂伦春自治旗十分重视典型示范的带动作用。为此，当地积极加强民族团结进步示范旗和各级各类民族团结进步示范单位建设，培育旗级民族团结进步示范单位35个、市级民族团结进步示范单位16个（旗人民检察院、旗实验小学、鄂伦春农村商业银行等）、市级民族团结进步示范窗口单位1个（旗政务服务中心）、首批市级民族团结进步教育基地1个（旗博物馆）、自治区级民族团结进步创建示范单位1个（旗人民检察院）。2018年自治旗被自治区宣传部、统战部、民委命名为全区民族团结进步示范旗，2021年鄂伦春自治旗被国家民委命名为第八批全国民族团结进步示范区示范单位。2022年，旗委副书记、政府旗长、旗政府党组书记何雪光被评为市级民族团结进步先进个人，旗人民检察院被评为自治区级民族团结进步示范单位。这些荣誉充分彰显出鄂伦春自治旗在民族团结进步事业上所取得的成绩。

（五）注重研究工作

鄂伦春自治旗的鄂伦春民族研究会（下文简称"民研会"）是当地民族工作的一大特色与亮点。民研会于1991年成立，会址设在阿里河镇，隶属内蒙古自治区社会科学联合会。研究会有会员164人，其中鄂伦春族占会员总数的75%，其他民族如汉族、蒙古族、达斡尔族、朝鲜族、回族占会员总人数的25%。

随着新时代民族工作新要求的提出，民研会积极调整工作目标，为铸牢中华民族共同体意识，促进各民族交往交流交融服务。多年来，民研会在区委政府和内蒙古社科联的领导下，全面贯彻党的民族政策，巩固和发展平等、团结、互助、和谐的民主关系，团结全体会员，坚决铸牢中华民族共同体意识，深入研究保护挖掘和传承民族文化，在出版书籍、调查研究、学术交流、弘扬文化、非遗传承、影像记录等方面取得了丰硕成果，为自治旗民族团结进步创建与促进民族交往交流交融工作做出了应有的贡献。民研会多次被上级主管部门和区委政府授予先进学会、优秀学会、先进集体等荣誉称号。民研会的研究工作不断推动着鄂伦春自治旗在铸牢中华民族共同体意识的理论研究体系建设上取得新进展，有力推动自治旗各民族交往交流交融。①

四、结语

增进各民族交往交流交融是推动新时代民族工作高质量发展的重要环

---

① 部分资料由中国社会科学院民族学与人类学研究所王昊午博士整理，特此感谢。

节。作为全国民族团结进步示范区，鄂伦春自治旗在民族团结进步工作上的成效有目共睹，各民族交往交流交融呈现出极好的面貌。及时总结鄂伦春自治旗在促进各民族交往交流交融工作上的成果与经验，有助于推动当地持续做好民族工作，更有助于推广经验，促进其他地区各民族交往交流交融。

在历史上，大兴安岭鄂伦春族与其他民族的交往交流交融就是大兴安岭的移民史、开发史、发展史。在当代，鄂伦春自治旗不断在提高政治站位、坚持党建引领、推动经济发展、加强宣传教育与注重研究工作这五个方面下功夫，有力地促进当地各民族交往交流交融。尽管鄂伦春自治旗在民族工作上取得了优异的成绩，积累了宝贵的经验，但以铸牢中华民族共同体意识为主线的新时代民族工作仍需持之以恒、久久为功。及时总结历史演进和当代实践，方能不断推动各民族交往交流交融进程，为铸牢中华民族共同体意识提供坚实的基础。

第七章　大兴安岭林区居所变迁与各民族交往交流交融

居所是各民族间交流互动的重要见证。自清代以来，大兴安岭林区居所的变迁过程反映了各民族交往交流交融的历史与现实。从林区中鄂伦春族、鄂温克族传统的"斜仁柱"到新中国成立后各民族的现代化房屋与社区，这些变化反映出各民族在交往交流交融中的相互影响。如今，一些大兴安岭林区中的特色民居被开发成旅游产品，在吸引游客的同时以旅游促进各民族交往交流交融。对大兴安岭林区居所变迁与各民族交往交流交融二者关系的考察，有助于从居所变迁的视角入手，更好地理解大兴安岭林区各民族交往交流交融的历史过程与当代实践，为新时代更好地促进各民族交往交流交融提供案例与经验。

一、问题的提出

各民族交往交流交融是中华民族发展繁荣的重要动力。现有研究从不同视角关注我国各民族交往交流交融的历史演进与当代实践，总结出许多好的经验与做法。相比于对理论政策、宏观叙事的解读与研究，文化人类学能够发挥自身学科优势，对社会文化现象进行中观、微观研究，以弥补目前中华民族共同体研究在事实调查与个案积累上的不足。[①] 但现有的文化人类学

---

① 何明：《中华民族共同体的经验研究：何以必要与何以可能》，《西北民族研究》2023年第1期。

研究大多从节日①、仪式②、饮食③、生活用具④、体育赛事⑤等方面研究各民族交往交流交融的历史与现状，缺少从居所样貌及其变迁观照相关议题。

现有的文化人类学研究表明，居所对人们社会构成和日常起居的影响要远甚于建筑本身的意义。⑥摩尔根（Lewis Henry Morgan）⑦与莫斯⑧的研究将居所与社会结构、观念认知相联系。列维–斯特劳斯（Claude Levi-Strauss）关注居所在亲属制度和社会结构中的象征意义⑨，并对"家屋"（house）研究产生重要影响。⑩布迪厄（Pierre Bourdieu）则将居所比作描绘社会与世界结构的一本书。⑪从人类学的这些经典研究中可以看出，居所不仅仅是人们居住的空间，更是与社会文化息息相关的生产场域。从考察民族关系的研究视角来看，居所变迁与民族关系密切相关。居所不仅能够体现出一个地方的民族关系及其

---

① 罗彩娟、蓝尉铭：《以节为媒：民族交往交流交融的新机制——以广西布努瑶祝著节为例》，《湖北民族大学学报》（哲学社会科学版）2022年第3期。
② 徐天雨：《仪式象征与民族交融——对云南彝族宗枝节的田野考察》，《北方民族大学学报》2021年第6期。
③ 赵杰翔：《以盐为媒——对云南省云龙县盐业发展与民族交往交流交融的历史考察》，《中央民族大学学报》（哲学社会科学版）2023年第5期。
④ 杨筑慧、左丹丹：《共有制陶文化与边疆各民族的交往交流交融——以临沧市碗窑村为考察中心》，《广西民族研究》2023年第5期。
⑤ 杨逐原："以赛为媒"：文旅融合视域下各民族交往交流交融的促进策略研究——以贵州省黔东南州台江县的"村BA"赛事为例》，《原生态民族文化学刊》2023年第6期。
⑥ 范可："再地方化"与象征资本——一个闽南回族社区近年来的若干建筑表现》，《开放时代》2005年第2期。
⑦ [美]路易斯·亨利·摩尔根：《美洲土著的房屋和家庭生活》，李培茱译，陈观胜校，中国社会科学出版社1985年版，第1页。
⑧ [法]马塞尔·莫斯：《人类学与社会学五讲》，林宗锦译、梁永佳校，广西师范大学出版社2008年版，第107—192页；[法]马塞尔·莫斯：《礼物——古式社会中交换的形式与理由》，汲喆译，商务印书馆2016年版，第128页。
⑨ Claude Levi-Strauss. *The Way of the Masks*. London: Jonathan Cape, 1983, p.181; Claude Levi-Strauss. *Anthropology and Myth: Lectures 1951—1982*. Oxford: Blackwell, 1987, pp.151, 187.
⑩ Janet Carsten and Stephen Hugh-Jones. "Introduction," in Janet Carsten and Stephen Hugh-Jones (ed.), *About the House: Lévi-Strauss and beyond*. Cambridge, New York: Cambridge University Press, 1995, p.46.
⑪ Pierre Bourdieu. *Outline of a Theory of Practice*. Cambridge: Cambridge University Press, 1977, p.89.

变化，也能影响地方社会民族关系的发展演变。

自清代以来，大兴安岭林区各民族居所经历了较为剧烈的改变，这种改变的背后是各民族居所文化的相互借鉴影响，体现了大兴安岭林区各民族交往交流交融。尽管有学者对大兴安岭林区各民族的传统居所进行了研究①，但对其现代变迁，以及这些民族居所在变迁过程中所体现出的各民族交往互动关注不够。本章将利用前人研究与笔者的田野调查材料，对大兴安岭林区居所的传统样貌及其变迁过程进行细致的描述与考察，以此讨论当地民族关系的历史与现状，展现各民族间的交往交流交融。

二、大兴安岭林区传统居所与各民族交往交流交融

自17世纪至20世纪初，在大兴安岭林区居住的民族主要是鄂伦春族、鄂温克族。因受生存环境等条件影响，这些民族的居所独具特点。尽管当时各民族之间的交流互动较少，对于居所的影响也很小，但通过分析可以看出，大兴安岭林区各民族的居所之间，及其与外界民族的居所，有着千丝万缕的联系，展现着中华大地上各民族在历史上的相互联系。

（一）林区传统居所及其内部关联

居住在大兴安岭林区的鄂伦春族和以饲养驯鹿为生的鄂温克族，其房屋具有极高的相似性。因长期居住在森林中，二者的传统民居皆为就地取材，从森林中择取木材搭建的"斜仁柱"②。两个民族传统居所的高度相似性体现出大兴安岭林区各民族在历史上的联系。

鄂伦春族大多沿河而居，其营地根据季节变化不断移动。③在鄂伦春营地内，每家一座"斜仁柱"，在营地中一字排开。这是因为"斜仁柱"后方是神居住的地方，所以"乌力楞"中的"斜仁柱"不能前后排列，而是呈一字排开状。营地一般都选择在背风朝阳、水草丰美，打水、喂养马匹都很方便的场所。"斜仁柱"一般是用手腕粗细、30—40根5米长的桦木杆交叉搭成，冬天其上覆盖狍皮围子，夏天覆盖桦树皮围子。桦木杆、狍皮、桦树皮

---

① 赵复兴：《鄂伦春族研究》，内蒙古人民出版社1987年版，第102—116页。
② "斜仁柱"，又称"仙人柱"，汉语有时也称"撮罗子"。
③ 轮换营地的原因之一是，人在某地待的时间久会使该营地附近猎物减少。

等材料在森林中均极易获取。"斜仁柱"的顶端,无论冬夏,都不覆盖任何东西,从这里通烟。① "斜仁柱"的正面一般朝南或朝东,在正面留约 3.5 尺宽的间隔作为"斜仁柱"的门框。

对居所的考察不仅要涉及到建筑自身及其分布,还应关注居所内部的空间格局。"斜仁柱"内部正面(对着门的位置)住人的铺位叫"玛路",是供神的地方。此位仅限男人坐卧,严禁女人到这个位置上来。左右(以进门面对"玛路"来分)的位置叫"奥路"。右侧的"奥路"是老年夫妇的席位,左侧的"奥路"是青年夫妇的席位。在"玛路"和"奥路"中间是火塘,用以取暖、炊事和保存火种之用,终年不熄灭。在"玛路"正中高一米往左的几根"斜仁"上悬挂着四五个圆桦皮盒,盒里供着"博如坎"(木制的神偶)。在"玛路"右角处供着在狍皮上用马尾刺绣的"昭路博如坎"(管马的神像)。在"玛路"靠近"斜仁"的地方放着桦皮箱和皮口袋,里面装着老年男人和小孩的衣着和不常用的东西。"玛路"两侧放置猎枪、子弹和枪架。②

同样生活在大兴安岭林区但以牧养驯鹿为生的鄂温克族,其居所也是与鄂伦春族居所相类似的"斜仁柱"。③ 建造居所时,鄂温克族会先用 3 根有杈的木杆立成三角形的架子,再用 20 根落叶松杆子,斜搭成圆锥形,高有 3 米左右,底部直径约 4 米。夏季外部用桦树皮苫盖,冬季用犴皮苫盖,顶部留出通风出烟孔,一般向日出方向设门。鄂温克族"斜仁柱"的内部中央设锅架,作为烧火做饭的地方,门的右侧是家中夫妇休息或睡觉的地方,左侧是孩子们的位置,对门的位置是放置"玛鲁神"及家中老年人休息睡觉的尊贵位置。④ 对比上文描述的鄂伦春族"斜仁柱"的建筑形式和内部空间布局,我们可以看出鄂伦春族的居所和牧养驯鹿的鄂温克族传统居所具有高度相似性。这说明鄂伦春族与鄂温克族在中华民族历史上存在着密切联系与文化交

---

① 有的地方会在此处覆盖一些物料,以防雨雪浇灭火塘。但在一般情况下,此处不覆盖任何物料。

② 赵复兴:《鄂伦春族研究》,内蒙古人民出版社 1987 年版,第 103—106 页。

③ 今天中国境内的鄂温克族由三部分组成,分别是索伦、通古斯、雅库特。他们有着不同生计方式,居所也各不相同。牧养驯鹿的是雅库特人,他们居住在森林中。与鄂温克族其他两部分相比,他们的生计方式与鄂伦春族更为接近。其中最具代表性的就是敖鲁古雅鄂温克族。

④ 杨圣敏主编、丁宏副主编:《中国民族志》(修订本),中央民族大学出版社 2003 年版,第 90 页;朝克编著:《中国鄂温克族》,宁夏人民出版社 2013 年版,第 158—159 页。

图 7-1 鄂伦春族"斜仁柱"（复原建筑）

流，展现了大兴安岭林区民族在历史上的交往。

有研究指出，鄂伦春族与鄂温克族是17世纪前古部落的两个分支，后逐渐演化为两个民族。吕光天撰文从语言、历史、传说、族名等角度对两个民族在历史上的关系进行论证。除此之外，他还特意提到了两个民族的居所所具有的共同特征。"如果从鄂温克和鄂伦春两族不久前所保持的物质生活和精神文化加以考察，就会发现更多有说服力的证据。较明显的是两族狩猎部落所住的白桦皮搭盖的帐幕'仙人柱'①（俗称'撮罗子'）。他们这种房屋形式给《明一统志》所记载的'以桦皮为屋'的古鄂温克物质生活特征做了形象的注释。"② 两族居所在历史上和今天所见的高度相似性不仅仅表现了两族共享的历史和文化，也展现了历史上各民族交往互动的过程。

（二）林区传统居所与其他民族居所的联系

鄂伦春族、鄂温克族传统居所"斜仁柱"与赫哲族、蒙古族以及其他定

---

① 也称"斜仁柱"。
② 吕光天：《北方民族原始社会形态研究》，宁夏人民出版社1981年版，第430—436页。

居民族居所具有的关联性，展现了中华大地上各民族在历史上的相互联系与民族交往。大部分在中原以北的森林、草原地带生活的民族，为方便开展游猎、游牧生活，在传统上形成了可拆卸、可搬迁的建筑。有学者提出，这种建筑以鄂伦春族、鄂温克族的"斜仁柱"为原生形态，以蒙古族、哈萨克族、柯尔克孜族等民族的"蒙古包"为最发达的形式。①

与鄂伦春族、鄂温克族同属满—通古斯语族的赫哲族也曾搭建"撮罗子"，即"撮罗安口"。这种尖顶窝棚是赫哲族夏天在江边捕鱼时搭建的临时性住房。搭盖这种草房多用1丈多长、2寸多粗的木杆子支起圆锥形架子，上面绑上多道横条子，从底部往上一圈一圈苫上草即成。不同于鄂伦春族和牧养驯鹿的鄂温克族，赫哲族不在这种住房中过冬，只供夏季捕鱼时居住，搬家时即扔掉。②鄂伦春族、部分鄂温克族和赫哲族等北方民族共享"斜仁柱"这种居所形式，展现了北方各民族在历史上相互之间的联系、交流与互动。

大兴安岭林区各民族传统居所不仅仅与赫哲族的居所有着千丝万缕的联系，也与蒙古包有着一定的渊源。唐戈指出，蒙古包是由"斜仁柱"发展而来的，并提出"斜仁柱"与蒙古包有五大相似性。一是二者从外形上看都是圆形；二是二者均由木质骨架和附着在骨架上的遮盖物两部分构成；三是二者正上方都留有口或天窗，用以通风、采光，同时作为室内火塘或炉灶的出烟口；四是内部陈设、铺位座次有相似之处；五是两种建筑都易于拆卸、搬运、组装。③今天我们所见的蒙古包实际上经历了漫长的演化过程。有研究提出，蒙古族先民同其他民族一样，最初生活在森林和大山之中，以狩猎、采集为主要生产方式，居住形态是洞穴式。随着时间的推移，居所逐渐演变成搭建起上尖下圆的锥状窝棚。这种居所形制与鄂伦春人和鄂温克人传统的居所"斜仁柱"较为相似。在今内蒙古阿拉善右旗雅布赖山一带岩画中反映了这种居所形式。后伴随着先民生计方式向畜牧业过渡，他们需要一种便于迁徙的居室，居所逐渐加以改进成为圆形拱顶的窝棚。④

从"斜仁柱"到蒙古包的居所演进过程不仅在蒙古族居所中有所反映，

---

① 唐戈：《从"仙人柱"到"蒙古包"》，《黑龙江民族丛刊》1994年第2期。
② 杨圣敏主编、丁宏副主编：《中国民族志》（修订本），中央民族大学出版社2003年版，第104页。
③ 唐戈：《从"仙人柱"到"蒙古包"》，《黑龙江民族丛刊》1994年第2期。
④ 何学慧：《察哈尔蒙古族的居住习俗和象征意义》，《集宁师范学院学报》2019年第3期。

在部分鄂温克族居所变迁过程中也有所体现。一部分离开森林前往草原地带生活的鄂温克族开始从事游牧业，其居所的遮盖物从森林中的桦树皮、兽皮逐渐转变为白色厚毡，并随着时间推移逐渐发展成为现代形式的蒙古包。鄂温克居所变迁在印证蒙古包由"斜仁柱"演化而来的同时，也展现了鄂伦春族、鄂温克族"斜仁柱"与蒙古包可能存在的联系与渊源。北方部分民族居所的相似性在揭示民居社会演化过程的同时，也见证了各民族在居所上的联系。

与鄂伦春族、鄂温克族"斜仁柱"相类似的居所不仅仅出现在生态环境、生计方式相似的北方民族中，也出现在我国中原地区的居所中。赵复兴指出，我国中原地区半坡村遗址中出土的两种原始房屋，也可以看到"斜仁柱"的痕迹。这两种房屋，一种是方形，一种是圆形。方形多为浅穴式，内转角一般做成弧形，四周壁体内，紧密而整齐地排列着木柱，用编织和排扎的方式相结合，构成壁体，支撑房屋的边缘部分。住房中部又以四柱作为构架的骨干，支持着屋顶。圆形房屋一般建在地面上，直径4—6米。周围密排较细的木柱，柱与柱之间也用编织方法构成壁体。室内有2至6根较大的柱子。屋顶形状可能在圆锥形之上，结合内部柱子，再建两面坡式的小屋顶。对比鄂伦春和半坡的居所，鄂伦春"斜仁柱"底部是圆形的，架子是用几十根木杆搭成的。而半坡的这两种房屋，也是圆形或接近圆形，房屋周围也排列着木柱，只是墙壁和屋顶分开了，但在用木杆排成直墙后，屋顶仍为圆锥形。墙壁和屋顶分开，是原始建筑的一大进步。[①] 赵复兴据此推断，半坡的这两种房屋应是由鄂伦春人的"斜仁柱"式住所演变而来的。[②]

从以上对不同地区、不同民族居所的描述、对比和分析中可以看出，在大兴安岭森林中生活的鄂伦春族、鄂温克族居所，与赫哲族、蒙古族以及中原地区的传统居所有着密切的联系。居所的相似性与关联性体现了历史上各民族的交往与联系。这种以居所为代表的共享文化特质也应成为今天铸牢中华民族共同体意识的重要资源。

---

① 根据考古学、人类学和古文献的材料分析，原始住所分为三个发展阶段：树上简易巢穴或天然洞穴；地上"斜仁柱"式窝铺，或土窑（二者常同时并用）；墙和屋顶分开的房屋。三者分别对应于人类初期住所、游猎或游牧民住所、农耕民相对定居后的住所。参见赵复兴：《鄂伦春族研究》，内蒙古人民出版社1987年版，第114页。

② 赵复兴：《鄂伦春族研究》，内蒙古人民出版社1987年版，第114—116页。

三、大兴安岭林区居所的现代变迁与各民族交往交流交融

20世纪下半叶，国家对大兴安岭林区的开发建设，以及随之而来的大量移民，使得大兴安岭林区的民族人口结构发生改变。鄂伦春族、鄂温克族人口比例急剧减少，汉族等外来民族人口比例急速上升。在国家开发、基础设施建设、人口迁移等因素的共同作用下，大兴安岭各民族交往交流交融程度不断深化，并在大兴安岭林区居所变迁过程中有着充分的体现。大兴安岭林区居所现代变迁所反映出的当地各民族交往交流交融，主要体现在新建立的移民社区以及鄂伦春族、鄂温克族的居所变迁之中。

（一）移民社区居所与各民族交往交流交融

大兴安岭开发建设所带来的大量移民，为林区中大量新兴社区的出现和发展奠定重要基础。20世纪五六十年代，国家组织铁道兵等人力资源对大兴安岭实施开发。自此开始，大兴安岭的木材通过铁路被源源不断地运送到全国各地，支援国家建设。在开发大兴安岭、修建大兴安岭铁路以及林业采伐过程中，需要大量人力。在国家组织与自发移民的双重作用下，大兴安岭地区的人口开发出现快速增长。20世纪八九十年代，许多来自山东、河北以及东北其他地区的移民开始进入大兴安岭从事林业、农业等经济活动。一组来自鄂伦春自治旗的人口数据能为我们展现大兴安岭林区人口的快速增长与各民族人口的比例变化。位于大兴安岭林区中的鄂伦春自治旗在20世纪50年代建旗之初，全旗人口仅有778人，其中鄂伦春族774人，达斡尔族3人，鄂温克族1人，没有汉人在此居住。①2020年第七次全国人口普查显示，鄂伦春自治旗常住人口为174023人。汉族人口为151928人，占87.3%；蒙古族人口为7933人，占4.56%；达斡尔族人口为4402人，占2.53%；鄂伦春族人口为2458人，占1.41%；鄂温克族人口为2241人，占1.29%。②鄂伦春自治旗人口的大量涌入以及民族人口比例变化，与大兴安岭

---

① 张雨男：《路、国家与鄂伦春社会文化变迁》，《开放时代》2020年第4期。
② 鄂伦春自治旗统计局：《鄂伦春自治旗第七次全国人口普查公报（第一号）——全旗常住人口情况》，http://www.elc.gov.cn/OpennessContent/show/304121.html，访问时间：2023年11月25日。

林区的开发建设密切相关。伴随着人口的大量涌入，大兴安岭林区及其辐射范围内新建立了许多社区。在这些由移民构成的社区中，汉族占据绝大多数。除汉族外，这些移民社区中还包括蒙古族、达斡尔族、满族等民族。各民族在大兴安岭林区中的不同社区生活，形成民族互嵌式居住格局，不断促进各民族交往交流交融。

移民社区的居所样貌体现了大兴安岭林区各民族交往交流交融。传统上，大兴安岭林区的居住空间布局均是以鄂伦春族、鄂温克族的营地为基本模式，即每家一座"斜仁柱"，在营地中一字排开。但随着各民族进入大兴安岭林区生活并定居，大兴安岭各个新建社区的居所样貌均根据当地的自然环境并结合移民的文化习惯而建造。林区第一代开发建设者住的是"地窨子"（赫哲语称"胡日布"）。这种建筑是在地下挖出长方形土坑，再立起柱脚，架上高出地面的尖顶支架，覆盖兽皮、土或草而成的穴式房屋。之所以采用这种居所样貌，是因为第一代建设者在寒冷艰苦的条件下入乡随俗，借鉴了东北部分地区"穴居"的习俗。林区的冬季漫长而严寒，地面表层的土壤由于其中所含的水分冻结成冰，会形成冻土层。冻土层至少在1米左右，而冻土层下方温度却能够始终保持在零摄氏度，比地表外界温度更加适合人类居住。也有林区人员居住在俄罗斯族的典型民居"木刻楞"中。林业建设者采用赫哲族"地窨子"、俄罗斯族"木刻楞"等东北传统的居所样式，体现了林区内各民族居所文化的交流互鉴。六七十年代，林区开始流行"板夹泥"。①"板夹泥"是中国传统民居建筑中的"框架结构"观念与林区特点相结合的产物，是林业工人聪明才智的直接体现，也是各民族居所智慧进行交往交流交融的有力见证。与"木刻楞"相比，板夹泥的工艺更简单，建设周期更短。进入七八十年代，林区开始出现砖瓦房。样式统一为南向横排，一排排很整齐。这种空间布局类似于今天在华北平原地区所见的村落格局。进入21世纪，棚户区改造让人们住进了楼房，部分平房也得到改造。②从移民社

---

① "板夹泥"在建设时，首先要打好基础，铺好底盘，之后在底盘上建四梁八柱。第二步是在每个柱脚的内外两侧钉上板皮、板条子，并修筑房顶。第三步是将和好的大泥填进板皮、板条子形成的空间中，大泥一定要填满、填实。板夹泥即因此而得名。第四步是堵缝、找平、装饰。最后，砌火墙、搭火墙，并在完成粉刷后即可入住。

② 隋海涛：《让人泪目的大兴安岭林区人房屋的变迁》，https://www.sohu.com/a/568563786_121123840，访问时间：2023年11月25日。

区居所样貌的变迁中可以看出，不同阶段的居所样貌在因地制宜的基础上，均有吸收借鉴各民族各地区不同居所的样貌特点。通过这种方式，提高了林区人民的生活舒适度。林区移民居所样貌的相互借鉴与变化过程，展现出大兴安岭林区各民族的交往交流交融。

移民社区的聚落居住格局体现了大兴安岭林区各民族交往交流交融。从文化人类学的研究视野来看，居所概念不仅仅包括住所建筑本身，也包含人们所居住的聚落。居所与聚落的居住格局是反映各民族交往交流交融程度的一项重要指标。在20世纪以前，在大兴安岭林区中居住的只有鄂伦春族和部分以林为生的鄂温克族。20世纪下半叶人口的大量涌入使得不同民族在大兴安岭林区共同居住生活，建立新的社区、村庄，促进各民族交往交流交融。以加格达奇区为例，其所辖的街道、乡均呈现多民族聚居的居住格局。加格达奇在鄂伦春语中意为"有樟子松的地方"。1949年前后，加格达奇附近只有鄂伦春族在此游猎。在林业开发的背景下，今天的加格达奇已经成为黑龙江省大兴安岭地区行政公署所在地。城区中的卫东街道成立于1968年，且与加格达奇林业开发以及移民的进入有着密切联系。街道中居住有汉族、回族、满族、壮族、蒙古族、朝鲜族、锡伯族、鄂伦春族、鄂温克族、达斡尔族等民族，这与解放前只有鄂伦春族在此游猎的人口情况产生鲜明对比。从聚落居住格局中体现出当地的多民族聚居情形。同样成立于20世纪60年代的加北乡也因林业开发、铁路修建而得名、成立。加北是嫩林铁路加格达奇车站以北的第一个工区站名，加北乡建立在此区域，故因此而得名。加北乡常住民族有汉族、满族、回族、蒙古族、朝鲜族、达斡尔族、柯尔克孜族等。[①] 大兴安岭林区的新建社区均呈现多民族共居的居住格局，这些自各地迁移至此生活的各族群众在新建的诸多居所中居住，在日常生活中进行交往交流交融。

（二）林区传统居所变迁与各民族交往交流交融

在党和政府的帮助下，鄂伦春族以及以林为生的鄂温克族的生活面貌在70多年的时间中发生了翻天覆地的变化。从20世纪50年代以来，在大兴安岭森林中生活的鄂伦春族、鄂温克族居所条件不断改善。这归功于中国式现代化过程中对各民族的帮扶政策，而人居环境的持续向好也使得当地群众

---

① 加格达奇区地方志编纂委员会：《加格达奇区志》，黄山书社1993年版，第50—59页。

中的中华民族共同体意识得到不断增强。在居所变迁的过程中，各民族交往交流交融是重要的推动因素之一。而居所变迁也体现着各民族之间的相互帮助、相互影响，以及各民族的交往交流交融。

鄂伦春族、鄂温克族下山定居后居所样貌的变迁体现了大兴安岭林区各民族交往交流交融。位于鄂伦春自治旗的朝阳猎民队于1957年定居。① 当时朝阳猎民队共三排房子，已不同于传统山林营地中的一排房屋。猎民队共14栋房子，43间房屋，居住31户，共129人。在分配后剩余的房子中，有两间房子为俱乐部，四间为办公室。② 这些房屋均为土房，窗户较多，房间内部东西向是一条大炕，这是鄂伦春人的居所中第一次出现炕。土房、炕等房屋特点，以及俱乐部、办公室这种公共空间的出现，均受达斡尔族等周边民族的影响。当时的达斡尔族定居从事农业，居所样式和建造方式已经较为成熟。因达斡尔族具有长年丰富的建筑经验，鄂伦春族在盖房时自然就选择参照达斡尔族房屋。20世纪70年代末期，政府将朝阳猎民队的房屋参照汉族建筑样式进行重新改造，改为由砖作为材料组建而成的房屋。在保留50年代屋内火炕的基础上，还新添了火墙。每户有各自单独的房间大门，方向均为朝南。2005年异地搬迁至今天的多布库尔猎民村时，新建成的房屋格局与其他民族相似，但在外观图案上保留了鄂伦春族的文化特色。朝阳猎民队（多布库尔猎民村）的房屋修筑分别参考了达斡尔族、汉族等不同民族不同群体的多种房屋样式风格，展现了当地各民族居所文化的交流互鉴对鄂伦春族现代居所样貌的影响。定居过程与居所建设在一定意义上也促进了各民族交往交流交融。

敖鲁古雅鄂温克人的现代居所样貌同样也体现出各民族交往交流交融。敖鲁古雅鄂温克人最新一次居所建设过程是2003年7月竣工的敖鲁古雅乡生态移民工程。当时共建设住宅31栋，可容纳62户。每户面积为50平方米左右，均内设卫生间，全部实行集中供热、供水。每户是一室一厅一卫一厨一仓一院的格局，通电、话、视、水、气。用当时根河市领导的话来说："敖乡新址建设是准备将其建设成为一个融现代气息与浓郁民族风情为一体的生态旅游型民族乡。新址采取紧凑式布局形式，规划建设用地由居民用地、公

---

① 1984年更名为朝阳猎民村。后于2005年搬迁至大杨树镇，并更名为多布库尔猎民村。
② 内蒙古少数民族社会历史调查组、中国科学院内蒙古分院历史研究所：《鄂伦春自治旗甘奎努图克调查报告——鄂伦春族调查材料之八》，1960年，第11、13页。

共建筑用地、绿化用地、道路广场用地、生产用地等组成。"除猎民居所以外，还建设有鹿舍、办公楼、博物馆、鹿产品加工厂房，并铺设柏油路。新址总占地面积36万平方米。① 包括2003年竣工的新址在内，敖鲁古雅鄂温克人自中华人民共和国成立以后在政府的帮助下经历多次居所修建。这些居所已不同于在森林中饲养驯鹿时的"斜仁柱"，而是如鄂伦春族定居的社区一样，受现代化与周围民族居所样式的影响。除居所样貌外，修建鄂温克族居所的工人基本是以汉族为主的其他民族，从另一方面体现了当地各民族的交往交流交融。

鄂伦春族、鄂温克族下山定居后社区聚落居住格局的变化体现了大兴安岭林区各民族交往交流交融。鄂伦春族、鄂温克族房屋品质、生活条件的全方位提升，吸引周边其他民族到定居点及其周边生活。如朝阳猎民队，由于便捷的交通位置（紧挨新修建的铁路）和周围大片可以耕种的土地，汉族、达斡尔族、鄂温克族等民族移居到猎民队周边居住，或与鄂伦春族猎民通婚而直接居住在猎民队中。在笔者田野调查之时，多布库尔猎民村共69户197人，其中鄂伦春族猎民157人，汉族21人，达斡尔族16人，鄂温克族3人。据不完全统计，截至2018年，猎民村中父母双方均为鄂伦春的仅为29人。据笔者调查，村内年轻一代很少有族内通婚的情况出现，大多为鄂伦春族与外族通婚。居所环境的不断向好、社会经济发展等多重因素不断促进族际交流增多，进而使得族际通婚不断增多。在猎民队的周边，也开始出现移民定居村落。鄂伦春族、鄂温克族居所设施的改善为其他民族进入当地生活提供了极为便利的条件。鄂伦春族、鄂温克族的下山定居和人居环境的不断改善吸引了外族人口向当地流动，促进了各民族的交往交流交融。

纵观中华人民共和国成立后的大兴安岭林区居所变迁，可以发现无论是因开发建设而来的移民还是曾经长期生活在森林中鄂伦春族、鄂温克族，在居所变迁过程中均体现出了各民族的交往交流交融。开发建设而来的移民在居所样貌上借鉴了林区民族的传统居所形式，新建的社区中也出现多民族聚居的居住格局。在政府帮助下实现下山定居的鄂伦春族、鄂温克族，现代化居所也逐渐借鉴融合其他民族居所的特点，现代化定居点中也不仅

---

① 谢元媛：《生态移民政策与地方政府实践——以敖鲁古雅鄂温克生态移民为例》，北京大学出版社2010年版，第115页。

图7-2　内蒙古自治区呼伦贝尔市鄂伦春自治旗多布库尔猎民村一隅

仅是单一民族居住,而经过通婚等社会结合方式形成了多民族聚居的聚落居住格局。尽管在居所样貌与聚落居住格局上的表现各有不同,但大兴安岭林区各民族在居所变迁过程中均体现出各民族交往交流交融的社会事实。尤其是鄂伦春族、鄂温克族的现代化居所,为以旅游促进各民族交往交流交融打下了良好基础。

四、大兴安岭林区居所的旅游开发与各民族交往交流交融

旅游是人们感悟源远流长、博大精深的中华文化的重要过程,是发展地方经济、增加就业岗位、提高人们幸福感的有效手段,更是促进各民族广泛交往、全面交流、深度交融的重要方式。发展旅游业对于促进各民族交往交流交融,推动各民族全方位嵌入,铸牢中华民族共同体意识,加强中华民族共同体建设具有重要意义。大兴安岭林区中各民族的特色现代居所是各民族交往交流交融的重要见证。进入新时代,这些特色民居也在吸引全国各地游客到此游览,反过来进一步促进各民族交往交流交融。目前在大兴安岭林区中,比较具有代表性的是鄂伦春自治旗的多布库尔猎民村与根河市的敖鲁古雅使鹿部落景区。

多布库尔猎民村的建筑风格,以及其中所体现出的鄂伦春族传统文化

要素，正源源不断地吸引全国各地游客来此游玩，为各民族交往交流交融打下良好基础。作为全国乡村旅游重点村，同时也是中国鄂伦春族定居点中旅游业发展较好的村落之一，多布库尔猎民村依托鄂伦春族文化，结合山、水、林等自然资源，复原鄂伦春族在林区生活的传统风貌，开发创意民俗体验，发展旅游观光度假，形成了集旅游观光、文化体验、休闲度假为一体的乡村休闲旅游综合体。21世纪初，朝阳猎民村的鄂伦春族整体搬迁至多布库尔猎民村。在政府的指导下，多布库尔猎民村利用新建居所及周边规划用地逐步打造旅游项目，充实集体经济，以此惠及猎民。新村黄墙红顶的建筑风格吸引了众多远道而来的游客，鄂伦春族现代居所也成为受人凝视的对象。如今，多布库尔猎民村一些猎民的闲置房屋，经过改造，变身为家庭旅馆，在旅游旺季提供给游客居住。从经济收入来看，新村的旅游开发和资本的进入有效提高了猎民的收入水平。居所不再单独承载基本的居住功能，而是成为了猎民的收入来源之一。经过多年的建设，多布库尔猎民村南侧建成大型广场，并在广场上修建仿造"斜仁柱"样式的民宿。在多布库尔猎民村西侧建成大型旅游区，并在营业季节收取门票，供游人参观。景区以多布库尔猎民村居住景观为依托，开发多项旅游体验项目，总面积约5平方公里。从多布库尔猎民村的集体搬迁，到逐步发展的民族特色旅游产业，政府、资本与地方精英合力共同构筑起鄂伦春族旅游新景观。在这一以鄂伦春族猎民日常居所为依托的新兴旅游景观中，原本属于日常生活的鄂伦春居所逐渐转化为受人凝视的对象。同时，这些居所也成为吸引全国各地游客和推动当地经济社会发展的重要旅游资源景观。

  根河市的敖鲁古雅使鹿部落景区也利用驯鹿和鄂温克的传统居所文化与现代居所，吸引大量游客到访，为各民族交往交流交融打下良好基础。在完成生态移民搬迁后，随着景区景点建设越来越完善，敖鲁古雅乡的旅游产业得到发展。2010年，当地全面实施"家庭游"扶贫项目，政府投入了70万元，为62户鄂温克族猎民提升家庭游硬件设施，配备了液晶电视、沙发、床、被褥等物品，接待能力大幅提升，随之效益逐年增加，带动了部分猎民的就业，使得鄂温克族猎民从旅游业中尝到甜头。[①] 更为重要的是，鄂温克

[①] 陈晨、张志豪、段宏宇、刘雨桐、王莉萍：《敖鲁古雅使鹿鄂温克民族文化的旅游开发及社区参与研究》，《现代营销》（信息版）2020年第4期。

族现代化居所成为重要的旅游景观和住宿场所，游客在现代化居所中了解鄂温克族风土人情，与鄂温克族进行交往交流交融。

与鄂伦春族生计方式彻底改变所不同，许多驯鹿鄂温克人继续在山林间以饲养驯鹿的方式为生，山上的猎民点被保留下来，成为当地旅游产业的重要内容。猎民点最多曾达到十几处之多。游客们在参观居所"斜仁柱"的过程中，更加深刻地了解了鄂温克族的文化。鄂温克人通过旅游获得经济效益的同时，能够了解其他民族，从而达到各民族间交往交流交融的实际效果。

以鄂伦春族、鄂温克族居所为重要组成部分的旅游景观在吸引全国各地游客到大兴安岭进行游览的同时，促进了各民族交往交流交融。旅游业的开展能够促进不同民族之间的文化交流，让来到大兴安岭旅游的各族群众了解鄂伦春族、鄂温克族的文化、风俗和习惯，当地群众也接触到了其他地区的不同民族，从而增进各民族之间的相互了解与尊重。不同于文字阅读，旅游的重要特征之一就是体验。游客在大兴安岭观光能够亲身体验到包括现代居所在内的鄂伦春族、鄂温克族的文化特征、生活方式、风土人情和人文景观，这种体验可以促进不同民族之间的互动和交流，增进彼此之间的理解和友谊。不同民族之间可以通过旅游展示自己的文化特色和价值观，使其他民族更加了解和尊重自己的文化。旅游带来的文化交流还能够激发鄂伦春族、鄂温克族传统文化的创新融合，不同文化的碰撞和交融可以产生新的艺术形式、文化产品和思想观念，推动优秀传统文化创造性转化和创新性发展。

随着鄂伦春族、鄂温克族居所的不断发展与周边配套旅游设施的不断完善，鄂伦春族、鄂温克族以居所为重要组成部分的旅游景观正不断吸引着全国游客慕名而来。全国各地的各族游客纷纷到此游览，了解大兴安岭林区各民族的传统文化与现代生活，加快了中华大地上各民族之间的相互了解，促进了各民族交往交流交融。以大兴安岭林区为代表的民族地区旅游业的发展，既促进了当地经济社会发展和人民群众的满意感、获得感，又用一种潜移默化的形式增进了各民族之间的了解、交流，促进各民族交往交流交融，可谓是一举多得。各民族地区可以借鉴大兴安岭林区的成功发展经验，根据不同民族、不同地区的地方实际，创新方式方法，利用旅游业等多种形式，实现各民族在空间、文化、经济、社会、心理等方面的全方位嵌入，在新时代不断铸牢中华民族共同体意识。

五、结语

　　作为人类文明的重要组成部分,居所是社会文化的重要载体,能够展现各民族在方方面面的嵌入过程,是各民族交往交流交融的重要见证。大兴安岭林区各民族居所的变化过程,充分展现了当地各民族的广泛交往、全面交流、深度交融。林区中的鄂伦春族、鄂温克族与赫哲族、蒙古族、中原地区等民族在传统居所特点上的关联,展现了各民族在历史上的联系。新中国成立后,大兴安岭林区居所的现代化过程既展现了中国式现代化背景下各民族在居住条件上共同实现现代化的历史过程,也在居所样貌与聚落居住格局中体现了各民族交往交流交融。进入新时代,林区现代化居所已成为当地文旅融合发展的重要抓手与促进各民族交往交流交融的重要旅游资源。

　　文化特征是各民族交往交流交融的重要见证。服饰、饮食、居所、交通等方面理应成为研究各民族交往交流交融历史演进与当代实践的重要切入口。在学术研究中,应加强从物质文明建设等具体的事项入手,讨论各民族之间的联系与互动。在民族团结进步工作的具体开展过程中,也应注重物质文化方面的改善与提升,在推动各民族共同走向社会主义现代化的同时,更好地促进各民族交往交流交融。

第八章 "路"与大兴安岭林区社会文化变迁*

交通基础设施建设对于推动一个地区的经济社会发展,起到了极为关键的作用。在国家的推动下,大兴安岭林区的交通基础设施逐渐得到完善升级,便捷了当地居民的生活,也推动林区经济社会高质量发展。本章主要以当地的鄂伦春族为案例,讨论道路修建对于大兴安岭林区社会文化变迁的影响。

中国鄂伦春人的社会变迁与路的修建密切相关。鄂伦春人传统生活中的路是一种有其自身规则的观念性道路。20世纪五六十年代,伴随着大兴安岭开发,国家开始了当地的公路和铁路建设。在道路修建和生活方式逐渐改变等多重影响下,"路"的性质在鄂伦春人的生活中渐从观念转为实体。新的道路及其背后的国家和现代性力量,影响着鄂伦春人日常生活的方方面面。道路及其带来的影响使得鄂伦春原有的生计和生活方式遭遇到了前所未有的冲击和挑战,因此如何协调与理顺发展与原有文化之间的关系对于鄂伦春社会的未来具有至关重要的意义。

一、问题的提出

在我国东北大兴安岭的茫茫林海中,曾经生活着以狩猎采集为主要生计方式的鄂伦春人。他们根据季节不断迁徙,居住在自己搭建的"斜仁柱"中。在出行中主要依靠驯鹿、马、桦皮船、兽皮船、木筏、滑雪板和雪橇等传统交通工具。鄂伦春族在20世纪下半叶经历了建立自治旗、下山定居和

---

* 本章主要内容以《路、国家与鄂伦春社会文化变迁》为题发表于《开放时代》2020年第4期。

禁猎从农三次历史性跨越。① 伴随着这一历史进程，"路"在鄂伦春人日常生活中的形态和文化意义也发生了变化。国家对大兴安岭的开发，使大兴安岭与外界紧密地联系在了一起，鄂伦春人的出行方式日益现代化。从早期的驯鹿到马匹、马车，再到现代的汽车、火车、飞机。对鄂伦春猎民而言，现代化道路建设不仅使得他们的出行方式开始改变，还使得他们的生活发生了翻天覆地的变化。但是，路在为他们带来物质生活极大丰富的同时，也使得他们的文化遭到了剧烈的冲击。对于鄂伦春的社会文化变迁，众多学者从不同视角进行过相关研究②，但少有人从路的角度做透彻的分析。

在任何有计划的修筑的道路诞生之前，"路是人走出来的"。到了21世纪的今天，路的概念已经不仅仅局限于实体上的路，而是拓展为与人、物、信息的流动相关的虚拟道路（virtual roads），包括互联网、学术讨论中的通道等等。周永明提出并推动的"路学"（Roadology）概念及相关研究，使学术界开始关注"路"及其相关现象，并涌现出一系列研究成果。③

传统的人类学研究对路这一议题基本是忽视的，这是因为传统人类学把所研究的对象假设为与外面世界相隔绝，路的意义自然也就不在这些人类学家的视野之内。但是，人类学的学科特征决定研究者具有整体性的宏观视野，能够从整体和全局角度出发，采用多维度、多视角的研究方式，对路及其相关背景和影响进行总体性的描述和呈现。因此，随着历史条件的改变，人类学者也就自然地注意到路对社会所产生的影响。人类学对人的关注和重视可以对既有道路研究做出重要发展和补充。在国内现有的人类学"路学"研究中，周永明、赵旭东、朱凌飞等学者分别对道路的修筑原因、修筑过程

---

① 鄂伦春族的三次历史性跨越是官方的观点和表述。参见敖长福编：《中国鄂伦春族人物志》，内蒙古文化出版社2013年版，第1—2页。

② 老一辈学者秋浦、赵复兴、吕光天、满都尔图等都曾对中国境内鄂伦春族进行研究。近年来，麻国庆、白兰、刘晓春、唐戈、何群、查干姗登等学者也分别从人类学的学科视角出发对鄂伦春面临的发展困境进行思考。具体可参见本书第五章。

③ 周永明对现有的道路现代性研究进行过专门评述，参见周永明：《汉藏公路的"路学"研究：道路空间的生产、使用、建构与消费》，《二十一世纪》（香港）2015年4月号。D. Dalakoglou和P. Harvey在2012年曾为杂志编辑出版一个专辑，参见D. Dalakoglou, P. Harvey. "Roads and Anthropology: Ethnographic Perspectives on Space, Time and (Im)Mobility," *Mobilities*, vol.7, no.4, 2012. 周永明对此专辑有过书评，参见周永明：《书评：〈道路与人类学：民族志，基础设施和移动/固定性〉》，载周永明编：《路学：道路、空间与文化》，重庆大学出版社2016年版。

及其影响作了考察①，吴重庆和张江华在各自的研究中分别关注到在筑路过程中主体间的相互角力和动员机制②，还有一些学者则关注筑路所产生的社会影响及路给地方社会所带来的改变。③

尽管上述研究从不同角度对路进行考察，但目前人类学对路的研究依然在两个方面存在不足。首先，现有"路学"研究对当地人观念中的道路关注较少。路不仅指物质世界中真实存在的路，还包括了当地人观念中的道路。在人类历史上，狩猎采集者在外出搜寻猎物和水源时所走的路，并非一定是以物质形式真实存在的，而是一套存在于他们头脑中、观念中的道路。同样作为观念中的路，我们应将当地人观念中的路区别于那些学理上构建的通道，如费孝通④和孔飞力⑤在研究中所提出的建议或者预设。这些是宏观上提炼出的不同文化、物资、信息交往流动的"藏彝走廊"或"通道"。笔

---

① 周永明：《重建史迪威公路：全球化与西南中国的空间卡位战》，《二十一世纪》（香港）2012年8月号；赵旭东、周恩宇：《道路、发展与族群关系的"一体多元"——黔滇驿道的社会、文化与族群关系的型塑》，《北方民族大学学报》（哲学社会科学版）2013年第6期；朱凌飞：《修路事件与村寨过程——对玉狮场道路的人类学研究》，《广西民族研究》2014年第3期。

② 吴重庆：《孙村的路——后革命时代的人鬼神》，法律出版社2014年版；张江华：《公路、地方政治与社会变迁》，载周永明编：《路学：道路、空间与文化》，重庆大学出版社2016年版，第62—79页。

③ 周永明：《道路研究与"路学"》，《二十一世纪》（香港）2010年8月号；朱凌飞、马巍：《边界与通道：昆曼国际公路中老边境磨憨、磨丁的人类学研究》，《民族研究》2016年第4期；孙九霞、王学基：《川藏公路与鲁朗社区的旅游中心化》，《广西民族大学学报》（哲学社会科学版）2017年第6期；周大鸣、廖越：《聚落与交通："路学"视域下中国城乡社会结构变迁》，《广东社会科学》2018年第1期；李志农、胡倩：《道路、生计与国家认同——基于云南藏区奔子栏村的调查》，《北方民族大学学报》（哲学社会科学版）2018年第3期；朱凌飞、胡为佳：《道路、聚落与空间正义：对大丽高速公路及其节点九河的人类学研究》，《开放时代》2019年第6期。

④ 费孝通的民族走廊概念属于学者在宏观层面提炼的抽象道路。张原通过回顾"走廊"学说和"通道"研究，对中国西南进行重新认识和把握，参见张原：《"走廊"与"通道"：中国西南区域研究的人类学再构思》，《民族学刊》2014年第4期。

⑤ 作为一种隐喻而非物质存在，"通道—生境模式"是孔飞力《他者中的华人：中国近现代移民史》一书最为核心的理论贡献。这一概念把侨乡和旅居国通过海外华人的经济活动及其与故乡互动有机地联系起来。通道连接两端的侨乡和旅居地，使得许多海外华人祖辈都同故土保持联系。参见[美]孔飞力：《他者中的华人》，李明欢译，江苏人民出版社2016年版，第38页；范可：《500年中国移民史的一幅长卷》，《中华读书报》2016年6月29日，第18版。

者在此强调的是，我们应重视作为一种地方知识存在于当地人头脑中的道路观念。这种道路未必在物理意义上清晰可见，但确是当地人的地方知识构建。如同布迪厄的"惯习"一样，他们在日常生活中摸索出可能的几种通道来出行，而这些存在于观念中并已形成惯习的关于路的地方知识也在时刻指导人们生活的日常实践。目前的"路学"研究较少注意到这些地方道路观念及其消失过程。而对这些现象的关注和研究，可以帮助我们还原和呈现当时人们的生活图景。

其次，"路学"研究一直过于集中对公路的讨论，而很少关注铁路。铁路作为一种路的形态，是工业化、现代化过程中的产物和代表，并在各国的国民经济发展和战略安全中具有重要地位。在法国，铁路通过打破地方性的隔离状态，在国家统一和法兰西认同的建立中起到重要作用[1]；在美国，开拓并利用西部荒野的首要条件是创建有效的运输体系，而铁路在其中扮演了十分重要的作用[2]；在俄罗斯，西伯利亚铁路在远东开发过程中起到重要作用[3]；在中国，具有国家战略重要意义的三线铁路将西部的大部分地区与全国工业网络紧密地连为一体，并加速了区域交通体系的建设[4]。但在以往研究中，少有学者关注铁路与地方传统社会文化的关系，尤其是铁路对边缘民族地区社会文化的冲击和影响。拉铁摩尔（Owen Lattimore）认为铁路作为中国边疆扩展的一股重要新势力，加强了中国边疆地区与中原地区的互动，且对于中国东北的发展和汉人移民大量进入起到重要作用。[5]翁乃群提出作为现代交通运输基础设施的南昆铁路，对沿线村民的经济生活的意义是非常有限的。[6]这是由于南昆铁路沿线地区多以农业经济为主。那么，铁路对于

---

[1] 范可：《"想象的共同体"及其困境——兼及不同国家的应对策略》，《思想战线》2015年第3期。
[2] [德]沃尔夫冈·希弗尔布施：《铁道之旅：19世纪空间与时间的工业化》，金毅译，上海人民出版社2018年版，第141、167页。
[3] [英]克里斯蒂安·沃尔玛：《通向世界尽头：跨西伯利亚大铁路的故事》，李阳译，生活·读书·新知三联书店2017年版，第252页。
[4] [美]柯尚哲：《三线铁路与毛泽东时代后期的工业现代化》，《开放时代》2018年第2期。
[5] [美]拉铁摩尔：《中国的亚洲内陆边疆》，唐晓峰译，江苏人民出版社2010年版，第12页。
[6] 翁乃群编：《南昆八村——南昆铁路建设与沿线村落社会文化变迁》（广西卷），民族出版社2001年版，第2—9页。

以狩猎为传统生计的鄂伦春人又会有着怎样的影响？这是本章要想要回答的问题之一。

结合以上总结的现有"路学"研究的两点不足，本章将利用笔者在鄂伦春自治旗猎民点所收集的资料和现有涉及鄂伦春研究的文本，从道路变迁这一视角入手，描述与鄂伦春息息相关的路在当地人观念中和物质形态上的变化。笔者试图分析现代化道路和大兴安岭铁路的修建对鄂伦春人的影响。通过路与鄂伦春之间关系的变化，揭示出道路背后所隐含的国家力量和现代化进程，展现二者对鄂伦春人生活的重要影响和改变。

二、传统时期的道路观念

过去，生活在我国东北地区的鄂伦春人出行大多依靠自然景观的指引，诸如山川河流的走势、星空方位的指引等等。根据目前笔者掌握的资料，在历史上，鄂伦春人从来没有为了出行方便而修建道路。鄂伦春人在传统狩猎时期的出行所依靠的是一种观念性的道路。这种"道路"如同"惯习"，伴随着教育和文化的代际传承，不断流传并出现在每个鄂伦春人的日常生活之中。

在下山定居前，狩猎一直是鄂伦春人基本且最为重要的生计方式。哪里有猎物，鄂伦春人就会往哪里走。鄂伦春人的路在很大程度上是因为狩猎需要走出来的。一旦狩猎成为生活资料的主要来源，就需要对所生活的大兴安岭森林有着足够的了解。由于狩猎范围不能局限于狭小的某一森林范围，鄂伦春人需要在不同猎场间游动。因此，鄂伦春人需要对于活动区域内每一条山脉的走向，每一条河流走向都非常熟悉，迷失方向的事很少发生。只有熟知山林地形和方向的人，才能称得上一个猎人，一个真正的鄂伦春人。[①]

在打猎过程中，鄂伦春人需要熟知当地的地形和动物的习性。由于森林中没有人为开垦的道路，人们需要通过对森林环境的理解来行走和寻找猎物，通过这种方式所习得的知识是每个猎手所必备的。例如，不同的游猎路线可以寻找到特定的游猎目标和猎物种类。这些游猎路径是一种大致的游猎范围，区别于现代确定成型的道路。而在具体寻找猎物的过程中，追捕是鄂伦春人一种常用的狩猎方式。鄂伦春人通常凭借对动物习性的了解以及对动

---

① 秋浦：《鄂伦春社会的发展》，上海人民出版社1978年版，第21—25页。

物踪迹的判断而有目的地寻找，树枝上剐蹭的鬃毛、树叶草丛上碰落的露珠、雨点、动物的排泄物、地上的蹄印等等都为鄂伦春人指明方向。① 这些动物的印记成为鄂伦春人狩猎过程中的重要指引，也成为鄂伦春人传统狩猎日常生活中的一种道路观念。除此之外，猎狗也相当于半个猎人，它们的鼻子十分灵敏，通过气味辨别猎物的位置，帮助鄂伦春人更准确、快捷地寻找到猎物。有些鄂伦春人也会采用传统占卜的方式，采取烧狍子、野猪肩胛骨的方法，依照最先骨裂的纹路位置，选择出猎线路或寻找下一个猎物。由于山上寻找萨满困难，所以这个简单的仪式通常由猎民中年长并且有威望的人来做，或由狩猎小组的组长主持。当猎物太重单凭一己之力无法带走的时候，猎人会沿路留下记号。在找到同伴后，他们会沿着记号返回，并合力带走猎物。② 在鄂伦春人打猎过程中，类似的这些道路观念和知识还有很多，而外人只能通过感知空间（perceived space）中的印记来感知到这些道路观念的存在。③

马匹也是鄂伦春人出行的重要指引。我们都知道的"老马识途"，在鄂伦春人的生活中也同样适用。所以马对于他们来讲就有了"带路"的意义。正因如此，鄂伦春人也被称为"马背上的民族"。但是，鄂伦春人并非一开始就依靠马匹。驯鹿在早期鄂伦春人的森林生活中扮演了托运和出行工具的角色。随着近代马匹的引入，马逐渐替代了驯鹿成为鄂伦春人出行的重要伙伴和工具。在传统的鄂伦春社会中，无论男女，从小就会骑马。很多孩子在七八岁时就已经熟练掌握骑马的技能。据笔者调查，直到解放后的很长一段时间内，鄂伦春自治旗朝阳沟的小猎民，还需要自己骑马到小二沟上学。④

河流是鄂伦春人在森林中生活时的另一种"道路"。相较于其他地点，

---

① 王为华：《鄂伦春族》，辽宁民族出版社2014年版，第28—29页。
② 于硕、赵式庆主编：《山上啊，山上！鄂伦春猎民口述史》，新世界出版社2017年版，第156、216、469页。
③ 鄂伦春人的这些道路在物质实体上的体现类似于同时出现在一块草皮上的、由人们习惯的行走模式所形成的多条小径。这是一种感知空间中的印记。列斐伏尔（Henry Lefebvre）在《空间的生产》（*The Production of Space*）中所提出的这种感知空间大致相当于德·塞托（Michel de Certeau）所说的"空间的实践"（spatial practices），是"隐匿"了一个社会空间的日常活动和行为。具体请参见[美]W. J. T. 米切尔编：《风景与权力》，杨丽、万信琼译，译林出版社2014年版，第4页。
④ 两地相隔近150公里，今天开车仍需三个多小时才能到达。

鄂伦春人在山林间更喜欢选择住在靠近河流的地方。傍水而居的特点在鄂伦春人的自称中是有所体现的。例如，鄂伦春的一支自称为"毕拉尔千"，就是因其居住在毕拉尔河流域而得名。以群体生活的流域为自称，体现出了河流在鄂伦春人生活中的重要性。他们之所以喜欢逐水而居，是因为这样的地理位置便于他们从河流中取水来供养自己、马匹、猎狗等等，也可以偶尔在河流中捕鱼作为其狩猎采集的补充。但更重要的是，河流也是他们狩猎与出行的通路之一。人们经常会划船狩猎或探访亲友，以此作为陆路马匹出行的重要补充。其中，最为理想的运输工具就是桦皮船。

在鄂伦春人渡河时，除骑马蹚渡外，还会排放石头或砍倒大树使其横跨河的两岸，这在定居以前的鄂伦春社会随处可见。当横渡水流湍急的大江大河时，鄂伦春人会制作木筏或兽皮船。[①] 这些出行技巧与方法是一种在出行途中如何利用河流以及如何克服河流这种自然阻碍的道路观念。同时，这也为我们展现了鄂伦春人在自然中就地取材的生存性智慧以及与自然和谐共处的生态价值观。但随着在20世纪下半叶鄂伦春人下山定居以及打猎活动的逐渐减少，河流在他们的生活中的重要性在不断下降，并逐渐从生计景观转变为旅游观光景观。

除了以上所提及的这些道路观念，鄂伦春人还应熟悉与外界沟通的道路。这些通过骑马行走的通路依然是一种模糊的大致方向，是一种道路观念。在鄂伦春社会内部，人们需要在不同乌力楞与不同氏族之间穿越森林进行往返，这就需要对地形相当熟悉。在20世纪中叶，古里或朝阳村的猎民要骑马或者乘坐当地的"大轱辘车"[②] 到小二沟或大杨树上学。今天，人们驾车沿水泥路只需一个小时即可到达，但在当时骑马需要花费至少一天的时间。这些在感知空间中逐渐形成的路都是猎民在森林中和草甸子上一步一步地走出来的。

为了获得无法从自然界直接得到的物品，鄂伦春人有时会骑马到墨尔根

---

① 吴雅芝：《最后的传说：鄂伦春族文化研究》，中央民族大学出版社2006年版，第107页。
② 这是当地的一种畜力车。鄂伦春人所处的森林生活环境不适宜使用带轮子的交通工具。据吴雅芝的记载，直到定居前，也只有少部分从事农业或半农半猎的鄂伦春人才使用大轱辘车或花轱辘车，而这些车也基本不是鄂伦春人自己制作，都是同附近的汉人和达斡尔人交换而来的。详情参见吴雅芝：《最后的传说：鄂伦春族文化研究》，中央民族大学出版社2006年版。

图 8–1　国道

城^① 附近进行物品交换，这也需要他们对兴安岭以南的区域有着方向感和道路观念。起初，鄂伦春人通过与自然的交换就可以实现群体内部的自给自足。17世纪中叶，当鄂伦春人南迁到兴安岭地区时，开始与周围民族有了接触。过去与自然进行单一交换的局面被打破，商人"安达"进入了鄂伦春人的生活世界。安达通过以物易物的方式丰富了鄂伦春人的物质生活。据笔者对猎民的访谈，在20世纪中叶，当鄂伦春人生活必需品无法得到及时满足时，猎民还会亲自骑马到墨尔根交换鄂伦春人无法自行生产出的生活必需品。从大兴安岭到嫩江的路线上，早期没有固定的路线，且路途上人烟稀少。这些特点同样要求猎民对地理位置有着相应的了解。这段存在于感知空间中的道路在后来大量汉人移民进入大兴安岭时，以公路和铁路的方式确定下来。

　　传统上从事打猎、迁徙、交换等活动的鄂伦春人，主要依靠骑马或畜力

---

① 墨尔根城是今天黑龙江省嫩江市的旧称。

车的方式行走在大兴安岭的每个角落。这种在马背上对于线路的熟悉，是鄂伦春人因地制宜发展出来的生存智慧和地方知识，并通过教育代代传承在每个鄂伦春人的心中。他们在大兴安岭中自由地游走，因为这是独属于鄂伦春人的一片天地。对森林特性的熟知使鄂伦春人形成了对路线和地形的敏感，这些地方知识形成一种观念使他们在深林中能够对出行路线驾轻就熟。但随着时间的推移，受到地缘环境变化以及国家力量和汉人移民不断涌入的影响，鄂伦春人再也无法自由地游走于崇山峻岭之中。等待他们的不仅是生活空间、道路形态、出行方式的变化，还有生活方式和族群文化翻天覆地的改变。

三、公路的修筑及其影响

早在先秦时期，交通就成为促进民族融合和民族交流的重要方式和媒介。[①]如今，作为现代化和国家在场的重要标志，公路在中国少数民族地区的发展和现代化过程中起到了重要的作用。周永明通过对汉藏公路的研究，提出道路成为中原地区与少数民族的重要媒介。一方面，修路使得"落后"的少数民族接触现代文明，进而成为社会主义大家庭的一分子；另一方面，计划经济的思路使得当地资源为全国分享变得顺理成章。[②]道路的媒介作用在中国东北腹地同样显著。在20世纪中叶，如同哈萨克族牧道变迁与阿尔泰山现代化进程一样[③]，鄂伦春人被卷入了国家追求现代化的过程。

回顾中华人民共和国成立以来鄂伦春族在这70年间的发展历程，人们的生活在很多层面都发生了翻天覆地的改变。在这些变化中，当地的公路与铁路建设尤其值得关注。作为国家在场的象征，现代公路和铁路被看作是现代化最重要的媒介和符号之一。对生活在大兴安岭的鄂伦春人来说，公路和铁路系统的修建不仅极大地改变了狩猎民族的生存方式、出行条件和民族文化，带来了开发大兴安岭的伐木工人和汉人移民，也使道路自身成为了国家在场和现代性的一种表征。公路和铁路的出现及其对自然环境的破坏和对社会文化的影响，使得鄂伦春人在传统日常生活中形成的道路观念难觅踪迹。

---

① 白寿彝：《中国交通史》，团结出版社2011年版，第4页。
② 周永明：《道路研究与"路学"》，《二十一世纪》（香港）2010年8月号。
③ 崔延虎、陈祥军：《阿尔泰山区游牧牧道：现代化挤压下的游牧文化空间》，载周永明编：《路学：道路、空间与文化》，重庆大学出版社2016年版，第91页。

与鄂伦春人有关的第一条公路是清政府修筑的从墨尔根通往漠河的道路。19世纪末，为了往内地运送漠河、呼玛一带的黄金，清政府决定开发这条途经鄂伦春人生活地区的山路。因为黄金的缘由，这条道路也被称为"黄金之路"。在当时那个年代，开发这条位于原始森林中，长达900多公里的山路是十分困难的。① 但这条连接中原与东北边疆的重要交通线路的修通，为内地和边疆的经济文化交流提供了极大的便利条件。对当地的鄂伦春人而言，这条纵贯黑龙江地区鄂伦春人生活腹地、游猎区域的公路，提高了外来移民的流入速率，带来了不同于鄂伦春人传统生活节奏的汉人生活节奏和农耕生活节奏②，促进多种生活节奏和文化的交汇，进一步改变了鄂伦春相对隔绝和封闭的状态。与此同时，外部人口的流入及其对大兴安岭自然资源的开发，日益威胁着传统狩猎生产所需要的生态环境和鄂伦春人传统的狩猎生活节奏，并引发一些矛盾冲突。但总体而言，公路的修筑尚未对鄂伦春人的日常生活节奏、生计方式和族群文化产生翻天覆地的影响。

　　在1951年刚刚成立鄂伦春自治旗之时，境内依然只有几条自然山路。直到1958年，公路建设才开始起步。③ 这一时期的道路建设与猎民定居过程是紧密相连的。试想如果猎民继续从事传统的在森林中自由狩猎的生活，那么为鄂伦春人修的路该通向何处？道路是一种确定性的存在，以狩猎采集为生计方式的游群与这种确定性是不相匹配的。国家推行的下山定居政策和鼓励发展农业的政策使猎民逐步丧失了传统的游动性。相较于狩猎采集，农业具有稳定性并要求不同的生活节奏。这种稳定和规律便于国家征税和治理。定居和发展农业的成功是以农耕民族为主的国家最希望看到的。在这个过程中，道路帮助猎民更好地生活在猎民队的定居点，方便了与外界的交流。同时，修筑而成的路网也帮助国家更好地将鄂伦春人纳入自己的治理视野之中。

　　有清一代，鄂伦春人开始进入国家治理视野。清代的布特哈八旗和为统治鄂伦春人而设立的路佐制度成功地管理了之前历代政权并不了解的鄂伦春

---

① 关小云：《大兴安岭鄂伦春》，哈尔滨出版社2003年版，第6—8页。
② 生活节奏的相关表述参见张雨男：《鄂伦春族日常生活节奏的变迁与适应》，《民族研究》2018年第3期。
③ 鄂伦春自治旗史志编纂委员会：《鄂伦春自治旗志》，内蒙古人民出版社1991年版，第428页。

人。① 到了20世纪中叶，鄂伦春人逐渐被纳入了现代国家的治理版图。国家动用了一系列消除距离的技术能力，其中就包括铁路、全天候公路、电话、电报以及现在的信息技术。这些技术打破了农耕民族与"边缘民族"的地理阻隔。居于统治地位的民族国家借此将权力伸展到最远的边界，将那些弱者或尚未被统治的区域清扫收编。② 公路表面上丰富了鄂伦春人的物质生活，但其在本质上是国家治理范围的扩展。纵观人类历史，这种用于维系社会秩序和领土完整的公路自古罗马时期就已出现，并形成了一种独具特色的政治景观。③

如今，通向大兴安岭腹地最重要的道路是国道111京加线，终点是现大兴安岭地区行政公署所在地——加格达奇。④ 新中国成立前，加格达奇是一片原始森林，没有定居居民，只有鄂伦春游猎者在此出没。该地区是在中华人民共和国成立后才开始逐步设置相应建制的。⑤ 但随着20世纪60年代国家对大兴安岭的开发，大量汉人移民涌入，促进了地区的资源开发与经济发展。目前，加格达奇作为大兴安岭地区行政公署驻地，受惠于大兴安岭的林业开发红利，已经具备了一个地级市的规模，在经济实力和城市规模建设上已经远远超过了它在地权上隶属的鄂伦春自治旗的旗政府所在地——阿里河镇。据2000年人口普查统计结果显示，在加格达奇区普查的140605人中，共有汉族134285人，鄂伦春族仅62人。⑥ 加格达奇所在地的地权归属

---

① 布特哈八旗是清政府管理东北少数民族的一个行政设置。1683年，清政府为加强对鄂伦春人的统治，将散居各地的鄂伦春人编入布特哈八旗。路、佐是清政府在当地设置的基层行政机构。
② [美]詹姆斯·斯科特：《逃避统治的艺术——东南亚高地的无政府主义历史》，王晓毅译，生活·读书·新知三联书店2016年版，第5页。
③ [美]约翰·布林克霍夫·杰克逊：《发现乡土景观》，俞孔坚、陈义勇、莫琳、宋丽青译，商务印书馆2016年版，第39页。
④ 加格达奇在鄂伦春语中意为"有樟子松的地方"，其汉语意涵参见白兰：《高高的兴安岭——鄂伦春族风情》，内蒙古人民出版社2014年版，第215页。由于历史原因，如今该地区地权虽隶属于内蒙古自治区的鄂伦春自治旗，但行政上隶属于黑龙江省。
⑤ 加格达奇区地方志编纂委员会：《加格达奇区志》，黄山书社1993年版，第4、47页。
⑥ 加格达奇区地方志办公室编：《加格达奇区志（1990—2005）》，黑龙江人民出版社2010年版，第58—59页。有趣的是，这本方志没有对"民族构成"进行专门记录，有关民族构成的数据则见于"人口普查"部分。但在1993年出版的《加格达奇区志》中，有专门的一节来记录民族构成。参见加格达奇区地方志编纂委员会：《加格达奇区志》，黄山书社1993年版。

者——鄂伦春自治旗在20世纪50年代建旗之初，全旗人口仅有778人，其中鄂伦春族774人，达斡尔族3人，鄂温克族1人，没有汉人在此居住。在自治旗59800平方公里的土地上，仅有小二沟、大杨树两处村落的居民点，其他广阔地域内没有任何屯落。[①]但到1999年，自治旗境内的汉族已猛增至285779人，而鄂伦春族却仅有2221人。[②]从加格达奇区和鄂伦春自治旗两地汉人的出现、人口数量的大幅度增长以及民族构成的前后对比变化可以看出，该地汉人移民数量之庞大。在这一过程中，传统上需要大面积森林来进行狩猎采集的鄂伦春人的生存空间势必受到挤压，其原有围绕狩猎采集为核心的日常生活节奏也遭到了冲击和挑战。

究其原因，正是国家在鄂伦春自治旗境内陆续修筑并形成的四通八达的公路交通网，以及国家行政管理体制在当地的全方位配套落实，促使以汉族为主的外来人口大量涌入这一地区。路网建设以及随之大量涌入的外来移民，从根本上改变了鄂伦春传统的生存环境，使得当地自然资源条件发生不可逆转的恶化。汉人移民和相伴而来的农业生活节奏、现代性思维以及对森林资源的过度开发，一定程度上挤压了鄂伦春人的生活空间。

例如，在这些通过现代交通工具涌入大兴安岭地区的外来移民中，有人会想尽各种办法参与打猎，从森林中获取猎物以便换得高昂的利润。鄂伦春人打猎时有一整套的规范和禁忌，以一种与自然交换的心态来获取生存必需的食物。但这些移民则抱有为了赚钱产生的急功近利的心态，采取了如下套子、下毒药等野蛮打猎的方式，造成资源的极大浪费，破坏了原有的生态平衡，使生态形成不可逆的退化。这成为了造成大兴安岭生态危机和鄂伦春人被迫禁猎的原因之一。

自20世纪50年代中期到90年代后期，地方政府对大兴安岭原始森林也未能科学合理地开发利用。对原始森林无节制的大量开采，造成森林面积的锐减，大大减弱了大兴安岭森林涵养水分和调节径流的功能，也使依赖原始森林生存的珍贵物种大量减少以至濒临灭绝。猎物的锐减直接造成1996年

[①] 白兰：《高高的兴安岭——鄂伦春族风情》，内蒙古人民出版社2014年版，第206、212页。

[②] 鄂伦春自治旗史志编纂委员会：《鄂伦春自治旗志（1989—1999）》，内蒙古人民出版社2001年版，第65页。

鄂伦春自治旗宣布禁猎。① 从此，鄂伦春人在森林中出行所依赖的道路观念的文化价值流失，只有少数在林场任职的鄂伦春人和担任护林员的猎民依然需要这些道路观念和地方知识。可以想见，如果不予以抢救，这些知识也将会在代际传承的过程中彻底消失。与此同时，公路上的汽车逐渐替代了在大兴安岭中随心所欲行走的马匹，成为鄂伦春人出行的主要交通工具。

总体而言，在鄂伦春传统生活区域内的公路修建在一定程度上便利和加速了人口的流动和木材的流出。与此同时，路网建设对于面临急剧变化的鄂伦春人来说则成为了被动接受国家意志和现代性考验的主要途径。道路给大兴安岭带来的国家意志和外来移民，在近半个世纪的过程中不断影响着鄂伦春人的传统生活空间，并冲击着他们传统的日常生活节奏和既有的文化惯习。

四、铁路的修筑及其影响

铁路于19世纪末期开始在中国出现，这是在此之前中国所不曾有过的经济与政治力量的新产物。通过铁路，中原地区与边疆地区之间的交流与互动得以加强。不同于中国其他民族地区路的现代化仅仅表现为公路这一单一形态，在大兴安岭腹地的铁路修建对于鄂伦春人生存环境产生了明显的冲击。但无论是以往的鄂伦春研究还是近来的"路学"研究，均鲜有学者对铁路的修筑及其动因和影响给予必要的关注。

拉铁摩尔曾经关注到铁路对中国东北地区的影响。② 但在他调查的时代——20世纪上半叶，铁路及其代表的现代国家力量仍未充分延伸至鄂伦春所居住的通古斯森林之中。且此时东北丁字形铁路③ 的出现，使东北地区通过铁路获得一种地区的中心性，与中央政权形成了离心力。但这种中心性在20世纪下半叶被整合进了社会主义国家，并为国家所用。20世纪60年代，国家对大兴安岭的开发和对木材等自然资源的不断需求以及增强治理能力、保护领土的政治军事需求，推动了国家修建通往大兴安岭林区腹地的铁

---

① 何群：《环境与小民族生存——鄂伦春文化的变迁》，社会科学文献出版社2006年版，第344—351页。
② [美]拉铁摩尔：《中国的亚洲内陆边疆》，唐晓峰译，江苏人民出版社2010年版，第12、97—100页。
③ 此处的丁字形铁路指以哈尔滨为中心，西至满洲里，东至绥芬河，南至旅顺的中东铁路。

图 8–2 铁路

路。作为工业化的产物和杰出代表，此时的铁路作为现代国家力量和现代性的表征，象征着社会主义国家的发展和巩固。然而对当地人而言，铁路拓展了农耕民族的生存活动范围，挤压了游牧民族的生存空间。汉人生存空间向森林的扩展，意味着鄂伦春人原本的森林生存空间的日益缩小，传统的日常生活节奏受到威胁。

鄂伦春人生活的大兴安岭林区面积约 600 万公顷，蓄积木材量约 7 亿立方米，是国家进行建设所急需的物资。早在 1931 年至 1945 年日本侵略我国东北期间，日本人从中东铁路的南北各段修建了多条铁路进入兴安岭以便采伐木材和运输，其中最重要的是通往伊图里河以北的铁路。① 自 1964 年开始，为开发大兴安岭林区，中央决定以林业部和铁道兵为主，集中力量完成开发大兴安岭林区的艰巨任务。在大兴安岭林区开发的过程中，国家修建的伊加线（伊图里河—加格达奇）和嫩林线（嫩江—古莲）铁路，在鄂伦春自治旗境内通过 400 多公里。② 直至今天，这些线路依旧是非电气化的单轨铁路。从

---

① 白兰：《高高的兴安岭——鄂伦春族风情》，内蒙古人民出版社 2014 年版，第 24 页。
② 鄂伦春自治旗史志编纂委员会：《鄂伦春自治旗志》，内蒙古人民出版社 1991 年版，第 434—437 页；鄂伦春自治旗史志编纂委员会：《鄂伦春自治旗志（1989—1999）》，内蒙古人民出版社 2001 年版，第 344 页。

国家的视角而言，铁路形成的 T 字型钢铁枢纽对开发林区森林资源，发展少数民族地区工农业生产，巩固边疆具有重大意义。

官方表述过于强调铁路对国家建设的意义，而忽视从鄂伦春人的视角来考虑他们在国家筑路过程中的参与度和主观性以及铁路对其日常生活的影响。在兴修大兴安岭铁路时，鄂伦春人曾经作为向导帮助过铁道兵探索森林，为铁路的最终建成通车做出了巨大的贡献。但是，鄂伦春人也并非全面支持铁路的修建。据笔者调查，在铁路建设之时，鄂伦春人为了保护自己生存的家园，曾与铁路建设者发生过零星冲突。在火车通车后也曾有过猎民逼停火车的事件发生，展现了鄂伦春人的主人翁心态和在不同文化激烈碰撞中所产生的不适。这其中自然有文化差异的原因，但也存在着利益分配的问题。许多老人提及当年火车不间断地往南方运木材时还颇为感慨，鄂伦春人赖以生存的大森林正是因铁路的修建而日益萎缩。笔者从对鄂伦春猎民日常生活的观察中看到，不同于南昆铁路对沿线农耕民族影响较小的情况，铁路对游猎和狩猎采集者的影响更为深远。对猎民的生计方式而言，固定的铁路破坏了森林样貌，分割了猎场，对猎民打猎造成不便。但更重要的是，铁路的修建便捷了内地与大兴安岭的联系，大量的移民进入鄂伦春人原本的生活区域。相较于公路，铁路极大地提升了大兴安岭地区的人口移入速率。这些移民在分享大兴安岭本就不充足的资源的同时，主要任务是开发大兴安岭，支援祖国和内地建设。在这一背景下，大兴安岭的林木资源很快就被砍伐，并被源源不断地运送进内地。铁路的建设既使林业工人不断增加，也使得伐木毁林速度不断加快。鄂伦春人原有的生存空间被不断挤压，可猎取的猎物不断减少。加之各方原因所造成的大兴安岭生态危机，使得内蒙古自治区鄂伦春自治旗在1996年最终做出了"禁猎转产"的决定。

20世纪下半叶中的国家筑路行为也逐渐改变了以往狩猎时期鄂伦春人与自然共生的和谐关系。① 其原因之一是由于现代化道路建设所带来的人口涌入一定程度上破坏了当地原有的生态平衡。伴随着这一过程，鄂伦春人从狩猎采集时期所养成的传统生活节奏，逐渐向着现代化的生活节奏转变。在这种转变过程中，民族文化日渐淡出。这直接涉及到如何保持文化多样性的问

---

① 以鄂伦春为代表的狩猎采集者，其文化与自然本身就是不可分割的整体。近年来，狩猎采集文化与自然之间关系的本体论意义（ontological significance）重新引起学界重视。参见本书第三章中的有关讨论。

题。从国家战略发展的角度出发，大兴安岭铁路的修建无疑为国家的经济发展、社会建设和国防安全做出了贡献。但铁路的建设有意无意地急剧改变了鄂伦春人的生活样貌。全世界的许多"边缘民族"都存在着酗酒和高自杀率的问题，鄂伦春人也不例外。① 铁路在丰富鄂伦春人物质生活，向着"农耕文明"的面貌发展的同时，也带来了笔者所观察到的贫富悬殊、酗酒、精神萎靡不振等问题的出现。如何保持文化多样性成为值得我们反思的重要问题。

除了以上论述的区域性宏观影响外，铁路对于不同村落的猎民日常生活的具体影响也稍有不同。以鄂伦春自治旗为例，境内七个猎民队有三个分布在铁路沿线上，分别是乌鲁布铁猎民村、讷尔克气猎民村和朝阳猎民村。在20世纪60年代修建铁路时，因线路恰好经过讷尔克气猎民队的房屋，于是猎民队整体搬迁至乌鲁布铁镇。由于铁路经过这三个猎民村，因此在铁路建成后，猎民的出行在很大程度上依赖这条铁路。铁路就成为这三个猎民队出行时的便捷交通工具。例如，朝阳猎民队的猎民会乘坐火车到大杨树、加格达奇或者阿里河。但自治旗境内其他四个远离铁路线的猎民队在短途出行时就没有得到类似的便利。总体而言，铁路使得鄂伦春人外出更加便捷，方便其前往嫩江、哈尔滨等地出行或就医，对其日常生活节奏产生了潜移默化的影响。

铁路对于猎民日常生活的影响除了加强和便捷与外界交流之外，也引起了一些意外事件。根据何群整理的资料，从1958年到2000年这42年间，朝阳猎民村的猎民死亡共128人，其中属于上吊、卧轨、开枪自杀者21人。在这些非正常的死因中，卧轨、被火车撞死与鄂伦春猎民的文化惯性毫无关系，而是恰好有铁轨在猎民村旁边经过。铁轨、铁路、人流等外来因素对他们的正常生活构成某种干扰，并造成一定程度的恐惧。② 铁路在朝阳村猎民的心目中成为现代化和外界力量入侵自己生活世界的代表。不幸的是，朝阳猎民村③到目前为止的最后一位萨满是被火车撞到而身亡的。作为甘河流域和古里流域有名的萨满，她的死充满了悲剧色彩和象征意义，以萨满为代表

---

① 何群：《酒与"酒"之两难——基于鄂伦春族生态环境与历史文化变迁的分析》，《思想战线》2014年第2期。
② 何群：《环境与小民族生存——鄂伦春文化的变迁》，社会科学文献出版社2006年版，第477、481页。
③ 朝阳猎民村的鄂伦春族在2005年已搬迁至大杨树镇以西的多布库尔猎民村。

的传统生活方式和以铁路为代表的现代文明和国家力量在大兴安岭中激烈的碰撞，传统文明被不可逆的外界强大力量撞击得支离破碎。作为国家意志和现代化产物的铁路在造福国家建设的同时，冲击了鄂伦春人的生存环境和精神家园，使文化产生了碎片化式的崩溃和被动式的转型。

但路对鄂伦春族的影响也并非仅仅是负面的，公路和铁路构筑的交通网络同时也增强了鄂伦春人之间的联结。道路体系便捷了鄂伦春族不同流域和后来建立起来的猎民定居点之间的联系，这种联结作用也强化了作为人口较少民族的鄂伦春族的族群意识。与此同时，道路体系的建设也在不断助力鄂伦春族的经济发展。鄂伦春人在经历了焦虑不安和痛苦挣扎后，逐渐开始了对现代化生活的不断适应。经过一段时间与周边民族的频繁交流互动，部分鄂伦春人在生活上逐渐适应政府所期待的生活方式。这种转变尤其体现在主动学习汉语以寻求在更大的范围内寻找致富之路，积极投身于农业大规模生产和商业贸易等活动中。在这个过程中，国家提供了各种现代化的便利条件，如修路、提供双语教育的机会等等。路的修建为国家主导下的鄂伦春人生活节奏的转变提供了充足的物质基础和条件保障。在以路为代表的现代性外力的推动和帮助下，鄂伦春人的生活方式逐渐现代化。借助于公路、铁路与外界的交流联系以及国家意志推动的鄂伦春人生活方式和精神世界的转变，使鄂伦春人走上了高速发展的快车道。

五、结语

对于道路的关注和研究，不仅可以将视角聚焦于路的建设过程及其对沿线社会的影响，更能关注到其象征意义，即其背后所代表的修建主体的意志，及其自身与当地居民的文化碰撞。从鄂伦春人传统的道路观念，再到现代化的公路和铁路。鄂伦春与路的爱恨纠葛也是他们文化变迁过程的一种同步体现。社会主义国家对大兴安岭木材的需求与开发，为鄂伦春人带来了现代化的公路和铁路。尽管鄂伦春通过"安达"早已与外界开始联系，但公路的修建使得鄂伦春人开始大规模地接触外来移民和其他文化，使其传统文化开始发生文化涵化（acculturation）与改变。大兴安岭铁路的修建更是极大地丰富了鄂伦春人的物质生活，也将大兴安岭的林业资源源源不断地运送到全国各地来支持经济社会发展。但与此同时，路的变化也使鄂伦春人原有的狩猎文化日益消落，森林空间中的道路观念逐渐失去了生计意义。现代化的公路和铁路已然成为社会主义国家权力和现代化力量渗入大兴安岭腹地的一种重要体现和表征。这是民国政府在鄂伦春人生活的森林地区所不曾有过的力量。改革开放以后迈向市场的社会主义国家通过日趋完善的道路体系将更多的资本带入大兴安岭，进一步加快了鄂伦春社会的变迁速率。

对鄂伦春人来说，先后进入兴安岭的公路与铁路也给他们带来了完全不一样的体验。"公路里的国家"与"铁轨上的国家"对鄂伦春人来说意义是不同的。在公路上，鄂伦春人从乘坐大巴车到自己驾驶农用车、私家车，逐渐形成一种自己掌控的新的实践感，这与骑乘马匹驰骋在森林中的感受是有相类似之处的。但相比于汽车，火车的运行是鄂伦春人自己所无法掌控的。鄂伦春人通过铁轨和呼啸而过的列车时刻感受着国家的存在和现代性的力量。通向南方的铁路系统将鄂伦春与全国各地联结起来，强化了鄂伦春族的国家认同及其与中原地区的联系。

社会主义国家通过道路体系有意无意地对鄂伦春人日常生活的渗透和改变，使鄂伦春人向着定居文明转型和迈进。但因鄂伦春传统生活节奏与定居定耕的农业生活节奏不相匹配，使得路带来的这种"文明"对鄂伦春人而言并非是全然合适的。在当今全球化的时代，鄂伦春人的命运已经不能被自己所掌握，他们在周围各种力量不断博弈的过程中形塑成了当下的自己。如今，勤劳勇敢的鄂伦春人正以理性的方式尝试着解决定居后所出现的各种社会问题，努力地进行着文化转型和文化抢救工作，并尝试走出一条属于自己的发展道路。

鄂伦春人的发展经验告诫我们如何协调发展与原有文化之间的关系，即发展的可持续性问题是一项重要任务。在发展和现代化的浪潮中，鄂伦春人传统的狩猎文化遭到了冲击和挑战，与其现有的生活节奏不相匹配，部分猎民逐渐开始对政府形成依赖，无法实现独立自主地可持续性发展。如何在发展的同时，实现民族自身的可持续性自主发展，从而更好地保护好文化多样性是我们应该反思的重要问题。

第九章　鄂伦春族日常生活节奏的变迁与适应*

生活在我国东北地区的鄂伦春人，在经历定居与发展农业的阶段后，部分人口的生计方式逐渐从狩猎转向农耕。本章中，笔者将以"节奏"为理论分析视角，讨论以资源快速消耗、与自然同步的作息和个体与群体切换为特征的鄂伦春传统日常生活节奏，在发展农业的过程中，逐渐向以农作物剩余积累、与农作物生长同步和个体与家庭切换为特征的农耕生活节奏转变。通过研究，本章试图说明，鄂伦春传统日常生活节奏在应对来自外部的"非日常"节奏冲击中形成困境，世代狩猎生活习惯的节奏与农业生活所要求的节奏不相匹配。

一、问题的提出

生活在我国东北大兴安岭腹地的鄂伦春族，世代以游猎的方式为生。在历史上，一部分鄂伦春人不断南迁，到达今天内蒙古自治区鄂伦春自治旗境内。随着中华人民共和国的建立，在官方的话语表述中，这一区域内的鄂伦春人实现了民族历史上的三次跨越。1951年10月成立了鄂伦春自治旗，鄂伦春民族从此享有与其他民族同等的政治地位和民族区域自治权力，实现了鄂伦春民族历史上第一次跨越。从1951年到1958年，为了鄂伦春族的发展繁荣和人民的迫切需要，鄂伦春自治旗政府让鄂伦春人实现了定居。历经

---

* 本章内容以《鄂伦春族日常生活节奏的变迁与适应》为题发表于《民族研究》2018年第3期，收入时略有改动。

7年时间，鄂伦春民族从原始的游猎生活到实现山下定居，实现了鄂伦春民族第二次历史跨越。随着外来移民的涌入所导致的人口急剧增加，大兴安岭的环境问题变得日益突出。在打猎的过程中，鄂伦春人发现猎物逐渐减少。外来移民野蛮的打猎方式触犯了鄂伦春人传统中具有生态智慧的打猎禁忌，打破了大兴安岭的生态平衡。有些外来居民利用在山上"下套子"的方式野蛮打猎，造成了动物资源的极大浪费。在1996年，鄂伦春自治旗政府颁布《禁猎通告》，实行"禁猎转产"，开始"弃猎从农"，实现了鄂伦春族社会的第三次跨越。① 本章聚焦于第三次跨越之后鄂伦春社会的变化及其所存在的一些问题。

鄂伦春的生计方式变迁经历了一个漫长的过程。从清朝开始，鄂伦春虽曾多次尝试诸如农业等不同的生计方式，但从未真正地放下猎枪。在不同时期，政府的农业政策均未能在鄂伦春地区收到很好的效果。1996年的全旗禁猎政策使得鄂伦春生计方式发生彻底改变。自治旗出台这项政策的部分原因是考虑到大兴安岭林区的森林过度开发，植被减少，人口增多，野生动物的生存空间持续恶化以及动物种群急剧减少等问题的不断出现。② 这些在发展过程中所出现的问题使得当地环境遭到急剧破坏。为了保护、发展和合理利用自治旗境内的野生动物资源，自治旗政府决定在全旗范围内禁猎。③

在民族地区不断发展的过程中，鄂伦春人努力地响应政府号召从狩猎逐渐向农业转变，但一直无法很好地适应农业的生产节奏和相应的生活方式，使一部分猎民陷入贫困。这已成为鄂伦春族发展中的老大难问题。查干姗登的研究表明，转产政策使得相对平等同质的鄂伦春族因农业经营出现分化。④ 何群进而指出，部分猎民转产失败引发了一系列的社会问题。⑤ 这些研究对鄂

---

① 敖长福编：《中国鄂伦春族人物志》，内蒙古文化出版社2013年版，第1—2页。
② 麻国庆：《开发、国家政策与狩猎采集民社会的生态与生计——以中国东北大小兴安岭地区的鄂伦春族为例》，《学海》2007年第1期。
③ 何群：《环境与小民族生存——鄂伦春文化的变迁》，社会科学文献出版社2006年版，第353页。
④ 查干姗登：《论狩猎民族的身份分化——以鄂伦春族为例》，《湖北民族学院学报》（哲学社会科学版）2012年第6期；查干姗登：《鄂伦春人的社会变迁与社会分化——以鄂伦春自治旗猎民村落为例》，中山大学博士学位论文2010年。
⑤ 何群：《酒与"酒"之两难——基于鄂伦春族生态环境与历史文化变迁的分析》，《思想战线》2014年第2期。

伦春猎民的生活变迁进行了细致而准确的描述。但笔者试图通过对日常生活节奏的描述与分析，揭示从鄂伦春族社会第三次跨越至今[①]，鄂伦春人生活节奏的变迁，从不同角度对鄂伦春人的生活变化进行新的理解和认识。

作为分析工具和研究对象的节奏概念，可以帮助我们在猎民的日常生活中发现一丝端倪。列斐伏尔在其晚年将研究关注的重点放在节奏概念上，节奏研究构成了他日常生活批判研究的重要组成部分。节奏在日常生活中的普遍性，使其成为日常生活研究中的重要面向。[②]不同的生活方式会产生出相应的不同节奏。布迪厄注意到社会秩序、节奏与身体之间的关系。社会秩序是通过一定方式调节活动的节奏，并将其深深烙印于身体之上。[③]社会通过对节奏的改变来控制身体，实现对人的控制。反观，节奏也成为了社会秩序在人类行为上的一种表达。从在身体上观察到的节奏入手，我们可以探究社会，亦可以了解个体。生活节奏如同布迪厄所言的惯习一样，是一种外在客观结构在个体身上的内化与表达，达到一种主客观的统一与体现。人们的日常生活节奏是外在自然和社会环境所塑造而成的一种无意识的生活实践。生活节奏的产生及其所引发的行动全部基于实践，通常不假思索但符合规范。因此，节奏可以成为透视人们文化和社会习俗的一面镜子，帮助我们从日常生活中洞悉其背后所隐藏的社会结构与文化特征。

在人类学的经典研究中，马塞尔·莫斯运用节奏视角做出了深入而精彩的分析。莫斯发现爱斯基摩人的生活在冬夏两季差别明显。从冬夏两季的节律和社会形态来看，其社会生活在一个年度周期中，以一种规则的二分节奏交替进行。这种节奏的变化在西方社会中也同样存在，城镇与乡村因农业生产的节律形成了不同的生活规律，产生了生活节奏上的交替与对张关

[①] 本章重点研究在1996年禁猎以后，鄂伦春族生计方式转型的困境。鄂伦春的农业经营虽从清朝就已开始，但1996年全旗禁猎的政策彻底切断了原有的狩猎生计方式，使得猎民转向农业经营。本章利用笔者收集到的田野材料，重点讨论现阶段在不能从事狩猎的情形下，鄂伦春族的生计方式转型和民族发展所面临的困境。

[②] Henri Lefebvre. *Rhythmanalysis: Space, Time and Everyday Life*. New York: Bloomsbury Academic, 2004.

[③] [法]皮埃尔·布迪厄：《实践感》，蒋梓骅译，译林出版社2012年版，第107—108页；Pierre Bourdieu. "Social Space and Symbolic Power," *Sociological Theory*, vol.7, no.1, 1989, pp.14—25。

系。①莫斯的研究呈现出一个社会在年度周期中的节奏变化,而贡纳尔·哈兰(Gunnar Haaland)对富尔人与巴加拉人边界变化的研究则可归纳为在同一时空下,与生产方式相关联的生活节奏在日常生活中的不断交替。②不同的生产方式有不同的存储观念和合作方式,使日常生活节奏产生差异。本文借助列斐伏尔在日常生活研究中所关注的节奏概念,以"日常生活节奏"为视角,对鄂伦春人的生活变迁进行细致入微的观察和研究。

  本研究的田野点位于内蒙古自治区鄂伦春自治旗境内的一个猎民村——小河村。③笔者曾于2016年7月至2017年底期间先后三次进入该村进行田野调查。通过在猎民村中长期地参与观察,并对鄂伦春猎民、村干部和其他民族的村民进行深度访谈,笔者开展了比较全面、细致的研究。2017年,小河村登记在册的猎民共有70户、197人,其中鄂伦春族猎民157人。相较于其他猎民村,该村与其他民族交汇程度较高,经济发展水平较高,鄂伦春族传统特色较为鲜明。在农业经营方面,小河村的70户可以分为不从事农业活动和从事农业生产这两类人群。全村耕地面积一万余亩,其中村集体耕地近千亩。据统计,该村无地户45户,占全村总人口的64%。有地户25户,占全村人口的36%。④根据笔者的田野调查经历,在"禁猎转产"和"弃猎从农"以后,的确存在部分鄂伦春猎民陷入贫困,仅靠政府生活补助勉强度日的情况。这一困境一直延续至今,也使得政府让猎民发展农业的设想并未完全实现。那么,猎民为何会在发展农业的过程中产生不适并陷入贫困?日常生活节奏的视角可以帮助我们对鄂伦春族面临的困境进行客观分析,避免从带有成见和简化的视角思考鄂伦春族所面临的困境。

---

① 参见[法]马塞尔·莫斯:《社会形态学:试论爱斯基摩社会的四季变化》,载[法]马塞尔·莫斯:《人类学与社会学五讲》,林宗锦译、梁永佳校,广西师范大学出版社2008年版,第115—192页。
② 参见 Gunnar Haaland. "Economic Determinants in Ethnic Processes," in Fredrik Barth (ed.), *Ethnic Groups and Boundaries: The Social Organization of Culture Difference*. Illinois: Waveland Press, 1998, pp.58-73.
③ 本章中地名和人名均为化名。
④ 感谢中央民族大学民族学硕士李香寒提供的数据。

二、鄂伦春族传统日常生活节奏

鄂伦春人祖祖辈辈以狩猎为生，逐渐形成以狩猎为核心的传统日常生活节奏。在有关狩猎采集社会的经典研究中，财产观念、生计方式以及资源共享等议题都是学者们所关心的重点。① 而这些同样也是鄂伦春传统日常生活节奏中的典型特征。因此，笔者将从他们的资源快速消耗节奏、与自然同步的生活作息以及个体与群体切换的生活节奏这三个方面，来探寻鄂伦春传统生活节奏在当下的延续及形貌（configuration）。

（一）资源快速消耗的生活节奏

从时间维度上来看，个体的消耗节奏常有快慢之分。以狩猎采集为生计方式的传统鄂伦春人明显具有资源快速消耗节奏的典型特征。② 而这种消耗节奏又与其财产观念有着密不可分的关系。人类学将狩猎采集群体的组织形式称为"游群"（band），这些群体私有财产观念不强。他们通常与所处自然环境保持着某种平衡，因此他们必须经常游动。习惯于狩猎生活的鄂伦春人同样如此。他们在传统上虽因自然条件优越，曾选择过定居狩猎。但在他们传统的生活中依然普遍缺乏存储③的观念，对食物资源的消耗节奏较快，这说明鄂伦春族在历史上有过长期的游猎生活。学者在过往研究中曾指出，鄂伦春人在从狩猎到农耕的转变过程中，也暴露出缺乏耐心和存储观念等问题。④ 而这与传统上形成的资源快速消耗的节奏惯性有着密不可分的关系。

---

① 参见本书第三章中的内容。
② 根据萨林斯在《石器时代经济学》一书中的论述，生活在"原初丰裕社会"中的狩猎采集民，在生产过程中采取"有限目标经济"的生存方式，仅仅获取所需的必要资源。但笔者强调的是在消耗资源时，会尽可能及时消耗掉已获取的资源。
③ 以鄂伦春猎民为代表的狩猎采集群体和游动生计群体由于常年需要迁徙等原因，不便于积累和存储剩余产品，因此没有现代社会中普遍的存储行为和观念。萨林斯在《石器时代经济学》一书中提出的"有限经济目标"也印证了狩猎采集民未必生产剩余价值产品的观点。同时，这一积累存储的观念与现代银行系统出现之后的"储蓄"观念和行为相差甚远，因此笔者在文中利用存储一词来描述积累剩余产品的行为。
④ 唐戈：《鄂伦春和鄂温克：从狩猎民到农民的困境》，《满语研究》2008年第1期。

资源快速消耗的节奏特征常见于全世界狩猎采集民的日常生活中。狩猎采集民生存的第一要务是通过游动来维持生产[①]，因此为了便于游动，狩猎采集民不愿有过多的存储和积累，会快速消耗掉随时获取的资源。这就形成了从大自然中获取资源后快速消耗的生活节奏。这一点在鄂伦春传统生活中也有所体现。猎人打猎归来后，会将猎物分食或尽快消耗。这一行为不仅与群体生活方式息息相关，也与猎物不易保存从而能够快速、及时地消耗有关。尽管前人研究未对鄂伦春传统日常生活中的消耗有着具体的细致描述，但根据笔者在田野中的观察，猎民村中集体分红的时间从侧面印证了猎民缺乏存储观念和资源快速消耗的节奏特征。笔者调查的小河村有集体土地和集体山地等资产，每年年底由村委会组织对村民进行分红。村委给没有正式工作的猎民每人每年分红达到1000元以上。有趣的是，每年发放分红的时间点都在春节前几天。当问及为何在这个时间节点分红，村干部认为这是传统上没有存储观念的一种延续，并说道："这是因为考虑到贫困户，提前发就会花完。这笔钱是让他们去置办年货，别把钱提前花完了。这样可以过个好年。"分红的时间点从侧面反映出猎民在生活贫困的同时，的确缺乏一定的存储观念。部分猎民会将钱放在自己身上，而不会选择将钱存放在银行。无论是一万元还是一千元，基本都会很快花完，经常出现"月光"现象。同样，小河村中不种地的猎民向种地户借钱的事情时有发生。由于很多猎民不会经营现代农业，转产以后的生活每况愈下、更加困难，鄂伦春自治旗决定给没有工作的猎民每月发放低保补助金。但很多人在补助发放之前的几天，就需要向其他猎民借钱度日。传统的生计方式使狩猎民养成任意消耗的节奏，缺乏私财观念使他们难有合理的处理剩余劳动产品的观念，自然难以形成存储意识。

（二）与自然同步的生活作息

鄂伦春的狩猎文化是在对生活世界的不断认知中所得来的，这使他们的生活节奏与自然节奏相同步。生活世界的整体性及其形塑出的狩猎生活节

[①] [美]马歇尔·萨林斯：《石器时代经济学》，张经纬等译，生活·读书·新知三联书店2009年版，第40页。

奏贯穿在鄂伦春狩猎生活的方方面面。① 以狩猎为核心的传统生活节奏与大兴安岭整体世界中的节律息息相关，并与大兴安岭动植物的生长周期相同步，形成了传统的生态智慧和打猎禁忌。根据鹿的生长周期，只能在三月份的时候打鹿胎，到每年四五月份的时候才能打鹿茸。野猪只能在冬天打。春天不能猎熊，因为正在下崽。猎熊要等到秋天才能打。狍子是一年四季都可以打……② 鄂伦春祖辈流传下来的经验告诉他们，只能在相应的规定季节猎取这些动物。鄂伦春人关于大兴安岭的这一整套生存智慧是在长时间打猎的过程中所积累起来的，符合大自然持续发展的客观规律，能够维持合理的动物种群数量来达到生态平衡。鄂伦春人可以从森林中源源不断地获得自己所需的能量。这种逐渐积累而成的打猎禁忌，在鄂伦春人的生活中慢慢地形成了一种打猎的节奏。有些鄂伦春人有每年固定的游猎线路，在自己熟悉的区域内寻找应季的猎物。因此，这种狩猎的禁忌知识形塑的不仅仅是鄂伦春人打猎的节奏，也影响了鄂伦春人一整年的生活节奏。传统的狩猎生活节奏深深地扎根在鄂伦春人的日常生活中。

在传统习俗所规定的打猎时间范围内，猎民上山狩猎的具体时间是因人而异的。相较于工业社会对时间的精准把控和农业社会对作物的细心照料，打猎的节奏是比较自由的。笔者在田野中通过访谈听到过这样一个案例。20世纪70年代的某个清晨，猎民白冰的父亲起床后让白冰烧水。交代任务后，父亲就骑马拿猎枪出门了。由于气温较低，烧水时间比较久。水刚开，父亲就骑马拎着一只狍子回来，经过处理后直接下锅。父亲出门时，没

---

① 以鄂伦春为代表的狩猎采集民，其文化与自然本身就是不可分割的整体。近年来，狩猎采集文化与自然之间关系的本体论意义重新引起学界重视。自然与文化的整体性研究带来了对以自然、文化两分为代表的西方中心主义的反思。菲利普·德斯科拉指出，现代西方表达自然的方式绝非广泛存在。不同于现代西方思想，在世界上的许多地区，人类和非人类不被认为是截然对立或者相互独立的范畴，大部分群体并未将自我与自然区分开来。自然不被视为一个独立的领域。在很多文化中，自然与文化的界限是模糊的。生活世界的连贯性和整体性在蒂姆·英戈尔德的研究中同样得到印证。文化并不是建构的，是在人们熟知世界的过程中所不断认识得来的。通过栖居与实践，人们逐渐形成了一套来源于对整体性认知的行为方式。参见 Philippe Descola. *Beyond Nature and Culture*. Chicago: University of Chicago Press, 2013, pp.30, 201–225; Tim Ingold. *The Perception of the Environment*. London and New York: Routledge, 2000.

② 于硕、赵式庆主编：《山上啊，山上！鄂伦春猎民口述史》，新世界出版社2017年版，第468页。

有跟白冰说烧水是为了做什么,他自己也没有什么期待,不过是临时起意。这种临时起意而决定出发、没有详尽规划的打猎行为是狩猎采集社会一种典型的生活方式和生活节奏。在那个年代,富饶的自然环境决定了当时的鄂伦春人依然可以延续原初丰裕社会的生活方式。

当地人认为宽松的作息节奏在现实日常生活中得到了延续,笔者在小河村中也见证了这一点。关宏斌是村里公认的手最巧的猎民。他擅长土建领域,而非农业领域。在猎民村和猎民村周围,与土建有关的活儿都会找关宏斌做。笔者初入村庄时,关宏斌每天早上坐在家门口的板凳上,一边听着自己家音响播放的音乐,一边喝着啤酒跟人聊天。这种情况一连持续四五天,每天从早到晚,除了睡觉、聊天以外就是啤酒。带有极强节奏感的音响有时会一直响到后半夜,隔壁的邻居跑过来关音响时发现他早已进入梦乡。在持续四五天以后,关宏斌就开始在村庄周围打工、干活,并且在干活的日子里滴酒不沾。凭借自己的辛勤劳动,每天至少可以挣100多元。连续工作几天以后,时而会有战友或者村里人叫关宏斌一起吃饭喝酒,他便不去工作。于是又开始了连续几日一天三顿酒的节奏。关宏斌的日常生活就在几天饮酒和几天上工的两种状态中不断循环转换,这构成了一种由个人做主、无所拘束的生活节奏。现如今,在笔者调查的猎民村里,像关宏斌一样自由自在生活的猎民不在少数。这种自由的生活节奏应为过去狩猎生活节奏惯性使然。

在笔者的田野调查中,包括关宏斌在内的一些猎民曾在村里的组织下,到小二沟附近领养马匹。这种发挥鄂伦春狩猎民族传统智慧和地方知识的行动出发点是好的,但由于这些猎民经常喝酒,疏于看管,造成马匹意外死亡,产生经济损失。笔者重返小河村时,关宏斌因为旷工太多而被开除。不同的作息方式使不同群体在交往过程中出现矛盾。饮酒的节奏从侧面体现出了鄂伦春在传统上无所约束的生活作息。

(三)个体与群体切换的生活节奏

正如上文所言,生活节奏是一种外在客观结构在个体身上的内化与表达。与大自然和谐共生的相处方式在鄂伦春传统日常生活中也体现在个体与群体切换的生活节奏中。鄂伦春人个体与群体切换的生活节奏恰恰反映出的是外在自然和社会环境所塑造而成的一种无意识的生活实践。

在传统狩猎时代,除了个体自由地生活以外,鄂伦春常以群体式生活方式栖居于自然世界中。在个体与群体生活的切换中，群体生活方式是生活节奏中较为鲜明的特征。其表现为在鄂伦春人的狩猎方式中，有很强的平均主义和群体意识。鄂伦春人打猎在大多数情况下会采取集体外出打猎的方式，单独打猎的情况很少。一方面是因为在森林中，会遇到类似于熊和野猪这种体型较大、有攻击性的动物。一个人单独行动遇到这种情况，时而会有生命危险，此时只能求助自家的猎狗帮忙和运气才能逃过一劫。另一方面，有些猎物体型较大，结伴打猎可以将猎物及时运走，否则要往返找人帮忙。此外，当猎手打猎回到"乌力楞"后，要把猎物分给老年人和丧偶等丧失打猎能力的人，这样在部落中就不会出现有人挨饿的情况。这种平均主义和部落内部分享的特质在世界上其他狩猎采集和游耕（slash and burn）群体中经常可以看到。狩猎的危险性和以部落为单位的生活方式与群体式生活方式相契合。

鄂伦春人并不总是以群体为单位进行狩猎活动。除了群体狩猎以外，在鄂伦春人中也存在着个体外出打猎的情况，这体现出了个体与群体相切换的生活节奏。在传统鄂伦春社会中，绝大多数单独狩猎的鄂伦春人都是在群体狩猎的空闲时间中进行单独狩猎。个体单独狩猎主要是为解决在驻地附近临时获取资源的问题，一般不在外宿营。有一些猎手，因家中有老幼病残需要照顾不能离开或马匹不易跟上群体的行动，不得不长期进行单独狩猎。[①] 赵复兴1957年在托扎敏调查时听当地老人说，曾有个鄂伦春哑巴，打猎技术高，能在险要的山地环境中追捕野兽，有时一人能获取十几只鹿。但他不愿意集体出猎，甚至连家人也不愿意带。周围的鄂伦春人对这种人印象很差，也不愿意和他们一起出猎，认为他们自私自利。但在以群体为单位狩猎的空隙中单独打猎，就会被认为是一种正常现象，不会遭到质疑。[②] 这一案例充分说明了个体与群体生活节奏在狩猎过程中的切换逻辑及其内在的社会规范。

个体与群体相切换的生活节奏遍及传统鄂伦春人日常生活的各个角落。例如，人们在日常生活中有时以个体的方式在营地周围生存游走，但在喝酒时就会以群体的方式聚集在一起。何群对鄂伦春酿酒文化作历时性研究时发

---

① 吴雅芝：《最后的传说：鄂伦春族文化研究》，中央民族大学出版社2006年版，第67—68页。
② 何群：《环境与小民族生存——鄂伦春文化的变迁》，社会科学文献出版社2006年版，第179—180页。

现，不管是一家酿制的还是几家合作酿制的酒，都是全"乌力楞"的人一起喝，直到全部喝完为止。①传统上，鄂伦春以"乌力楞"作为社会组织的基本单位，构成生产单位和消费单位的统一体。因为社会主义制度的核心是公有制和集体化原则，这种群体生活方式有助于鄂伦春人从"原始社会""直接过渡"到社会主义社会。但随着国家开始转向以家庭为单位开展生产活动，鄂伦春人在传统上以"乌力楞"为中心的群体式生活方式开始逐渐陷入困境。一部分猎民响应旗政府号召开地，另一部分猎民没有开地，依旧上山打猎。在禁猎以后，没有开地的猎民失去了自给自足的生活来源。当笔者问及为什么80年代没有开地时，老人告诉笔者："打猎时土地领域都是按部落②流域划分的，不同部落有不同的狩猎范围。当时忽然要自己开地自己种，就没有当回事。"可见，鄂伦春以部落为单位的生活方式使他们习惯于以群体性的思维方式来思考问题。

在鄂伦春生计方式改变之后，其成员发生的意外事件较多，平均寿命较短。猎民中的完整家庭比例略低于其他民族，破碎家庭的情况比较常见。鄂伦春人习惯采取群体生活方式，使现阶段的家庭重组意愿和比例相对较低。传统上聚群而居的生活方式，使猎民喜欢彼此之间相互串门，到别人家一起吃饭喝酒。在日益个体化的今天，猎民独自游走更加自由，不再受群体所约束，但我们仍能看到猎民有时喜欢以群体的方式聚集。个体与群体切换的生活节奏无时无刻不体现在鄂伦春猎民的日常生活中。尽管这种生活节奏在今天遭受到不断的冲击与挑战，但鄂伦春社会传统的平均主义原则依然在他们的日常生活中起着重要的作用。

三、鄂伦春族日常生活节奏的变迁

鄂伦春传统狩猎采集的生产方式塑造猎民资源快速消耗节奏、与自然同步的生活节奏和个体与群体切换的生活节奏这些特质。但在"禁猎转产"的过程中，鄂伦春传统日常生活节奏与农业所要求的生活节奏相冲突，进而

---

① 何群：《酒与"酒"之两难——基于鄂伦春族生态环境与历史文化变迁的分析》，《思想战线》2014年第2期。
② "部落"一词的用法很有趣。"部落"不是鄂伦春人的传统语言，学会使用"部落"一词一定是受现代教育的结果。

造成部分狩猎民对经营农业缺乏兴趣，无法维持正常生活水平。以下，笔者从积累、作息、家庭三个方面再次切入，分析农耕节奏在猎民日常生活中的表现形式，比较狩猎与农耕这两种生产方式对猎民生活节奏的不同要求，进而深入理解鄂伦春传统日常生活节奏在应对来自外部的"非日常"的节奏冲击中所形成的困境。

（一）从资源快速消耗到农作物剩余积累

从狩猎到农耕的转产过程对鄂伦春人的存储观念和消耗节奏提出了新的要求。不同于"即时回报"（immediate return）系统的狩猎采集，农业作为一种"日后回报"（delayed return）系统[①]，需要经营者有充足的耐心和资金投入。这也意味着现有的农业生产要求鄂伦春猎民能够从快速的资源消耗节奏调整到较慢和有规划的消费节奏，并学会剩余积累。加之当地的农业需要大型拖拉机作为生产工具，需要启动资金。资源快速消耗的节奏和存储观念意识的淡薄使得鄂伦春人无法购置农业所需的基本原料和机械，造成很多猎民从事农业生产的意愿较低，纷纷将土地转让出去。鄂伦春猎民整体生活水平虽有提升，但随着在经营农业上所出现的差异，内部贫富差距越拉越大。这种来自外部"非日常"节奏的要求和冲击，使大部分猎民无法在农业上施展身手，进而陷入困境。

不同于我国其他农业地区的精耕细作，当地政府不仅把农业当作鄂伦春人的普通生产方式，而且还将之作为一种现代化的投资手段。由于该地区人均耕地面积较大且地势平坦，农业需要借助机械来提升效率，节约劳力成本。过去仅靠人力耕种的日子已一去不复返，拖拉机成为当地现代农业生产方式的标志性符号。这种大规模的机械化种植需要大量的资本投入来购置原料和机械。随着家庭联产承包责任制的实现和准许鄂伦春猎民开地，个人开始租用机械开地和种地。如今，经营农业的鄂伦春人都拥有用于犁地、播种、打药的拖拉机。由于这里的农业都是大规模机械化种植，无论购买收割机还是提前购买种子、化肥，都需要大量资金。当地的自然条件和地理环境使得该地的农业并非是一种精耕细作的生产模式，而是一种投资。合理的剩

---

① "即时回报"与"日后回报"概念参见James Woodburn. "Egalitarian Societies," *Man*. vol.17, no.3, 1982, pp.431–451.

余积累节奏和良好的储蓄意识是猎民从事现代农业生产的重要前提,其存在与否成为决定猎民是否有能力和资本从事现代化农业的关键。

在"禁猎转产"后的猎民村中,从事农业的猎民渐渐掌握了农耕节奏,从而与延续狩猎节奏的猎民有所区分。禁猎和农耕所带来的冲击,使大多数猎民难以很快地适应"非日常"的生活节奏。农业生活所要求的储蓄、相对准时和时间规划能力,通常不见于狩猎采集生活中。鄂伦春人传统的生活方式使猎民在日常生活中没有明确的收支计划,出现无序和随心所欲的消耗节奏。这种无序的消耗节奏和缺乏存储与积累的观念,使猎民很难经营现代化农业。90年代,小河村给每户分一垧地①,使得每户都有地可种。但这些不善于种地的猎民发现自己经营不挣钱,于是将土地转让出去从而一次性变现,再次成为无地户。这些没有地的猎民既没有土地,也不能打猎,成为了没有自主生活来源的贫困户,一些年长的猎民只能依靠政府发放的低保勉强度日。然而,小河村中的部分猎民通过与农业民族通婚这种社会结合方式形成的团结户和姑爷户,给自身家庭带来了储蓄观念和稳定、有计划的消费节奏,充足的资金使得这些猎民在现代化农业经营的浪潮中独占鳌头。有无存储观念和能否形成有序的消费节奏,是狩猎节奏和农耕节奏的区别所在,也成为猎民能否在大兴安岭现代农业生产中有所作为的基本条件。

(二)从与自然同步到与农作物生长同步

与前文所谈到的与自然同步的狩猎节奏相对应,习惯于农业生产的猎民在生活中有着与农作物生长周期相同步的农耕生活节奏。狩猎和农耕这两种生活方式对于作息有着完全不同的要求。相对于狩猎民按季节打猎,农业作物对天气变化极度敏感,需要经营者在较短的时间内抢种抢收。二者对猎民生活作息节奏要求的差异,使猎民很难从狩猎轻而易举地转向农业的经营方式。

与传统上相对自由的狩猎节奏相比,大豆和小麦这些作物对于猎民的生活作息要求严格。作物的生长周期使得猎民无法按照过去宽松的生活节奏经营农业。作息要求上的变化让很多猎民对农业望而却步。鄂伦春自治旗地处北纬50度左右,每年的无霜期较短,对作物的播种和收割时间有严格要

---

① 在当地,一垧地约合15亩。

求。一旦耽误了播种或收割，作物容易遇上霜冻，对投入大量资本的现代农业有着无法估量的损失。无霜期极短的自然环境使种地者需要抢种、抢收。有时一旦错过秋收最佳时机，遇上连续下雨的天气，会影响当季作物产量。严重时甚至有可能出现亏损的情况。这就要求种地猎民有与作物生长周期同步的生活节奏。小河村的种地猎民在农忙时节每天只睡三个小时，凌晨两点就起床开着拖拉机下地播种。为保障农作物的良好生长，需要从事农业活动的猎民对农业种植节奏有所规划，并严格遵守，而不能随意为之。在笔者的田野中，有些猎民耕种两百亩左右面积的土地。每年固定要在四月中旬播种小麦，在五月中旬前后播种大豆。由于地块分散，不同地块的先后顺序也需要遵循作物生长的自然规律。每年修理拖拉机的时间则固定在播种小麦和大豆两者之间的间隔期内，小麦和大豆的播种机要在相应作物播种前维修。这些与农作物生长有关的活动形塑了这些猎民的生活时间表，要求猎民形成有规律的农耕节奏。不同于狩猎采集的自由自在，农业作物的生长周期和规律要求种地的猎民有着相对严格的生活作息和稳定的生活节奏。时间的精准把控对年底的收成有着至关重要的作用，而不能任由自己决定劳作的节奏。因此，这些家庭如果想要确保年底能够获得丰收，就需要有较强的时间观念，形成与农作物生长周期相一致的生活节奏。

农业生产活动也需要种地猎民对酒有相对的节制。鄂伦春人热情好客，喜欢饮酒。无论在喝酒频率、时长还是数量上相比，小河村种地的猎民要少于不种地的猎民。种地的猎民在家喝酒时的规模和人数也要小于不种地的猎民。这种区分与这些猎民从事农业生产有着密不可分的关系。饮酒这种相对自由且充满不确定性的娱乐活动和消遣方式要求务农的猎民自我节制，这是对务农生活的适应所致。

狩猎不是恣意妄为、毫无节奏的生计活动，也需要遵循规律。但相较于农业而言，狩猎的节奏相对自由得多；务农则需要按照农作物的生长节律来调整生活作息时间，以配合农事节奏。同时，受多变天气的影响，农业对作息有相对严格的要求。因此，以月份和季节为单位节奏的狩猎生活和以天为单位节奏稳定的农耕生活，在紧张程度上存在明显差异。农事活动所要求的紧张生活节奏阻碍猎民农业投资的积极性。

现代化的农业生产方式需要经营者遵循规律的作息，并有充足的资金确保进行前期投入，而这些发展现代农业的基本前提和要求对猎民而言困难重重。猎民没有存储观念和自由的作息，与农业对资金和作息的严苛要求是相互矛盾的。这使猎民种地连年亏损，最后无奈转让土地的案例屡屡发生。很多没有适应农耕生活节奏的猎民迫于生活的压力，将原本外租的土地变卖换钱，以维持生计。政府的低保补贴等优惠政策也使猎民不用强迫自己经营农业，从而能继续在日常生活中延续狩猎生活的节奏。

（三）从个体与群体切换到个体与家庭切换

对应于个体与群体相切换的鄂伦春传统日常生活节奏，当下的农业生产活动要求的是一种个体与家庭之间相切换的日常生活节奏。伴随着改革开放和当地农业的发展，经营农业的猎民需要以家庭为单位进行劳作。在鄂伦春社会日益个体化的同时，出现了在个体与家庭之间相切换的日常生活节奏。

伴随着生产方式的转型，鄂伦春猎民传统日常生活节奏中的群体活动单位已开始逐渐被现代的家庭活动单位所取代，出现了个体与家庭切换的生活节奏。而家庭是这一生活节奏中较为鲜明的特征。在传统上，鄂伦春人狩猎采集的生产方式与以"乌力楞"为单位的群体生活方式相辅相成。但这种群体生活方式随着个体家庭的农业经营日渐淡出鄂伦春的主流社会生活。个体家庭的重要性日渐超过原先跨越家庭边界的群体"乌力楞"之上。然而，时至今日，由于部分猎民不以家庭为生产单位，他们仍未能完全适应现在的农业生产方式，不习惯按劳分配，也不适应日益商业化的经济和社会。在猎民的日常生活中还能看到群体文化特质，延续个体与群体切换的狩猎节奏惯性。这种节奏与需要以家庭为单位的农业生产方式格格不入。个体与群体切换生活节奏中所特有的平均主义，遭到了以家庭为单位"能者多劳"、效率优先原则的挑战。鄂伦春人习惯的个体与群体切换的生活节奏与以家庭为单位的农耕生活构成的矛盾，使得他们无法快速改变节奏，进入到收入较为稳定但要求比较严格的农耕生活节奏中。大多数猎民没有很好的适应以家庭为单位的农耕节奏，错失开地和发展农业的良机，逐渐对农业失去兴趣。

小河村在1955年开始定居宣传，1957年完成猎民下山定居的工作。随之成立的猎民队，从事狩猎、务农、放牧等生产劳动。1960年公社成立开荒队时，购买了5台双轮单犁，2台播种机，7辆大车。但开荒时期以集体为单位的农业发展效果不尽如人意，收成欠佳。80年代，随着现代社会科学技术的进步和对大自然的开发，可供狩猎的空间已在日趋缩小，继续坚持这种生计方式的前景并不明朗。狩猎收获开始变得不稳定，且所获甚微，每年都需要国家扶助。经过政府的耐心宣传，部分鄂伦春人意识到土地在当代社会中的重要价值。在以家庭为单位的联产承包责任制政策下，由于当时猎民生活水平较差，部分猎民开地大多以家庭为单位，采取两家或两家以上合作开地的方式，以五五、四六等分成方式进行土地所有权的分配。尽管此时大多数猎民由于不熟悉农业、对农业没兴趣以及害怕出现毁约等情况没有开地，但不同于传统上个体与群体相切换的生活节奏和集体化时期的生活方式，此时部分猎民已经开始以家庭为单位从事农业生产。

不同于鄂伦春猎民在日常生活中时常进行的个体自由活动，当地的现代农业发展要求猎民需以家庭为单位进行生产才能实现效益最大化。于是，在经营农业时，家内合作就显得十分重要。在农业生产过程中，鄂伦春猎民需要暂缓日常生活中个体的自由活动，而以家庭为单位经营农业，这体现出了个体与家庭切换的日常生活节奏。这种节奏中家庭的重要性与当地发展现代农业对于家庭完整程度的严格要求有着密不可分的关系。不同于内地农村，人均耕地面积大的特点使农业活动不能仅依靠人力种植，需要借助机械完成。在每年的农闲时节，要对拖拉机进行维修，更换零部件。在维修的过程中需要家庭内部成员分工协作，或找村里其他猎民帮忙。除此之外，因为无霜期较短，在春天播种和秋天收获时要在较短的合适时间内完成作业。在操作机械时，需要有人在土地旁边照看并轮流使用机械进行播种，在尽可能短的时间内耕种更多的土地。家庭内部的分工也要确保有人在家做饭，作为后勤保障以便种地的人可以在较短的时间内完成高强度的作业。在这种情况下，拥有较多劳动力和结构完整的家庭便占据一定的优势，可以提升效率，获得更大的利润。这一系列自然节律导致的限制条件，使经营农业的猎民家庭结构相对完整，破碎家庭的重组比例高。一方面，重组家庭有利于维持稳定的农耕节奏，耐心经营农业，以便创造机会提升效率，实现利润最大化；反之，农耕节奏和农耕性格也会驱使破碎家庭进行重组，维持完整的家庭结构。

与此同时，承包责任制的推行和户籍制度的宽松——达斡尔族和汉族的移民通过婚姻这种社会结合的方式进入猎民村，帮助猎民村中部分鄂伦春人开始熟悉农业生产方式，使鄂伦春猎民内部因农业而在生活水平和生活节奏上产生了分化。这些团结户和姑爷户为鄂伦春族带来了稳定的农耕节奏，能够以农耕民族较为熟悉的个体与家庭切换的生活节奏维持生计，更好地适应了农业生产方式。

四、分析与讨论

从鄂伦春传统日常生活节奏变迁的过程中可以看出，世世代代以狩猎为生的猎民在日常生活中逐渐形成了一种狩猎生活节奏，这种节奏是布迪厄意义上的"惯习"，与经营现代农业所要求的生活节奏有所矛盾。狩猎与农业这两种生产方式在生活节奏上的差异使猎民无法在农业上产生盈利，对转而务农兴趣不大。以狩猎为代表的传统日常生活节奏与外来的"非日常"的农耕节奏间的差异，使得猎民难以很好地适应农业经营活动。

从消耗与积累、生活作息以及群体与家庭这三个节奏维度的视角出发，我们发现了传统狩猎节奏与农耕节奏在特征上存在的差异。鄂伦春以狩猎为核心的传统生活节奏所代表的是一种资源快速消耗的生活节奏，自由和平均主义是其生活特点；而来自外部"非日常"的农耕节奏则是一种积累意识，有计划和约束的生产和消费节奏，时间规律和家族主义原则是日常生活准则。从生活节奏入手，我们得以解释为何这些猎民在旗政府给予的开地优惠政策下依旧不能适应务农生活，对农耕没有兴趣，纷纷脱离务农生活。两种生计方式所带来的日常节奏的不同，很难让世世代代以打猎为生的鄂伦春人迅速地从狩猎生活中转换到农耕生活中。虽然手中已没有猎枪，但狩猎生活的惯习犹存。狩猎惯习所伴随的实践生产和认知系统，及其所产生的相应节奏在鄂伦春猎民的日常生活中不断延续至今。周围务农者在羡慕政府所给予鄂伦春人开地优惠政策之时，却惊讶地发现他们却不愿开地。当村委会决定分地给猎民时，猎民也不种，而是将土地外租或转让出去。这类事例不断累积的结果，造就了外界对鄂伦春族人"懒"的刻板印象。

实际上，鄂伦春族现存困境体现在不同层次的节奏之中。首先，对猎民个体而言，很难从以狩猎为核心的传统日常生活节奏快速过渡到外来"非日常"的农耕生活节奏中。二者节奏的不匹配使得部分猎民无法适应农业，进而抛弃土地，重新陷入贫困。其次，就猎民村整体而言，由于经营农业的缘故，村内已经习得农耕生活节奏的种地猎民与不种地的猎民在经济生活上的差距越来越大，产生社会分化。再次，在鄂伦春猎民定居后生活的区域内部，存在多族群不同的生活节奏。与小河村联系较为紧密的达斡尔族和汉族移民在传统上都善于农业生产，早已形成了以农业为主的日常生活节奏。这种多族群的不同节奏既帮助了鄂伦春族更好地适应农耕生活，也使部分猎民对农业产生抗拒心理，以此来形成民族的自我认同。

将日常生活节奏的视角带入我们对现实经验世界和日常生活的观察和研究中，有助于我们从不同视角对已有问题产生新的理解，进行深入研究。但本研究重点不在于研究视角的独特性，而是关心能否借助日常生活节奏视角对鄂伦春族现有问题进行透彻地理解和分析，从而有助于真正解决鄂伦春族目前的发展困境。这是关乎鄂伦春族未来发展命运的重大议题。

鄂伦春族之所以在今天陷入困境，其部分原因就在于外人总以农耕生活方式的立场和视角来想象传统的狩猎采集生活方式，简单地将其贴上"落后"的标签，没有真正理解其文化逻辑内涵。通过运用日常生活节奏这一新颖的研究视角，可以帮助我们更好地理解鄂伦春人传统的生活方式及其变迁过程。同时认识到，在生计方式快速转变的过程中，狩猎与农耕在日常生活节奏上存在的巨大差异使得猎民无法很好地适应农业生活节奏，进而陷入贫困。对鄂伦春猎民的研究实际上也给我们提出了一个有关"发展"的问题，那就是"发展"是否存在着千篇一律的模式？鄂伦春人不愿意或者说不会种地，是因为他们还没有完全接受务农生活。集约化、大规模的耕种可能带来可观的收入，但农业生产的付出，资金的投入，这些都得依靠节俭和积累。对这种农耕生活节奏，猎民显然难以很快适应。我们需要思考的是，难道对于狩猎采集生计者而言，务农和定居即意味着发展？彻底改变他们的传统生计意味着发展？鉴于狩猎为生在今天的条件下已经难以持续，狩猎退出他们的生活是一种必然。但是，难道只有务农才是唯一的出路吗？这是需要我们反思的问题。

同样，对于鄂伦春猎民日常生活节奏的经验研究不仅可以理解鄂伦春猎民在转产过程中面对的困境及其深层次根源，也揭示了社会政策在应对此类民族问题中出现的问题。我们应正视不同群体的传统文化与现代社会的不同之处，但避免做出孰优孰劣的价值判断。笔者认为，二者之间其实可以相互借鉴。在大兴安岭的土地上，汉人与鄂伦春族猎民也一直处于相互学习的过程中，两者的文化特质和生活习惯也在相互不断地渗透。迁移而来的汉人需要向猎民学习自然环境意义上的地方知识，而猎民也需要借鉴汉人社会中的创造发明。学习与交流的过程是双向互动，不宜将这些民族置于单向度的梯级进化论中。不同民族的生存智慧可以帮助解决现代社会在发展中所面临的难题，提供一种不同的视角，对我们习以为常的单向度和阶梯式的发展观念提出批判和反思。

第十章　大兴安岭林区振兴的实践路径研究

一、问题的提出

推进共同富裕、增进民生福祉是未来一段时间内我国经济社会发展的主要任务之一。我国国土面积广、区域差距大，不同地区、不同人群在迈向共同富裕过程中面临不同的困难和处境。作为曾经的重要工业原料输出地，大兴安岭林区在全面停止天然林商业性采伐以后，面临着转型发展的重要任务。新时代，大兴安岭林区如何在保护生态环境的同时，实现林区振兴，是政府、学界与社会各界所共同关心的问题。本章将关注新时代大兴安岭林区在转型发展过程中的难点，进而提出大兴安岭林区振兴的实现路径。

位于我国东北地区的大兴安岭林区拥有极为丰富的森林资源。森林蓄积7.47亿立方米，居全国国有林区之首。作为欧亚大陆北方森林带的重点组成部分，该林区拥有完备的森林、草原、湿地三大自然生态系统，是国家重点纳碳贮碳基地。自20世纪50年代开发大兴安岭以来，当地为我国森林资源供给和经济发展做出了巨大的贡献。由于缺乏科学规划，片面强调经济效益，经过多年开发，大兴安岭林区陷入了可采森林资源危机的境地，当地生态系统的平衡也遭到了严重破坏。针对棘手局面，各级政府通过各种方式，转变林区经济发展方式，在林区经济发展和生态建设上取得了一定的成效。但林区常住人口逐年下滑、经济社会发展态势欠佳等问题依然存在，这为大兴安岭地区的林区振兴发展之路带来了新的挑战。

从当地人口数据上就能很明显地看出当地的衰退之态。根据第七次全国人口普查主要数据公报显示，黑龙江大兴安岭地区常住人口为331276人，而2010年开展的第六次人口普查数据显示大兴安岭地区常住人口总数为

511560，减少18.1万人，下降35.24%，平均每年减少4.25%。作为生态保护的重点区域，大兴安岭无法进行大规模的开发。那么，如何在保护生态环境的同时，振兴当地经济社会发展，是需要学者们思考的问题。

近些年，学界对大兴安岭林区振兴的关注较少。本章将在三个维度上与前人研究展开对话，在学理与实践上增进对研究问题的深化认识。一是学界大多关注乡村振兴，较少关注林区振兴。党的十九大报告指出，农业农村农民问题是关系国计民生的根本性问题，必须始终把解决好"三农"问题作为全党工作的重中之重，实施乡村振兴战略。近年来，学界从理论和实践上研究阐释乡村振兴战略，产生了一批重量级的学术成果。贺雪峰[1]、魏后凯[2]、陈锡文[3]、温铁军[4]、王春光[5]、叶敬忠[6]、周飞舟[7]、王露璐[8]、王晓毅[9]等众多学者围绕乡村振兴的各方面内容展开论述。但总的来看，近年对林区振兴的关注则少之又少，这与林区所占我国地理面积小、人口比重少有关。对林区振兴的关注不应成为乡村振兴大战略背景下的研究盲点。

二是较少关注大兴安岭林区的发展历程是中国式现代化的重要组成部分。中国式现代化是习近平总书记在庆祝中国共产党成立100周年大会上提出的重要论断。中国哲学社会科学有义不容辞的使命任务研究阐释好中国式

---

[1] 贺雪峰：《谁的乡村建设——乡村振兴战略的实施前提》，《探索与争鸣》2017年第12期；贺雪峰：《关于实施乡村振兴战略的几个问题》，《南京农业大学学报》（社会科学版）2018年第3期。

[2] 魏后凯：《如何走好新时代乡村振兴之路》，《人民论坛·学术前沿》2018年第3期。

[3] 陈锡文：《实施乡村振兴战略，推进农业农村现代化》，《中国农业大学学报》（社会科学版）2018年第1期。

[4] 温铁军：《生态文明与比较视野下的乡村振兴战略》，《上海大学学报》（社会科学版）2018年第1期。

[5] 王春光：《关于乡村振兴中农民主体性问题的思考》，《社会发展研究》2018年第1期。

[6] 叶敬忠：《乡村振兴战略：历史沿循、总体布局与路径省思》，《华南师范大学学报》（社会科学版）2018年第2期。

[7] 周飞舟：《从脱贫攻坚到乡村振兴：迈向"家国一体"的国家与农民关系》，《社会学研究》2021年第6期。

[8] 王露璐：《中国式现代化进程中的乡村振兴与伦理重建》，《中国社会科学》2021年第12期。

[9] 王晓毅：《完善乡村治理结构，实现乡村振兴战略》，《中国农业大学学报》（社会科学版）2018年第3期。

现代化。目前，国内哲学社会科学大多从宏观上研究阐释相关议题①，缺乏从中观、微观视角进行的研究。中国的（国有）林区体制与发展路径既有各国现代化的共同特征，更有基于中国自身国情的中国特色，是中国式现代化的重要组成部分。研究阐释好以大兴安岭林区为代表的林业发展路径，有利于总结归纳中国式现代化的既有路径，为下一阶段的林区现代化探索方向。

三是目前对大兴安岭林区的研究大多忽视当地多民族栖息繁衍的历史与现实。虽然目前学界对林区振兴的关注较少，但已经有许多研究关注到大兴安岭林区的发展转型问题。②遗憾的是，这些研究没有充分认识到当地多民族聚居的历史与现实，这就造成在相关学术研究与政策咨询中忽视当地社会文化构成的关键要素，进而无法完整准确把握大兴安岭振兴的关键性问题。在20世纪中叶开发大兴安岭以前，当地林区主要是鄂伦春族居住。鄂伦春族传统生态智慧中蕴含的对于森林的保护和利用的知识对于今天生态文明建设具有重要意义，但却鲜少被重视和运用。大兴安岭开发促进了南方移民进入大兴安岭腹地，促进各民族交往交流交融，国家开发与多民族互动的关系也很少被学者所重视。因此，在大兴安岭林区振兴实现路径的研究中，需要注重从民族视角进行分析，方能完整准确把握其现实情况，进而为当地全方位振兴提供一些更切实际的思考。

本章的研究意义主要有两点。一是从地方意义上来看，本章力求寻找大兴安岭林区转型发展过程中的难点，为新时代大兴安岭林区振兴发展提供新思路，助力当地经济社会高质量发展。二是从全国意义上来看，我国许多地方也存在与大兴安岭地权分布格局相类似的国有林场、国营农场待改制的情况，本章的研究内容将会为我国其他国有林场、农场改革与振兴提供经验范本。

二、大兴安岭林区振兴的实践路径

大兴安岭林区的经济发展对于当地社会的发展以及人民的生活福祉具

---

① 应星：《社会学的历史视角与中国式现代化》，《中国社会科学》2022年第3期；杨清媚：《中国人类学对中国式现代化的理论探索》，《中国社会科学》2022年第3期。

② 李明娟、李炜：《大兴安岭生态功能区建设与国有林区经济转型研究》，《学术交流》2012年第8期；宋德才：《内蒙古大兴安岭林区经济转型发展研究》，《林业经济》2014年第8期。

有重要影响。但正如上文所提及的一样，无论是从当地GDP的总量、排名，还是人口流失数量来看，当地经济社会发展的势头并不尽如人意。其主要因素自然是与林区经济社会发展转型密切相关。林区由森林砍伐经营向生态环境保护的转变，自然影响了当地社会的发展势头。除此之外，其他因素也在阻碍着大兴安岭林区的经济社会发展。本节将尝试为大兴安岭林区经济社会振兴提出四个方面的建议。

（一）持续优化产业结构

产业结构与经济发展之间存在着显著的正向关系，即产业结构的优化将极大地促进一个地区的经济发展。产业结构与经济发展之间存在着密切的互动关系，产业结构的优化和升级是推动经济发展的重要力量，而经济的发展又反过来促进产业结构的进一步优化和升级。在大兴安岭林区，以木材生产为主的林业产业曾经是地方经济发展的支柱产业，但随着产能下降，当地产业结构被迫需要进行优化调整。在此背景下，优化产业结构，促进转型升级成为大兴安岭林区经济社会振兴的重要进路之一。

大兴安岭林区的产业结构经历了显著的转变和优化，从以木材生产为主的单一经济结构逐渐发展为多元化的复合型林区经济。在大兴安岭开发建设之初，由于国家经济建设急需木材，林区的经济结构基本以木材生产为主，经济结构相对单一。随着木材需求量的增加，林区的森林资源出现了过度消耗，可采森林资源的蓄积锐减。自20世纪80年代末，替代产业和替代物资陆续出现，导致一向走俏的木材在1989年年底受到整个市场疲软的影响，资源危机和经济危困（"两危"）相继出现。面对资源危机和经济危困，林区各有关部门进行产业政策调整。20世纪末，大兴安岭地区开始向复合型林区经济转变。截至目前，大兴安岭林区已逐步形成了生态主导型的产业格局。林区充分释放"水库、钱库、粮库、碳库"功能，初步形成了寒地生物、寒地测试、冰雪经济、文化旅游、绿色矿业、碳汇经济等生态主导型产业格局。随着产业结构的不断优化和新兴产业的快速发展，大兴安岭地区的经济将继续保持稳定增长态势，同时更加注重生态保护和可持续发展。总体来看，大兴安岭林区的产业结构已经从以木材生产为主的单一经济结构转变为多元化的复合型林区经济，形成了生态主导型产业格局。未来，大兴安岭地区将继续深化产业结构调整，推动经济高质量发展。

尽管林区产业已经开始逐步得到转型优化升级，但目前林区产业的优化转型升级力度仍显不足。为更好地实现大兴安岭林区振兴，应调整产业结构，寻找新的产业增长点，积极推动产业升级。在调整产业结构上，要改变过去"独木支撑"的产业格局，大力发展多元化产业。在国家发展战略指导下，积极培育新的经济增长点，如生态旅游业、寒地生物产业、寒地测试产业等。在推动产业升级上，要通过技术创新和产业升级，提高产品的附加值和市场竞争力。加大对中小企业的扶持力度，鼓励企业技术创新和转型升级，推动林区经济由传统林业向现代林业转变。下面主要围绕三个产业，谈一谈对大兴安岭林区产业转型升级未来发展方向的认识。

1.碳汇产业

碳汇产业是林区产业绿色发展转型的重要方向。林业碳汇是指利用森林的储碳功能，通过植树造林、加强森林经营管理、减少毁林、保护和恢复森林植被等活动，吸收和固定大气中的二氧化碳，并按照相关规则与碳汇交易相结合的过程、活动或机制。发展林业碳汇项目不仅有利于改良林地土壤、改善林分质量、优化生态环境，还可以利用良好的森林生态资源，增加生态产品和服务供给，提高林地产出率，促进生态保护和经济发展良性互动。[1]

近年来，内蒙古大兴安岭林区重点推进了北部原始林区申报国家森林公园和毕拉河林业局申报国家级自然保护区等工作，初步形成占林区总面积33%的森林公园、自然保护区、湿地公园和湿地类型保护区集群；推进了汗马国家级自然保护区，加入"世界人与生物圈保护区网络"组织成员工作和额尔古纳保护区启动了二期工程建设工作，完成了区域内资源和生物多样性调查；组织开展了森林碳汇调查实测，科学测算了林区森林碳汇储量和近年度碳吸收增量，为提高生态地位和介入碳汇交易提供了依据。

鄂伦春自治旗林业和草原局聚焦碳汇项目开发，推动碳汇生态产品价值实现。在开发碳汇项目前，鄂伦春自治旗组织林草和自然资源局部门，摸清森林、草原、湿地资源底数，利用自治旗地方林地数据和国土三调数据分析自治旗碳汇资源，筹备建立碳汇资源数据库，为后续碳汇工作的开展奠定了基础。

---

[1] 郭晓龙：《黑龙江积极推进林业碳汇交易，拓展市场机制补偿模式——空气"变现"林海生金》，《人民日报》2024年8月26日，第14版。

在黑龙江大兴安岭林区，碳汇也成为当地重要产业。在其背后，是黑龙江碳汇标准体系和遥感技术的支撑。对于黑龙江林业职工来说，通过碳汇市场化机制，林业职工经营培育森林的付出，将被转化为合理经济补偿，带动林区经济转型和职工增收，将"碳库"变"钱库"。

就目前形势来看，林业碳汇备受人们关注。尽管存在资金短缺、技术不足、回报周期长及非持久性等风险，但相比于绝大多数减排项目，其更加具有生态和多重效益优势。在未来林区产业发展转型中，能够成为重要产业之一。

2. 林下经济

林下经济主要是指以林地资源和森林生态环境为依托，发展起来的林下种植业、养殖业、采集业和森林旅游业。它充分利用林下土地资源和林阴优势，从事林下种植、养殖等立体复合生产经营，实现农林牧各业资源共享、优势互补、循环相生、协调发展。林下经济具有投入少、见效快、易操作、潜力大等特点，是促进大兴安岭林区绿色增长的有效途径。

内蒙古大兴安岭森工集团对林下野生资源采集管理进行了规范，类似举措帮助林业职工实现增收，推动林区经济社会发展。具体举措包括：开展北部、中部林区野生中草药资源和库都尔、绰尔野生浆果资源调查；按国投资金额度进行满归野生浆果冷储项目建设；结合中草药开发扩大图里河中草药种植面积；开工建设图里河酒厂扩建项目；扩大库都尔大果沙棘、大杨树蓝莓种植基地；在毕拉河开展了林蛙试养；投资270万元扩大了克一河木耳种植加工生产规模；绰尔马养殖、金河北极狐养殖规模进一步扩大，根河开展了驯鹿试养。林下经济开发的有序推进，为建设绿色林特产品生产基地，打造加工龙头项目打下了坚实的基础。①

位于内蒙古呼伦贝尔的鄂伦春自治旗积极促进"生态产业化"，探索发展林下经济。近年来，鄂伦春自治旗林业产业项目发展主要集中在林药、林菌方面。为促进行业发展，2023年，鄂伦春自治旗举办中草药标准化培训班一个，实施林下中草药烘干车间建设项目一个。同时，鄂伦春自治旗林草局积极开展食用林产品安全质量检测工作，对鄂伦春自治旗多个合作社的林产品进行检测，确保产品质量达标。

---

① 宋德才：《内蒙古大兴安岭林区经济转型发展研究》，《林业经济》2014年第8期。

黑龙江林区林下经济也呈现出蓬勃发展的态势。黑龙江省林草局印发了《黑龙江省林下经济发展规划（2021—2035年）》，旨在通过深化林下经济产品供给侧结构性改革，培育绿色转型发展的新业态新模式，推动林下产业振兴发展。黑龙江林区依托丰富的森林资源，构建了林粮、林菌、林药、林菜、林果、林下养殖与森林景观环境利用等七大林下经济特色产业体系。例如，漠河林场通过种植灵芝、黑木耳等林菌产品，养殖林下鸡，以及发展养蜂业，实现了林下经济的多元化发展。

随着人们对绿色、健康、环保产品的需求不断增长，林下经济产品的市场需求也在不断扩大。林下经济产品以其绿色、有机、健康的特点，深受消费者喜爱。通过加强品牌建设、拓展销售渠道、提高产品质量和附加值等方式，可以进一步提升林下经济产品的市场竞争力和市场份额。大兴安岭林区应积极推进"生态产业化"进程，发展好林下经济。

3.寒地测试

寒地测试产业是大兴安岭林区近年来新出现的绿色产业。该产业利用大兴安岭当地独特的寒地资源，释放了独特的经济效应。笔者在漠河、塔河、黑河等地，均有观察到寒地测试产业。该产业一改大小兴安岭林区冬季相对冷清的旧有局面。

漠河市冬季漫长寒冷，与全球汽车测试最前端的瑞士、德国纬度接近，寒地测试项目可以从每年的11月15日延伸至次年的4月20日。依托得天独厚的冰雪资源优势，当地以延伸"冷资源"产业为核心，大力发展寒地测试产业，真正将"冷资源"变为"热经济"。长达6个月的低温测试时间，为高寒环境测试提供了极佳条件，近年来，越来越多的车企来漠河测试。2023年冬季，漠河市成功吸引国内外40余家车企来此进行寒地试车。

寒地测试产业的蓬勃发展，为当地经济发展注入新活力。根据相关报道显示，2022年至2023年的寒地测试季，仅漠河一地就入驻40多家车企，试验车辆1000余台，试验人员1500余人，带动当地旅游、餐饮、住宿等服务行业发展，相关消费总额超5000万元。[①]寒地测试产业有效拉动林区总体经济增长，为林区经济发展注入了新动能。

---

① 《大兴安岭寒地测试产业规模质效强势攀升》，https://baijiahao.baidu.com/s?id=1788208571279715794&wfr=spider&for=pc，访问日期：2024年9月14日。

寒地测试现已成为大兴安岭林区经济社会发展的新增长点。当地各部门也在密切关注产业发展动向，积极做好服务配套保障工作，以此为契机推动产业结构优化升级。

（二）加强基础设施建设

基础设施（infrastructure）是指为社会生产和居民生活提供公共服务的物质工程设施，是用于保证国家或地区社会经济活动正常进行的公共服务系统。它是社会赖以生存发展的一般物质条件。基础设施所涉及的内容十分广泛，包括交通、邮电、供水供电、商业服务、科研与技术服务、园林绿化、环境保护、文化教育、卫生事业等市政公用工程设施和公共生活服务设施等。这些内容均是国民经济各项事业发展的基础。

在现代社会中，完善的基础设施对社会经济活动的发展，促进其空间分布形态演变起着巨大的推动作用。建立完善的基础设施往往需较长时间和巨额投资。对新建、扩建项目，特别是类似于大兴安岭林区这种远离经济发达地区的重大项目和基地建设，更需优先发展基础设施。一方面可以方便项目建成后尽快发挥效益，另一方面可以推动当地经济社会发展的全面振兴。对大兴安岭林区来说，更为重要的是，基础设施建设对于东北边疆地区国防安全具有重要作用。

在大兴安岭林区，公路和铁路的修建对当地经济社会发展曾产生过深远意义。笔者在本书第八章中也专门论述过此问题。在第八章中，笔者主要对于大兴安岭林区交通基础设施的修筑历史及其影响进行研究，未对目前交通基础设施以及其他基础设施的现状进行关注。在如今乡村振兴的背景下，基础设施建设对于促进林区经济社会高质量发展具有重要作用。因此，需要对林区基础设施建设的意义、不足进行梳理，并提出相应的对策建议。

从一般意义上来说，基础设施建设对于乡村振兴的作用至关重要，主要体现在以下几个方面。一是基础设施是产业兴旺的重要支撑。通过加强基础设施建设，如改善农田水利、乡村道路、电力通信等条件，可以为产业发展提供坚实基础，吸引更多投资，促进乡村产业的集聚和发展，从而推动乡村经济繁荣。二是基础设施建设有助于提升乡村治理效能。完善的基础设施可以促进政府服务向基层延伸，提高乡村治理的效率和水平。例如，健全的文化体育设施可以提升乡村居民的精神文化生活，完善的医疗卫生设施可以改善居民的健康状况，这些都有助于构建和谐稳定的乡村社会。三是基础设施的完善是建设美丽乡村的重要保障。通过加强环境基础设施如污水处理、垃圾处理等的建设，可以显著改善农村人居环境，打造生态宜居的美丽乡村。同时，提升农村公共服务设施水平，如教育、文化、医疗等，可以满足农民日益增长的美好生活需要，进一步增强农民的获得感和幸福感。

大兴安岭林区情况不同于一般意义上的农村，有其自身特殊性，主要体现在林区发展的特殊性，以及地处边疆的地理位置特殊性。对大兴安岭林区而言，基础设施建设主要有以下作用。一是促进经济发展。完善的基础设施能够提升大兴安岭林区的交通便捷程度，吸引更多的项目来此投资，方便更多的游客来到林区旅游消费，从而带动当地林区经济发展。随着基础设施的改善，大兴安岭林区可以吸引更多现代服务业入驻，推动当地产业结构的优化升级。二是提升居民生活质量。基础设施的完善可以提升大兴安岭林区居民的生活质量。例如，新建或改造的居住建筑项目可以为当地居民提供更加舒适的居住环境；电力、供水等能源动力项目的改善可以确保居民的基本生活需求得到满足。交通运输、邮电通讯等基础设施的完善还可以提高大兴安岭林区的公共服务水平。例如，公路、铁路等交通运输项目的建设或更新可以方便林区人民出行，提高交通效率；电信、通信等项目的建设则可以为居民提供更加便捷的信息服务。三是助力对外开放。完善的基础设施可以提升大兴安岭林区的区域竞争力，使其在对外开放中占据更有利的位置。例如，交通运输项目的建设可以加强与周边地区的联系，促进区域间的经济交流与合作；同时，也可以为对外贸易提供更加便捷的条件。四是加强国防安全。大兴安岭林区位于我国东北边疆地区，对边疆安全发展稳定而言，地理位置十分重要。林区人烟稀少，巡视监控能力相对较弱。当地公路、铁路、网络等交通基础设施的建设有助于守护好我国北疆安全。五是提升工作效率。移动网络等信息化基础设施的建设不仅能够便捷林区人民的日常生活，还能够加强林业点与外界的工作联系，提升林区应急处置能力。

因林区面积广阔、经济下滑、人口外流等因素的影响，目前林区基础设施建设还存在着许多短板，主要有以下几个方面。一是交通基础设施落后。由于林区面积大、地形复杂，许多乡镇、林场尚未通硬化公路，林道网密度远低于国家标准和省级标准，导致交通不便，影响物资运输和人员流动。地处偏远、气候严寒的林区地理特征，使得交通基础设施建设成本较高，难以吸引社会资金，进一步加剧了交通设施落后的状况。二是供水、供气、排污等基础设施薄弱。在供水方面，林区集中供水普及率低于同省区平均水平，部分乡镇、林场尚未实现集中供水，影响了居民的生产生活。在供气方面，普及率也低于所在省区平均水平，部分区域尚未实现天然气供应，居民仍需依赖传统能源。在排污处理能力方面，污水处理率较低，且生活垃圾无害化处理率为零，导致部分林区存在环境污染问题。三是通信设施落后。尽管近年来有所改善，但林区公网覆盖率仍然较低，特别是管护站、检查站和防火瞭望塔等区域通信信号差，影响了生态保护、防灾减灾和经济转型。林区通信基础设施落后，通信主要以微波和超短波为主，光缆施工经验不足，限制了通信技术的发展和应用。

目前，大兴安岭林区基础设施存在的问题不仅影响了林区居民的生产生活，也制约了林区的生态保护、防灾减灾和经济转型。因此，需要加大投入力度，加强基础设施建设，提高林区综合承载能力。笔者认为，主要可以从以下几个方面，加强林区基础设施建设。

一是加强交通设施建设。建议加大对林区道路的投入力度，提升道路等级，将现有砂石路面升级为硬化路面，提高道路通行能力和安全性。增加林区道路网密度，特别是在乡镇、林场等区域，建设更多的硬化公路，实现区域间交通互联互通。构建完善的林区交通网络体系，包括连接主要林区、乡镇、林场和重要节点的交通干线，以及通往景区、防火瞭望塔等区域的支线道路。加强林区与周边地区的交通联系，提高林区交通的可达性和便利性。

二是提升供水、供气、排污等基础设施水平。加强林区供水设施建设，扩大集中供水覆盖面，确保乡镇、林场等区域实现安全、稳定的供水。加强对供水设施的维护和管理，确保供水设施的正常运行和供水水质的安全。推进林区天然气供应设施建设，提高供气普及率，减少对传统能源的依赖。加强天然气管道的建设和维护工作，确保供气设施的安全稳定运行。建设和完善林区排污设施，提高污水处理率和生活垃圾无害化处理率。加强对排污设施的监管和管理，确保排污设施的正常运行和环保达标。

三是加快通信设施建设。加大对林区通信基础设施的投入力度，建设更多的通信基站和传输线路，提高公网覆盖率。优先解决管护站、检查站和防火瞭望塔等区域的通信信号问题，确保生态保护和防灾减灾工作的顺利开展。加强林区信息化建设工作，建设智慧林业云平台等信息化系统，提高林区管理的智能化水平。推广使用先进的通信技术手段和设备，提升林区通信的可靠性和稳定性。

四是拓宽融资渠道，推进林区基础设施建设。积极探索多元化融资渠道，引入社会资本参与林区基础设施建设和管理运营。通过政府引导基金、社会资本合作模式等方式吸引社会资金投入林区基础设施建设领域。争取国家和地方政府的政策扶持和资金支持，为林区基础设施建设提供有力保障。制定优惠政策吸引企业投资林区基础设施建设领域，如税收减免等政策措施。

五是加强组织协调和监管。要充分认识到林区基础设施建设对于实现经济社会高质量发展的重大意义，加强政府各部门之间的协调配合工作，形成合力推动林区基础设施建设工作顺利开展。加强地企合作和区域协作，共同推动林区基础设施建设工作取得实效。加强对林区基础设施建设的监管力度，确保工程建设质量和安全。建立健全监管机制和考核体系，对林区基础设施建设工作进行全面评估和监督。

（三）不断注重改善民生

改善民生在大兴安岭林区的社会发展中具有至关重要的作用，它不仅关乎人民群众的生活质量，还直接影响到国家的经济发展、社会稳定以及民族复兴的进程。目前，由于林区经济社会发展的停滞甚至下滑，加之企业剥离办社会等一系列的改革举措，地方财政出现困难，使得地方政府在改善民生方面出现有心无力的情况。当下，在林区所涉及的各旗县中，都存在着财政缺口导致民生项目无法得到有效改善的情况。改善民生是留住林区人口，促进林区经济社会发展，维护林区社会和谐稳定的重要途径。笔者认为可以从以下这些方面改善林区民生情况。

一是解决财政困难，确保改善民生项目支出。对地方政府增加剥离企业办社会财力补助，减轻地方政府相关负担。持续加大均衡性转移支付力度，增加林区涉及旗县的可用财力，增强县级统筹财力解决问题的能力，促进林区经济社会高质量发展。

二是发展教育事业。加大教育投入力度，改善教育设施条件。推进素质教育和职业教育发展，提高林区居民的文化素质和职业技能水平。加强教师队伍建设，提高教师待遇和地位。根据林区学龄人口流失，教师人才资源流失等情况，整合林区教育资源，确保林区教育水平不下滑，促进学生全面发展。坚持以铸牢中华民族共同体意识为工作主线，确保各民族学生享有同等水平的教育资源。

三是促进就业创业。积极引导和鼓励林区居民就业创业，通过政策扶持和技能培训等措施，提高居民的就业创业能力。同时，加强劳动力转移就业服务，促进林区剩余劳动力向非林产业转移。

四是提升公共服务水平。深化医药卫生体制改革，加强林区医疗卫生服务体系建设。加强基层医疗卫生机构建设，提高基层医疗服务能力。充分利用新技术，打造互联网诊疗服务，提高林区医疗水平。建立健全社会保障体系，提高林区居民的社会保障水平。加强养老、医疗、失业等社会保险制度建设，完善社会救助体系。

（四）促进旅游产业发展

受限于生态功能保护与产业开发受限的影响，旅游产业是大兴安岭林区发展转型后，能够推动林区经济社会发展的新兴绿色产业，具有很大的潜力。大兴安岭拥有大森林、大湿地、大冰雪、大界江、大氧吧等得天独厚的旅游资源，旅游业得以快速发展，成为林区重要的经济增长点。随着冰雪旅游和冰雪运动的兴起，冰雪经济成为大兴安岭地区的新兴产业，为林区经济注入了新的活力。

旅游业对地方经济增长的贡献是不言而喻的。大兴安岭林区拥有丰富的自然景观和人文资源，如界江源、高寒冰雪、北极光、大白山等，这些资源为旅游产业的发展提供了得天独厚的条件。通过开发这些旅游资源，可以吸引大量游客前来观光旅游，从而直接带动当地餐饮、住宿、交通、购物等相关产业的发展，增加地方财政收入。旅游产业的发展还会产生广泛的间接经济效应。例如，旅游业的繁荣会促进当地农产品的销售，提高农民收入；同时，旅游业的发展还会带动当地就业，吸收地方剩余劳动力，提高居民生活水平。

1. 典型案例

（1）黑龙江省加格达奇区

位于黑龙江省的加格达奇区近年来积极发展旅游业，结合自身优势，推出一系列特色旅游活动。例如，设计生态旅游线路与自驾驿站，方便自驾游客穿行林区游览。加格达奇区依托其得天独厚的生态优势，精心推出了6

条精品生态旅游线路，为游客提供了多样化的旅游选择。成功打造了"红旗红"和"林海驿味"两个自驾驿站，这些驿站不仅为游客提供了用餐所需的桌椅、水电、旅游地图等便利设施，还极大地提升了游客的旅游体验。除打造自驾旅游产业外，加格达奇区大力打造冰雪旅游活动。近年来成功举办了加格达奇区冰雪嘉年华系列活动、"奔跑吧少年"冬季系列体育赛事、百万青少年上冰雪、"北极熊"冬泳表演赛、大众速滑邀请赛等森林冰雪体育赛事活动，共计17场次。这些活动不仅丰富了冬季林区群众文化生活，也为游客带来了森林生态旅游与户外运动深度融合的全新体验。由于"林区文化＋冰雪旅游"模式的成功实施，加格达奇区的森林冰雪旅游持续升温，旅游人数和旅游收入均大幅增长。

位于加格达奇北端的漠河市依托林区、北极村等地理优势，吸引全国各地游客来此旅游。在旅游设施与服务方面，北极村积极建设和完善各类旅游设施，以满足游客的多样化需求。例如，北极村房车露营地于2023年正式投入运营，占地2公顷，建有大、中、小型房车营位66个，为自驾游客提供了便捷的住宿选择。北极村还注重提升旅游服务质量，为游客提供全方位的服务。例如，北极红色驿站为游客提供服务咨询、手机充电、避暑取暖、爱心雨具、应急救助、图书阅读等10余项服务，让游客在旅途中感受到家的温暖。在旅游活动方面，北极村充分利用其独特的冰雪资源，开展了一系列冰雪活动。例如，冰上龙舟赛、雪上娱乐项目等，吸引了大量游客前来参与，让游客在冰天雪地中享受运动的乐趣。北极村还注重挖掘和传承当地的文化资源，为游客提供丰富的文化体验。例如，"最北邮局""最北供销社""最北饺子馆"等以"北"为名的商铺备受游客青睐，让游客在购物的同时也能感受到北极村的独特魅力。近年来，北极村的游客接待量持续攀升。特别是2024年1月至7月，漠河市共接待游客181.13万人次，同比增长98.78%。这一数据表明，北极村作为旅游目的地的吸引力不断增强。随着游客数量的增加，北极村的旅游收入也实现了快速增长。2024年1月至7月，漠河市实现旅游收入16.4亿元，同比增长99.18%。这一成绩不仅反映了北极村旅游业的繁荣，也体现了当地旅游服务质量的提升。

（2）内蒙古自治区呼伦贝尔市

与黑龙江省一样，内蒙古大兴安岭林区也积极发展旅游产业，取得不错的效果。鄂伦春自治旗位于呼伦贝尔市东北部，地处大兴安岭林区，与呼伦贝尔其他地区的草原地貌形成鲜明对比。鄂伦春自治旗自然风光秀丽、生态环境优美，拥有大兴安岭、冰川遗迹、火山地貌等丰富的自然资源。自治旗充分利用这些资源，重点培育开发森林原生态旅游精品项目，如达尔滨湖自驾车营地、多布库尔猎民村野奢营地等。除自然资源外，自治旗还深入挖掘历史文化，推出了多条旅游线路和特色活动体验项目，如"芳春已随谷雨去 兴安岭上杜鹃来"旅游线路、祈福活动、冰雪半程马拉松等，吸引了大量游客前来体验。近年来，鄂伦春自治旗的旅游发展情况呈现出蓬勃向上的态势。首先体现在，旅游人数与收入增长显著。据新华网等权威媒体报道，2024年1月至7月，鄂伦春自治旗接待旅游人数达到82.2万人，同比增长15.7%；实现旅游收入11.15亿元，同比增长49.67%，均创历史新高。这一数据充分显示了鄂伦春自治旗旅游业的强劲发展势头。其次，鄂伦春自治旗结合地方深林、冰雪等独特地理景观，打造丰富多彩的文旅活动。旗文化和旅游局围绕塑品牌、促消费、提品质等方面，成功举办了一系列有规模、有影响、有效益的品牌活动，如"冰雪'伊萨仁'"、达尔滨兴安杜鹃赏花季、"'5·19'中国旅游日"、第34届鄂伦春族篝火节等。同时，还创新旅游业态，推出了民俗文化展示、民族体育赛事、文创产品销售、亲子活动体验、森林美食品鉴、民族风情旅拍、户外露营体验等特色创新业态，进一步满足了游客的多元化需求。这些活动不仅丰富了游客的旅游体验，还有效拉动了全旗旅游经济的提升。

近些年，作为内蒙古自治区呼伦贝尔市下辖的县级市——根河市，依托其独特的自然生态景观和丰富的民俗文化，在旅游发展方面同样取得显著成效。根河市地处大兴安岭腹地，是国家重点生态功能区，拥有全国唯一的集中连片的寒温带原始针叶林。其森林面积广阔，覆盖率高达91.7%，自然保护区和湿地面积也相当可观，占全市面积的13.6%。此外，根河市还拥有丰富的水资源，有2000多条河流流经此地。这些得天独厚的自然资源为根河的旅游发展提供了坚实的基础。根河市围绕"森林之城、驯鹿之乡、养生胜地、中国冷极"的旅游品牌，全力打造国内一流的森林生态旅游目的地。通过举办各类旅游节庆活动、加强文旅宣传推介等措施，不断提升根河旅游的知名度和美誉度。同时，根河市还积极推动景区提档升级，如敖鲁古雅使鹿部落景区已成功晋升为国家AAAA级景区，并入选首批"自治区级非遗旅游体验基地"。在旅游产业发展上，根河市实现了快速发展。根据公开数据，2023年根河市接待国内游客数量大幅增长，旅游收入也实现了显著增长。这主要得益于根河市在旅游基础设施建设、旅游产品创新、旅游服务质量提升等方面的不断努力。此外，根河市还积极推动文旅产业与康养度假、文化体育、城乡经济等融合发展，形成了全域旅游发展的新格局。展望未来，根河市将继续深化文旅产业提标提效发展行动计划，围绕"森林之城、驯鹿之乡、养生胜地、中国冷极"的总体定位，进一步完善旅游基础设施、丰富旅游产品供给、提升旅游服务质量。同时，根河市还将积极借助各类宣传渠道和平台，加大旅游宣传推介力度，吸引更多游客前来体验根河独特的自然风光和民俗文化。

2.目前存在的问题

尽管大兴安岭林区旅游产业发展已经取得长足进步，并日益成为当地绿色经济发展的重要产业，但其依然存在很大的提升空间。笔者认为，目前大兴安岭林区旅游存在不足之处主要有以下几点：

一是资源整合与规划不足。长期以来，大兴安岭林区所涉及的内蒙古自治区、黑龙江省缺乏统筹协调，无法形成合力。两省区的林业局在旅游产业的发展上各自为战，缺乏科学的整合规划。这导致资源分散、重复建设现象严重，景观规模小，沿途缺少规划串联，难以形成规模效应和品牌影响力。因为"条块关系"等多重因素影响，大兴安岭林区在旅游资源的开发利用上缺乏统一规划和协调，导致旅游项目布局不合理，旅游线路设计不科学，无法充分发挥资源的整体优势。

二是基础设施与配套服务滞后。大兴安岭林区地处偏远山区，交通条件相对落后。机场数量、规模较小，缺少客运支线建设；铁路客运没有高铁支持，目前富裕县以北仍是单轨铁路，且并非电气化铁路建设，通行效率十分缓慢；公路交通也缺少高速衔接，路况较差，经常有封路、修路情况，影响游客自驾的规划与体验。这些因素严重制约了游客的进入和景区的可进入性。景区内旅游项目、餐饮、住宿、交通、通讯、休闲娱乐等服务管理设施建设十分短缺，不能为游客提供便利的服务。尤其在酒店方面，缺少高端、商务酒店。同时，景区内部和景区之间更缺少一体化管理，影响了游客的旅游体验。

三是旅游产品单一与缺乏创新。目前大兴安岭林区的旅游产品还主要停留在简单的森林游、风光游上，缺乏产业链延伸设计和安排。旅游内容简单且缺少连贯性，无法满足游客多样化的需求。在旅游产品的开发和创新上投入不足，缺乏具有地方特色和吸引力的新产品。同时，现代服务管理方式在这里也很少体现，还处于旅游发展的初始阶段。

四是品牌建设与市场推广不足。大兴安岭林区在旅游品牌建设上缺乏统一规划和推广策略，导致品牌知名度不高。仅北极村等少数景区尚有一定知名度，其他景区则缺乏独具特色的产品。在旅游市场推广上缺乏力度和创新性，宣传方式过于传统和单一。同时，由于整体旅游形象尚无统一定位，在旅游推广上便稍显乏力。

五是人文景观与文化挖掘不足。大兴安岭林区在人文景观的打造上投入不足，缺乏具有地方特色和文化内涵的景点。这导致游客在游览过程中难以深入了解当地的历史文化和民俗风情。在旅游产品的设计和开发中缺乏对当地文化的深入挖掘和展示，无法让游客充分感受到大兴安岭林区的独特魅力。

针对以上不足，大兴安岭林区需要采取一系列措施来推动旅游产业的持续健康发展。包括加强资源整合与规划、完善基础设施与配套服务、丰富旅游产品与加强创新、提升品牌建设与市场推广以及深入挖掘人文景观与文化内涵等。通过这些措施的实施，可以进一步提升大兴安岭林区旅游产业的竞争力和吸引力，实现旅游产业的可持续发展。

3.对策建议

针对大兴安岭林区旅游产业发展的不足，可以在以下这些方面进行改进提升，以在推动大兴安岭林区旅游产业发展的同时，促进大兴安岭林区经济社会发展的全面振兴。

一是加强资源整合与规划。内蒙古自治区和黑龙江省可建设大兴安岭林区跨省区协调机制，制定统一的旅游发展规划，明确各区域的功能定位和发展方向，避免资源分散和重复建设。通过规划引导，实现旅游资源的优化配置和合理利用。加强两省区之间，以及省区各林业局之间的合作，打破行政壁垒，实现资源共享、优势互补。同时，积极与周边地区开展合作，共同打造跨区域旅游线路和产品。

二是完善基础设施与配套服务。加大对交通基础设施的投入，提升林区的可进入性。包括建设和完善航空、铁路、公路等交通网络，提高旅游交通的便捷性和舒适度。加强景区内部基础设施建设，提升旅游接待能力。包括建设和完善餐饮、住宿、交通、通讯、休闲娱乐等服务设施，为游客提供全方位、高质量的旅游服务。

三是丰富创新旅游产品。在保持森林游、风光游等传统旅游产品的基础上，开发具有地方特色和吸引力的新产品。如生态康养旅游、冰雪旅游、文化旅游、研学旅游等，满足游客多样化的需求。注重旅游产品的创新性和差异化发展。通过引入新技术、新理念和新模式，提升旅游产品的品质和竞争力。同时，加强旅游产品的文化内涵和故事性，增强游客的参与感和体验感。

四是提升品牌建设与市场推广。结合大兴安岭林区的自然资源和人文特色，打造具有地方特色的旅游品牌。通过品牌塑造和推广，提升林区的知名度和美誉度。加大市场推广力度，创新宣传方式。利用互联网、社交媒体等新媒体平台，开展线上线下相结合的宣传营销活动。同时，加强与旅游机构、旅行社等合作，拓宽市场渠道和客源市场。

五是深入挖掘人文景观与文化内涵。深入挖掘大兴安岭林区的历史文化和民俗风情，将文化元素融入旅游产品中。通过举办文化节庆活动、建设文化展示场馆等方式，让游客在游览过程中感受到当地的文化魅力。结合文化挖掘成果，打造具有地方特色的人文景观。如建设文化主题公园、文化街区等，为游客提供更加丰富多样的旅游体验。

六是加强人才培养与引进。建立健全旅游人才培养体系，提升旅游从业人员的专业素养和服务水平。通过举办培训班、开展技能竞赛等方式，培养一批高素质的旅游人才。积极引进旅游专业人才和管理团队，为林区旅游产业的发展注入新的活力和动力。通过提供优惠政策、搭建服务平台等方式，吸引更多优秀人才投身林区旅游事业。

三、结语

大兴安岭林区曾经辉煌，但在林区产业方式绿色转型的背景下，持续出现了经济社会发展态势下滑、后劲不足等情况。因此，在全国各地推动乡村振兴的新时代大背景之下，大兴安岭林区振兴显得尤为重要，其研究意义深远且重大。在生态上，大兴安岭是我国东北乃至华北地区的天然生态屏障，对阻挡西伯利亚的冷空气、保持水土、维护生物多样性等方面具有不可替代的作用。其生态环境的健康与否直接影响到周边乃至更大范围地区的生态平衡。由于历史原因，大兴安岭林区曾经历过度开采，导致生态环境受损。有关林区振兴的研究有助于探索科学合理的生态恢复路径，促进林区的生态功能恢复和提升。在经济上，大兴安岭林区传统上依赖木材生产，但随着资源的枯竭和环保要求的提高，这种单一的经济模式已难以为继。有关林区振兴的研究有助于推动林区经济向多元化、可持续方向发展，如发展林下经济、生态旅游等新兴产业。同时，林区振兴将带动相关产业的发展，从而创造更多的就业机会，缓解林区职工的就业压力，提高林区人民的生活水平。在社会层面，林区振兴将改善林区人民的生活条件，提高社会福祉，减少人口外流加重现象，从而有助于维护林区的社会稳定和长治久安。在国家安全层面，林区振兴可以减少人口外流趋势，确保东北边疆安全稳定。因此，林区振兴不仅关乎林区自身的未来发展，更对周边地区乃至全国的经济社会发展产生深远影响。

在林区振兴的过程中，还应对具体的人给予更多的关注。在经济增长、社会进步和技术创新的同时，必须充分考虑并尊重每个人的需求、权益和价值。这种理念对于实现全面、协调、可持续的发展至关重要。无论是乡村振兴还是林区振兴，其目的均是为了人民能够过上更有尊严、更加幸福的生活。因此，与振兴有关的系列举措，应该充分考虑具体的个体，以人民的利益为政策调整的出发点和落脚点。

第十一章　大兴安岭林区文旅融合的并接实践*

文旅融合发展是我国全面建设社会主义现代化国家的重要一环。如何正确处理好传统与现代的关系是文旅融合发展中的重要议题。本章以大兴安岭林区中鄂伦春自治旗的文旅融合发展为例，从居住文化、节日文化、红色文化三个案例出发，讨论当地是如何实现传统文化遗产与现代旅游产业的并接实践。

一、问题的提出

文旅融合发展是新时代背景下我国践行中国特色社会主义思想的新目标和新使命，也是实现中国式现代化的重要一环。党的十八大以来，特别是2018年党和国家机构改革以来，习近平总书记高度重视文化建设、旅游发展及文旅融合工作，作出系列重要指示，深刻阐明了文化和旅游融合发展的基本遵循。① 各地积极响应党中央号召，大力发展文旅融合相关产业，实现经济社会、文化旅游等事业的高质量发展。但一些地方还是存在"炒概念""赶时髦"等盲目发展的情况，缺少正确的发展理念以及相对清晰的发展思路和策略。② 在如何在保护和发展传统文化的同时，推动现代旅游产业高质量发展的问题上，缺少好的思路。同时，在有关文旅融合发展的学理研

---

* 本章部分内容以《新古典"结构—功能论"视野下传统—现代的并接实践与文旅融合发展——兼与萨林斯"并接"概念的对话》为题发表于《贵州民族研究》2024年第4期。
① 王洋、杨丽敏：《文旅融出新天地 且以诗意共远方》，《中国旅游报》2022年9月20日。
② 范周：《文旅融合的理论与实践》，《人民论坛·学术前沿》2019年第11期。

究上，也缺乏好的理论研究成果。

近年来，位于内蒙古自治区呼伦贝尔市的鄂伦春自治旗充分挖掘当地丰富的传统文化资源，将其创新转化为旅游资源，促进文旅融合发展。本章将以鄂伦春自治旗在文旅融合发展上的三个具体个案为例，讨论鄂伦春自治旗如何将传统文化与现代旅游产业进行并接与融合，展现文旅融合的内在机制与逻辑，为新时代我国文旅融合发展提供理论支撑。

二、文化人类学视野下传统与现代的并接实践

文旅融合概念自提出以来，学界产出了大量关于民族地区文旅融合发展的相关研究。这些研究从理论和经验的不同角度对民族地区文旅融合发展的现状进行分析，对其未来发展进行展望。萧放和周茜茜提出，应将非遗资源的开发与利用，与现代人们的生活环境、生计方式与精神状态结合起来，让具有传统特性的非遗的文化因素有机地融入现代生活之中，从而使民族社会文化既保持着古今关联的文化传承特性，又具有服务当代社会的实际价值。[①] 方静文对海南省保亭黎族苗族自治县的文旅产业进行考察，展现当地如何借助生态与文化、景区与社区、山地与滨海的良性互动，在融合传统与现代中践行文旅融合。[②] 现有关于民族地区文旅融合发展的研究，从不同角度展现了新时代我国各民族地区文旅融合发展的最新实践成果，这些讨论所关注的核心问题是在文旅融合过程中，"传统保护"和"现代利用"二者是如何融合的。

实际上，在文旅融合发展过程中，传统与现代是在进行一种并接实践。在对库克船长事件的分析中，萨林斯使用"并接结构"（structure of conjuncture）一词对神话结构与经验实践进行综合性的情境分析，将二者并接在一起来解释库克船长死亡的真实原因。"并接结构"同时关注到"结构"与"历史"，是对结构与事件进行的情境综合（situational synthesis）。[③] 黄志

---

① 萧放、周茜茜：《文旅融合视阈下节日类非遗传承与非遗资源的开掘利用》，《广西民族大学学报》（哲学社会科学版）2021年第6期。
② 方静文：《民族地区文旅融合的保亭实践——以槟榔谷和呀诺达为例》，《贵州民族研究》2022年第5期。
③ 萨林斯：《历史之岛》，蓝达居译，上海人民出版社2003年版。

辉认识到萨林斯"并接结构"概念中所存在的不平等,认为概念本身并未给文化接触中弱势的一方以任何真正的关怀。基于此,黄志辉修正"并接"概念,提出应关注"并接"的实践过程,而不是纯粹的接受"并接"的社会文化后果,同时应以地方社会的文化场景为中心,考察不同的并接力量如何相互作用。①

萨林斯的"并接"概念,以及黄志辉基于萨林斯研究所突出强调的"并接实践",对文旅融合发展的学术理论研究具有启发性意义。文旅融合是文化与旅游产业相结合,通过整合各类文化资源和旅游产品,创造出独特的文化旅游体验。结合"并接"概念来看,其所要做的就是传统文化要素与现代旅游产业的并接。人类学研究能够通过细致考察二者的具体并接实践过程,揭示其规律,为文旅融合发展的学理研究和具体实践开展指导。那么,在文旅融合发展过程中,传统文化要素与现代旅游产业的具体并接实践是如何发生的?本章将以鄂伦春自治旗居住文化、节日文化、红色文化与现代旅游并接的三个案例为例,考察当地在文旅融合发展过程中,如何实现传统文化要素与现代旅游产业的并接实践。

三、居住文化与现代旅游的并接实践

居住文化是人类物质文化的重要组成部分,其制作工艺也是非物质文化遗产的重要组成部分。鄂伦春族的传统住所是"斜仁柱"。传统上,鄂伦春的"斜仁柱"在营地内呈一字排开。搭建的材料主要是细树干、桦树皮和兽皮等等。鄂伦春人在原始森林中过着游猎生活,这些材料都极容易获取。"斜仁柱"的主架,是先用两根主干搭起,然后用六根带杈的树干搭在主干上,互相咬住,使整个结构牢固。再把顶端套上柳条圈,在柳条圈旁边搭上二十多根树干,便形成了圆锥形"斜仁柱"的骨架。斜仁柱的覆盖物有狍皮围子、桦皮、芦苇帘、布(后来传入的)。覆盖物的使用根据季节和天气随时变化,有时单独使用,有时交叉使用。根据鄂伦春族的习俗,"斜仁柱"内部座位有严格的规定和禁忌。②

---

① 黄志辉:《第三条思路:"原生态文化"保护的并接实践》,《中央民族大学学报》(哲学社会科学版)2017年第3期。
② 赵复兴:《鄂伦春族研究》,内蒙古人民出版社1987年版,第102—106页。

随着20世纪50年代鄂伦春自治旗境内的鄂伦春族逐步下山定居，鄂伦春族开始住到政府修建的土房和后来的砖瓦房中。在下山定居后的很长一段时间中，鄂伦春族会在政府修建的房屋前面搭建"斜仁柱"居住，山上打猎的时候也会偶尔临时搭建"斜仁柱"。但随着大小兴安岭全面禁猎，鄂伦春族的生活节奏发生彻底改变[①]，"斜仁柱"也不再具有日常生活中的居住功能。

旅游开发为鄂伦春传统居所"斜仁柱"带来了新的生机与活力。在鄂伦春自治旗7个鄂伦春族猎民村之一的多布库尔猎民村，仿造"斜仁柱"外型建造的旅游民宿成为当地推动文旅融合发展的新动能。2005年，多布库尔猎民村整体搬迁到大杨树镇附近。在搬迁过程中，当地政府有意识地预留了未来旅游规划的发展用地。在各级政府的支持和推动下，多布库尔猎民村周边的旅游用地成功吸引到社会资本参与开发、经营和管理。为了保护、展现鄂伦春族的传统居住文化，也为了当地旅游开发，旅游公司最终决定在多布库尔村南面的广场上建立外观类似于鄂伦春族"斜仁柱"的民宿。这些民宿均采用圆锥形建筑外形，以鄂伦春族部落名称命名每栋建筑。建筑外立面为黄色。内部宽敞，装修风格简洁、清新，配有卧室、卫生间、公共空间等民宿基础设施。房间中用品大多选用的原木制品，让人倍感温馨。屋内摆放了桦树皮制作的鄂伦春族传统手工艺制品，展现出浓厚的森林气息。卧室还采用星空房的标准设置，屋顶是采用玻璃建造的，入住游客可以透过大玻璃欣赏夜景。可以说，多布库尔民宿的设置在借鉴鄂伦春族传统居住文化的同时，满足了现代旅游业发展的新需求，实现了鄂伦春传统居住文化与现代旅游开发的并接实践。

类似的并接实践不仅仅体现在民宿的开发中，还体现在旅游景区的开发中。在多布库尔猎民村西面的旅游景区内，有多种多样的自然风光与人文体验设施。在河边的沙滩区上，有几座木头搭建的"斜仁柱"，最大程度还原了鄂伦春族的传统居所形态。这几座"斜仁柱"是供游人休闲娱乐使用。这种别出心裁的设置既向游客展现了鄂伦春族的居所文化，也为游客提供了休闲娱乐的场所，可谓居住文化与旅游开发的并接实践。

由于鄂伦春族生计方式的转变，传统的居所"斜仁柱"已经失去了原有的居住功能。面对已经逐渐失去实际用途的传统文化特征，如何在"在发展

---

① 张雨男：《鄂伦春族日常生活节奏的变迁与适应》，《民族研究》2018年第3期。

中保护，在保护中发展"考验着多方的智慧。在政府、市场与社会三种力量的合力作用下，鄂伦春族"斜仁柱"基于现代社会文旅产业发展的现实状况，摇身一变成为旅游开发中的重要元素，变为承载着居住、休闲功能的重要旅游基础设施。鄂伦春传统的居住文化与现代旅游实现了并接。这种并接实践既最大限度地活态传承与保护了鄂伦春族传统居住文化，又为当地旅游业提供了特色服务以吸引更多游客到此游玩。居住文化的文旅融合发展在最大限度保留传统居住文化遗产特色形式要素的同时，适应现代文旅产业发展，产生了旅游、展示、活态保护等新功能。

在鄂伦春自治旗居住文化与现代旅游的并接实践中，政府、市场、社会各自发挥着不同的作用。政府在前期规划时，就在临近鄂伦春猎民村的地方提前规划旅游用地，做到整体开发；市场在政府的引导与支持下，积极参与、勇于作为，把居住文化与现代旅游进行融合并接；当地社会中的鄂伦春人提供鄂伦春传统居住文化知识和民宿屋内桦树皮手工艺制品等，为文旅融合发展积极贡献智慧和力量。

四、节日文化与现代旅游的并接实践

民族传统节日是各地区各民族传统文化保护和文旅融合发展的重要环节，也是一直以来学术研究的热点所在。民族传统节日作为一种重要的文化遗产，其现代转型与文旅融合发展过程，也是文化资本、文化资源与现代旅游业的融合发展过程。[①]作为我国北方独具特色的少数民族，鄂伦春族具有众多节日。目前，在文旅融合发展的大背景下，鄂伦春自治旗力推篝火节与冰雪伊萨仁两大节日。在政府、市场与社会的推动下，鄂伦春族传统节日文化得到了创新性的传承与保护，当地文旅产业也得到了大规模发展。节日文化与现代旅游业的并接实践也有力地推动了当地社会经济的高质量发展。

（一）篝火节

火在鄂伦春人的传统日常生活中扮演着十分重要的角色。鄂伦春族把

---

① 张继焦、侯达：《民族传统节日：结构遗产的"传统—现代"转型与文旅融合发展》，《贵州民族研究》2020年第12期。

火看作是神灵，称为火神。在除夕晚上，鄂伦春族会在"斜仁柱"南面二十步远的地方一左一右燃起两堆篝火，"斜仁柱"内部中央的火塘也要燃烧得格外旺。午夜时分，全家要敬拜火神，以示对火神的尊敬，希望火神保佑全家人新年顺利。在节日中，鄂伦春把对火神的敬拜摆在首位，体现出火与火神在鄂伦春族中的重要性。火在鄂伦春的生产生活中也具有取暖、驱蚊、照明、祭祀、烹饪、护卫等一系列不可替代的重要作用。萨满祭祀也离不开火。人们认为，在烟雾缭绕中，神灵才能降临人间。① 由此可见，火在鄂伦春族日常生活的方方面面具有重要功能。

篝火是鄂伦春族每逢重大节日都会出现的重要文化事项。为了更好地传承鄂伦春族的篝火文化与节日文化，经鄂伦春自治旗人大常委会批准，每年的6月18日被确立为鄂伦春族篝火节。根据官方介绍，篝火节是加强各民族团结、促进经济发展，提升鄂伦春知名度与美誉度的有效载体。在这一盛大的节日里，鄂伦春儿女身着节日盛装，围着燃烧的篝火载歌载舞，欢庆自己的节日。鄂伦春人以"篝火"作为节日的表现形式，与他们祖辈游猎于茫茫林海，在与大自然抗争中与火相伴、视火如神的独特情感休戚相关。2006年，鄂伦春自治旗建设了一个集传承鄂伦春民族历史文化、爱国主义教育、节日庆祝、旅游休闲为一体的永久性篝火节广场，也就是今天位于阿里河的库图尔其广场。在鄂伦春语中，"库图尔其"意为"有福气的地方、吉祥宝地"。

鄂伦春的篝火节不仅仅是鄂伦春族火文化传承的重要载体，更是当地文旅产业发展的重要一环。2022年6月18—20日，鄂伦春自治旗举办2022年鄂伦春文化旅游篝火季，在阿里河镇甘河河畔举行民俗体验活动，吸引了上万游客参与，取得了经济社会发展与文旅融合事业上的双丰收。

2024年，鄂伦春自治旗继续成功举办第34届鄂伦春族篝火节。6月18日，在鄂伦春文化旅游篝火季暨第34届鄂伦春族篝火节正式拉开序幕的当天，鄂伦春自治旗接待国内外游客5.3万人，同比增长76.7%；旅游收入4100万元，同比增长78.2%。鄂伦春自治旗为让民族节庆品牌更好地助推当地文旅产业发展，主要做了三方面的工作。一是全力抓实宣传营销工作。积极打造鄂伦春民族文化及节庆品牌宣传，在吃住行游购娱等各个方面进行

---

① 赵复兴：《鄂伦春族鄂温克族的火文化》，《黑龙江民族丛刊》1994年第2期。

视频、图文方式宣传。在新华社、《中国民族报》、央视频等中央官方媒体发稿23篇，在草原全媒、奔腾融媒、内蒙古学习平台等自治区官方媒体发稿39篇。在微信公众号、微博等发布图文360余篇，摄制节庆宣传、赏花攻略、自然风光等大小视频120余个，累计播放量300万余次。篝火季期间制作公众号推文120余篇、视频100余个，多个平台同步直播累计浏览量为500万+、点赞量为25万+。新华社拍摄宣传视频及直播浏览量700万+，点赞量10万+，获得较好的宣传效果和影响力。二是串珠成链，打造精品路线。依托大兴安岭、大鲜卑山地理坐标，借力两省六地兴安旅游联盟合作基础，打造冬季旅游精品线路。积极融入"十四冬""那达慕"以及大兴安岭地区"兴安之巅、冰雪天路"岭上穿越自驾之旅等精品线路；借助京蒙协作机遇，推出"岭上行"精品旅游线路，进一步扩大客源市场。不断丰富体验产品，打造"老猎带小猎""穿林海跨雪原"，多布库尔猎民村冰雪乐园，网红打卡点等体验型、网红型、创意型产品，举办冬季垂钓、雪屋观景、雪地火锅、雪地卡丁车、DIY雪雕体验、冰雪DJ狂欢夜等多种冰雪活动，打造更多游客喜欢的文旅产品。三是深化融合发展，丰富业态布局。依托本地特色旅游资源，打造民俗文化展示、民族体育赛事、非遗文化展示、文创产品销售、亲子活动体验、森林美食品鉴、民族风情旅拍、旅游商品销售、户外露营体验、网红打卡等多个特色创新业态区域。活动期间，打造鄂伦春箭王争霸赛、《岭上印象·鄂伦春》文艺晚会、篝火节点火仪式、鄂伦春民族广场舞、灯光烟火秀、森林DJ狂欢夜等多项精彩活动。①

围绕6月18日晚8点在库图尔其广场举办的篝火节开幕式，鄂伦春自治旗旗委旗政府积极围绕这一传统文化资源与民族特色节庆品牌，持续打造鄂伦春文化旅游篝火季。文化旅游篝火季的时间是自2024年6月18日开始，至9月18日结束。将篝火节打造为鄂伦春文化旅游篝火季，已经不是第一次了。鄂伦春文化旅游篝火季将原有的一天的篝火节延长，持续吸引游客到当地旅游，在感受森林民族传统文化的同时，了解大兴安岭林区、鄂伦春自治旗等地的自然景观与人文历史。

作为一种重要的非物质文化遗产，火文化在鄂伦春族的宇宙观中占据

---

① 鄂伦春自治旗旗委办：《鄂伦春自治旗擦亮民族节庆品牌推动文旅产业发展》，http://elc.gov.cn/News/show/1241061.html，访问日期：2024年10月21日。

重要地位，且具有独特的功能与意涵。在现代性的大背景下，鄂伦春族火文化与现代文化旅游产业发展进行了并接实践。篝火节的固定举办，一方面，将火文化、节庆文化等鄂伦春族传统文化要素固定下来，使之在人们的生活中进行传承与发展；另一方面，节庆活动的固定举办与内容上的不断丰富，持续吸引游客前来，使得文旅产业不断助推当地经济社会高质量发展。如今的鄂伦春族篝火节正不断吸引着游客来到大兴安岭林区，亲身感受鄂伦春族传统文化，参与到鄂伦春族的传统文化活动和节日活动中来，实现了以篝火节为代表的火文化与现代旅游的并接实践。

（二）冰雪伊萨仁

冰雪伊萨仁是鄂伦春自治旗近些年主打的冬季文旅融合节日项目。"伊萨仁"在鄂伦春语中意为集会、聚会。冰雪伊萨仁意为冰雪集会。活动于每年12月至次年3月在鄂伦春自治旗举行。每年的冰雪伊萨仁活动都能吸引各地游客到鄂伦春自治旗体验具有鄂伦春族传统风情的冬季旅游项目。冰雪伊萨仁活动是鄂伦春自治旗积极响应"三亿人参与冰雪运动"的号召，立足自身实际，依托鄂伦春族传统冰雪文化，举办的重大活动。该活动实现了文旅融合发展的新尝试，将冰雪这一"冷资源"变身为"热产业"，扩大了鄂伦春旅游的品牌知名度和影响力，已成为支撑和带动当地经济社会发展的强大动能。截至2023年年底，鄂伦春冰雪伊萨仁已成功举办10届。

冰雪伊萨仁活动大致可分为民俗旅游体验、冰雪体验、体育竞技文化交流、观光等四大板块。在民俗旅游体验活动中，主要包括鄂伦春民俗部落展示，重建鄂伦春"仙人柱"，力争用最真实的方式展示鄂伦春族原生态的生活状态；鄂伦春族桦树皮、兽皮等制作技艺展演；由猎民做向导带领游客跑马巡山等活动，让游客"当一天鄂伦春猎民"。在冰雪体验活动中，包括雪滑梯、雪橇、雪上冲浪、冰爬犁、冰雪娱乐项目。在体育竞技文化交流活动中，有包括极具鄂伦春民间趣味的足球赛（本布利），拉棍、押加等活动和冰上游戏（冰上拔河、冰上推人、冰面障碍跑）等其他活动。在观光类活动中，人们可以欣赏冰雪艺术景观，包括但不限于观赏雪景、雾凇、雪松、冰河、冰溶景观、林海雪原、冰雪园艺等。从这些活动中可以看出，相较于鄂伦春传统的冰雪文化和伊萨仁活动，当代的冰雪伊萨仁活动在活动种类上更加多样丰富。在功能上，冰雪伊萨仁也不仅仅是鄂伦春人自己的活动，而是逐渐发展出吸引游客，促进经济发展的新功能。

从文化变迁或并接实践的视角来看，鄂伦春的冰雪、伊萨仁等传统文化要素在当代发展过程中既保留了一些核心文化要素，也在形式与功能上发生了很多变化。例如，鄂伦春冰雪文化在传统上有着相对固定的举办时间、相对特定的举办区域与独具本民族特色的冰雪活动内容。在现代旅游产业发展的时代背景下，节日时间得到延长，举办地点范围扩大，冰雪活动内容更加丰富，伊萨仁发展出了传统中所没有的经济效益和社会效益，实现了文旅融合的新发展。

鄂伦春自治旗的篝火节与冰雪伊萨仁两大节日活动为我们呈现了文旅融合背景下节日文化与现代旅游的并接实践。在政府、社会、当地民众与外来游客等多方力量的合作推动下，鄂伦春的篝火与冰雪两种传统文化要素在发展转型过程中，逐渐与现代旅游业进行融合，形成今天我们所看到的篝火节与冰雪伊萨仁两大节日。

五、红色文化与现代旅游的并接实践

近年来，红色旅游越来越受到年轻人的追捧，国家也出台各种政策支持红色旅游发展。《中国红色旅游发展报告（2023）》显示，全国红色旅游接待人数已突破20亿人次，红色旅游市场规模接近万亿元。红色旅游高人气，折射出红色文化蓬勃活力。鄂伦春自治旗大力依托旗内丰富的红色文化资源，积极推动红色文化与现代旅游的文旅融合发展。

（一）团结胜利抗战纪念碑

坐落在鄂伦春自治旗阿里河镇西郊的团结胜利抗战纪念碑巍巍雄壮、气势恢宏。该纪念碑是为纪念东北抗日联军第三路军三支队在鄂伦春自治旗所在地区征战的历史过程。抗联三支队在鄂伦春自治旗境内抗击日本侵略者期间，建立了抗日救国会和抗联联络点。鄂伦春族猎民掩护和救治抗联伤病员，为抗联当向导，为抗联缝制服装，为抗联三支队筹集药品、粮食、马匹等。特别是在1941年7月，抗联三支队王明贵、陈雷与鄂伦春族部落首领盖山等猎民在毕拉河畔围着篝火结拜为义兄弟，谱写金兰。从此，抗联三支队在盖山的鄂伦春族部落建立了联络点和后方基地，也使鄂伦春族人民反抗日本侵略者的斗争变成了有组织的行动。同样，依靠鄂伦春族猎民的帮助，抗联三支队先后取得了多次战斗的胜利。①

纪念碑正面是抗联老战士、黑龙江省原省长陈雷题写的"团结抗战胜利纪念碑"9个大字。碑身由汉白岩石组成，纪念碑高22.2米，基座高3.8米，碑冠高3.8米，碑宽4.2米，占地5700平方米。"团结抗战胜利纪念碑"背面，镌刻着游猎在大兴安岭密林深处的鄂伦春族部落首领盖山等先辈，与东北抗日联军三支队领导人王明贵、陈雷等并肩作战、保家卫国的英雄事迹，碑文由陈雷题写。

如今，团结胜利抗战纪念碑成为游客了解红色文化的重要景观。红色文化与现代旅游的并接，成为鄂伦春自治旗文旅融合新的增长点。在文旅产业融合发展过程中，口口相传的东北抗联三支队英雄事迹，因纪念碑的建立，丰富了其存在的形式，并使该事迹的传播范围更加广泛。红色英雄事迹的功能也发生新的变化，从相对单一的红色英雄事迹、民族团结事迹，逐渐发展成为当地红色文化文旅融合的重要资源，形成了供市民、游客瞻仰的新功能。

（二）布苏里北疆军事文化旅游区

布苏里北疆军事文化旅游区原为嘎仙沟军事基地，是上世纪60年代末由上千名官兵历时30余年，耗资27亿元人民币构筑的宏伟浩大的国防工程。该基地占地面积23.4平方公里，曾一度是我国面积最大、位置最北、气候最冷的北疆军事基地。1999年中俄达成友好协议后，布苏里军事基地交由地方政府管理。2001年，鄂伦春自治旗人民政府招商引资将该军事基地开辟为旅游区，2013年正式被评为国家4A级旅游景区。景区内目前主要景点有元帅楼、北国第一哨、窑洞指挥所、陈列馆、地下油料库、军湖等。如今，布苏里承接中国红色旅游的历史脉络，成为了见证新中国国防特征，以新中国成立后中国军事主题、爱国主义教育为背景的国家4A级景区。景区集观光游览、民俗体验、休闲度假、主题巡游为一体，是我国北方休闲度假的理想旅游圣地。

---

① 中共鄂伦春自治旗委员会、鄂伦春自治旗人民政府：《浴血兴安：东北抗日联军第三路军三支队在鄂伦春自治旗征战资料汇编》，内部资料，2017年。

旅游区在原有基础上，进行了改造，以适应旅游需要。目前，景区内在原有军事设施基础上增加怀旧主题酒店，共有不同规格的客房144间（套），有拓展四人间、营长标间、团长大床房、首长套房等多种房型，房间装修舒适豪华达四星级酒店标准，可同时容纳350余人住宿。

作为重要的爱国主义教育基地，布苏里北疆军事文化旅游区在吸引各地游客前来旅游的同时，还成为当地各类重要活动的举办地。2023年8月30日下午，2023年鄂伦春自治旗民族团结进步活动月启动会在布苏里北疆军事文化旅游区举行。恰逢笔者所在的调研团队当时正在鄂伦春自治旗开展国情调研项目，有幸受邀亲临现场参加启动活动。在启动仪式上，旗领导发表了重要讲话。"石榴籽"宣讲员还为干部职工们讲述布苏里北疆军事文化旅游区的红色革命故事，激发与会者凝聚智慧和力量，共同守卫祖国边疆、创建美好生活。

团结胜利抗战纪念碑与布苏里北疆军事文化旅游区展现了红色文化与现代旅游产业的并接实践过程。在经历传统与现代的并接实践后，红色文化在原有物质表现和精神内核的基础上顺应时代特征进行了适当调整，形成了新的旅游观光功能与红色爱国主义教育功能。

六、结语

目前，文旅融合发展是国内各界关注的重要议题之一。我们需要思考如何让学术研究深入文旅融合的本质，并对其进行理论的深化与概括。文旅融合发展研究的关键之一是要分析文旅资源发展转型过程中，传统文化资源与现代旅游产业并接实践的具体过程。作为遗产的传统文化有其自身的特点与功能，在文旅融合并接实践过程中，其原有的部分形式与功能得以保留，并能够根据文旅发展的实际情况，生成新的形式与功能。

在研究文旅融合的过程中，对其并接融合实践过程的关注是十分必要的。一方面，可以关注政府、市场、社会、当地人、游客等各个主体是如何看待、推动、参与文旅融合进程的。另一方面，也可以关注在现代旅游产业的影响下，传统遗产文化资源是如何变化的，以更加适应当下旅游产业的发展。文旅融合的并接实践过程使得文化遗产在得到有效保护的同时，也能够在当代社会中焕发出新的生机与活力。

附　录

美国原住民酗酒问题探析*

写在前面

　　近年来,在曲枫教授等学者的不断推动下,(近)北极地区的人文研究日益得到国内学界关注。因地理位置、生态环境、生计方式等因素与北极地区的相似性,大兴安岭林区研究顺理成章地加入到相关研究讨论之中。为了更好地开展大兴安岭林区的文化人类学研究,笔者阅读了许多其他(近)北极地区的民族志材料,以及相关文化人类学研究。在阅读中,笔者发现身处北极地区的美国阿拉斯加原住民酗酒问题十分严重,国外学者对此问题有所关注,但中文学界对此论述很少。在此背景下,笔者通过阅读大量对美国原住民酗酒问题的研究,从文化人类学视角对此现象进行了探析,写成一篇小文。

　　在研究中笔者发现,当代美国原住民酗酒现象十分严重,进而影响到了原住民的身心健康与社会安定。但在历史上,美国原住民饮酒行为并非作为一种问题而存在,而是具有增进社会团结的重要功能,并在仪式场合中普遍存在。从对当代美国原住民酗酒现象的分析中可以发现,这一问题与白人对北美大陆的殖民密切相关。白人对原住民的酒精倾销,白人对原住民生存环境的破坏,以及原住民为缓解焦虑造成的过度饮酒,是当下美国原住民酗酒之成因。美国原住民酗酒问题反映出美国社会中存在的结构性不平等,以及社会中对原住民人权的轻视与侵害。

---

*　附录内容曾以同题发表于《杭州电子科技大学学报》(社会科学版)2024年第1期。

酗酒是当代美国原住民[①]生存和发展过程中的一大问题。过量饮酒使得当地原住民健康状况堪忧，家庭与社区关系产生破裂，社会出现动荡。这些现象的出现与欧洲人对北美大陆的殖民，以及在殖民过程中对原住民生存环境的破坏具有直接关系。回顾历史，酗酒并非是美国原住民的天性，而是后天造成的。饮酒在美国原住民的日常生活中曾经扮演着重要的积极作用。对美国原住民饮酒历史与变迁的系统梳理，有助于帮助我们还原酗酒现象背后的历史，了解美国原住民的历史与今天，更加全面深刻地理解白人殖民者对于美国原住民日常生活所产生的破坏性影响，以及原住民在当前美国社会中所面临的结构性不平等。目前国内学界，尚未有研究对美国原住民饮酒的历史与现状进行系统地梳理与研究，并分析现象背后的深层次原因。在附录中，笔者将首先梳理文化人类学研究中对饮酒行为的关注，此方面的研究被中文学界长期忽视。之后，笔者将依次还原饮酒在美国原住民的历史上曾经扮演的重要作用，展现近代以来美国原住民酗酒的真实样貌，并分析美国原住民酗酒的成因。此研究将通过还原美国原住民酗酒的历史，来展现原住民在美国社会中的生活状况与社会地位。

一、文化人类学与饮酒行为研究

相较于对其他社会行为的研究，对饮酒行为的人文社会科学研究起步较晚。20世纪40年代末，一些对于饮酒行为的学术研究才开始出现。当时，一些跨学科背景的学者参与到"酒精研究"（alcohol studies）的讨论之中，有些人甚至提议将"酒精学"（alcohology）作为一门新兴学科。此时，人类学家还没有参与到酒精研究的讨论之中，而一部分社会学家已经开始运用与人类学有关的概念、方法与数据，加入"社会"与"文化"因素的考量，对饮酒的文化背景差异进行考察。其中比较经典的就是对于犹太裔美国人与爱尔兰裔美国人的对比。[②] 在当时的人类学界，一些民族志会关注到饮酒行为，但这些内容并非研究分析的重点，而是为了阐述一些宏观层面的理论概念。

[①] 北美洲地区的原住民主要由印第安人与因纽特人构成。

[②] Robert Freed Bales. "Cultural Differences in Rates of Alcoholism," *Quarterly Journal of Studies on Alcohol*, vol.6, no.4, 1946, pp.480–499; Charles R. Snyder. *Alcohol and the Jews: A Cultural Study of Drinking and Sobriety.* Glencoe: The Free Press, 1958.

人类学学者没有将研究重点放在对饮酒行为的专门记录、研究和分析上，相关资料都是偶然获得的。[1]

尽管许多研究者在20世纪中期已经运用人类学的方法与概念研究饮酒行为，但直到20世纪六七十年代，人类学才真正开始系统性地关注饮酒。其重要标志就是开始出现一批以饮酒为主题的民族志研究。1965年，曼德尔鲍姆（Mandelbaum）在美国《当代人类学》杂志上发表的一篇文章中，总结了一些当时重点研究的议题，如饮酒习俗的变迁、不同饮酒习俗的分布、饮酒模式等等，这些议题归纳起来其实都是聚焦于关注不同文化和文化区域之间饮酒的相似性与差异性、稳定性与变化。[2] 这篇论文被认为是文化人类学对过往零散分布于各种民族志中饮酒研究的系统性总结，并开拓了酒精研究的人类学研究路径。与此同时，一项大规模的跨文化比较研究项目关注到了饮酒、酗酒与儿童养育之间的关系。[3] 在当时的学人看来，酒精研究可以展现出同一类人在同一种药物作用下，其行为所产生的巨大反差。这符合人类学长期以来对文化多样性的研究兴趣。不同群体饮酒的异同自然吸引着文化人类学者对相关议题进行研究。

此时人类学对于饮酒行为的研究主要将研究重点放在饮酒群体与饮酒文化两个方面。在关于饮酒群体的讨论中，人类学家研究的第一个特点是没有把重点放在长期酗酒的害处上，而是将饮酒、吸烟等行为看作是有益的日常活动。这是人类学家与其他学科背景的学者研究酒精的重要区别之一。之前的许多研究都习惯于将饮酒视为一种社会问题，但人类学更多关注适度饮酒的那些人，将饮酒这种行为放置在整体社会中去理解。人类学对饮酒群体研究的第二个特点是更多关注部落或农业社会，而非西方现代社会。人类学对饮酒行为的研究挑战了以往酒精研究中的一些思维定势。例如，泰勒（William B. Taylor）运用人类学与历史学的方法，通过对墨西哥殖民地村庄

---

[1] Dwight B. Heath. "Drinking and Drunkenness in Transcultural Perspective: Part I," *Transcultural Psychiatric Research Review*, vol.23, no.1, 1986, pp.7–42.

[2] David G. Mandelbaum. "Alcohol and Culture," *Current Anthropology*, vol.6, no.3, 1965, pp.281–293.

[3] Margaret K. Bacon, Herbert Barry III & Irvin L. Child. "A Cross-Cultural Study of Drinking: Relations to Other Features of Culture," *Quarterly Journal of Studies on Alcohol*, vol.26, no.S3, 1965, pp.29–48.

的法庭记录和其他文本的分析，指出人们普遍认为的酒精摧毁阿兹特克社会的观点是如何产生于西班牙人对酗酒的文化偏见。他通过研究发现，在特定的宗教背景下，酗酒不仅被部分印第安人所接受，而且还是被高度尊重的。①其三，人类学还对饮酒群体的内部异质性进行关注。当时的酒精研究常用笼统的人群概念来统摄研究对象，对具体饮酒人群定义不准确，容易对某类人形成污名化。例如，用"犹太人"去比较"爱尔兰人""法国人""意大利人"等等。人类学家在研究中则对研究对象进行更细致的划分，并对家庭内部纵向之间饮酒习惯的相互影响进行讨论。

在饮酒文化及其意义上，人类学也关注颇多。各种各样的社会因素被学者纳入到与饮酒行为相关的讨论中，其中包括但不限于营养、健康、社会组织、宗教、技术、经济、政治、互动、性别、犯罪等等许多因素。更为重要的是，人类学进入酒精研究讨论之后，学者们认识到在相关研究中，人类学研究方法具有优势，科学家们也意识到社会文化因素在讨论中的重要性。②

到了20世纪90年代，关于饮酒的人类学研究得到进一步发展。此时，许多考古学方面的研究开始涌现，文化人类学研究也注重研究的历史深度，关注各个地区群体的饮酒历史。在当时的学者看来，之前人类学的饮酒研究大多是偏向静态的、非历史的研究，而历史化的饮酒研究取向改变了早期功能主义者强调饮酒具有社会整合作用的这种单一解释模式。早期功能主义者的解释模式其实也是有其自身历史原因，这是因为当时是人类学家反对殖民地人民爱好酗酒的这一西方中心主义刻板印象，产生了一种功能论、静态化的解释方式。③在进入21世纪以后，关于酒精的文化人类学研究议题更加丰富与多元化。酒精与认同、性别、政治的关系，以及在政治经济视角下探讨酒精与殖民主义的关系等等，都逐渐成为研究者所关注的话题。

从20世纪中叶开始出现专门的民族志作品关注饮酒行为至今，运用文化人类学对饮酒的研究涉及的领域越来越广，关注的话题也越来越多。但在

---

① William B. Taylor. *Drinking, Homicide, and Rebellion in Colonial Mexican Villages*. Redwood City: Stanford University Press, 1979.

② Dwight B. Heath. "Anthropology and Alcohol Studies: Current Issues," *Annual Review of Anthropology*, vol.16, 1987.

③ Michael Dietler. "Alcohol: Anthropological/Archaeological Perspectives," *Annual Review of Anthropology*, vol.35, 2006, pp.229–249.

这些研究中，对小民族饮酒行为的研究一直占据着很重要的篇幅。这是因为早期人类学研究更多关心非西方社会。在早期的民族志中，人类学家关心社会全貌，关心仪式。在这一过程中，饮酒习俗成为了仪式和社群团结的纽带。随着全球化进程，这些非西方社会逐步成为现代世界体系中的小民族或边缘民族。人类学对于这些群体的研究传统以及对边缘群体的关注使得人类学研究更多关注到这些小民族饮酒的情况。与此同时，在现代性与全球化的影响下，一些小民族的饮酒频率和数量开始增加，甚至还出现酗酒的情况，这自然吸引着人类学学者开始关注世界各地小民族饮酒的情况。面对着具有传统社会功能的饮酒行为与作为社会问题的饮酒行为，许多文化人类学学者做出了许多精彩的研究。

从酒精研究领域的学术史角度来看，在人类学进入以前，酒精研究主要是医学等学科主导，他们大多会把小民族酗酒当作问题来看待。人类学的进入明显改变了之前酒精研究仅仅把小民族饮酒当作问题看待的这种单一取向的分析问题的方式。这是因为从人类学的以往研究来看，尽管大多数社会中都有酒精饮料，但很多小民族或非西方社会并不将饮酒视为问题。比如，在印第安人的社会中，饮酒不是一种社会问题，而是一种古老的娱乐活动，不对社会、个体造成伤害。同时，人类学的民族志展现了人类对于酒精有着十分多样的用途与看法，哪怕在同一个社会中，因时因地不同，人们对酒精的看法也会产生截然相反的不同。[①] 正因如此，人类学的进入让人们认识到小民族饮酒是具有历史传统和现实功能的。

二、历史上美国原住民饮酒的功能作用

历史上，许多美国原住民因各种各样的原因在不同场合饮酒。在他们中间，饮酒很重要的作用就是提供一种连接彼此的方式，增进社会团结。人类学家贝特森（Gregory Bateson）认为，酒精为个体提供了一个与他人形成互补关系的方式。在许多情形下，饮酒者不仅在身体的血管中感受到温暖，还能在心理上温暖他人。这些生理和心理的影响方式直接反映在人类饮酒方

---

① Dwight B. Heath. "Drinking and Drunkenness in Transcultural Perspective: Part I," *Transcultural Psychiatric Research Review*, vol.23, no.1, 1986, pp.7–42.

式上。贝特森认为,在仪式上,饮酒总是代表着人们在宗教"圣餐"或世俗"聚会"中聚集在一起。换言之,饮酒行为使人将自己视为群体的一部分,并加入其中一起行动。个人与周围的一切形成一种互补关系。①

在美国原住民中,饮酒行为起到了维持社会凝聚力与建立社会关系的重要作用。②在一些美国印第安人社区中,饮酒这一行为可以将印第安人团结起来,使"印第安人成为真正的印第安人"。生活在美国西南部的纳瓦霍人(Navajo)起初并不饮酒,在与白人开始接触后,他们得到酒精并开始饮酒。纳瓦霍人起初的饮酒行为节制而有序,通常频率较少。人们会共同分享酒精,饮酒活动的参与范围主要限于亲属之间。纳瓦霍人饮酒活动的类型可以大致分为家庭聚会、男性饮酒、酗酒三种。家庭聚会通常在规模较大的活动期间举行,这些活动使人们为了共同的利益而聚在一起的;男性饮酒主要发生在传统仪式或家庭聚会后,目的主要在于加强家庭关系,确认每个人在家庭中的地位;酗酒则大多是一个人过量饮酒,这种饮酒行为在社会中具有很强的污名化,因为独自过量饮酒行为耗费大量的金钱和时间,使人脱离原有的社会关系,进而不能履行家庭和社会义务。③从纳瓦霍人的饮酒活动类型及其社会功能中可以看出,受到社区成员认可的饮酒活动都是以群体为单位进行的,能够加强人们之间的联系,增进社区团结。人们排斥独自一

---

① Gregory Bateson. *Steps Toward an Ecology of Mind*. New Jersey and London: Jason Aronson Inc., 1972, p.329.

② Mary Douglas. "A Distinctive Anthropological Perspective," in Mary Douglas (ed.). *Constructive Drinking: Perspectives on Drink from Anthropology*. Cambridge: Cambridge University Press, 1987; Dwight B. Heath. "Anthropology and Alcohol Studies: Current Issues," *Annual Review of Anthropology*, vol.16, no.1, 1987, pp.99–120; Dwight B. Heath. "A Decade of Development in the Anthropological Study of Alcohol Use, 1970–1980," in Mary Douglas (ed.). *Constructive Drinking: Perspectives on Drink from Anthropology*. Cambridge: Cambridge University Press, 1987, pp.16–69; Dwight B. Heath. *Drinking Occasions: Comparative Perspectives on Alcohol and Culture*. London: Psychology Press, 2000; Michael Dietler. "Alcohol: Anthropological/Archaeological Perspectives," *Annual Review of Anthropology*, vol.35, no.1, 2006, pp.229–249.

③ Martin D. Topper. "Navajo 'Alcoholism': Drinking, Alcohol Abuse, and Treatment in a Changing Cultural Environment," in Linda A. Bennett and Genevieve M. Ames (eds.). *The American Experience with Alcohol: Contrasting Cultural Perspectives*. New York: Plenum Press, 1985, pp.231–235.

人饮酒，因为这种行为具有很强的个体化色彩。脱离社会饮酒的行为与纳瓦霍人认为饮酒具有社会团结功能的观念相背离。纳瓦霍人认为正常的饮酒活动可以增强家庭、群体、社会各个层面的团结，对确认成员社会身份关系也具有重要作用。

除了增进社会团结，酒精也在美国原住民各种仪式和超自然信仰中扮演着重要的中介角色。这是因为人们可以通过饮酒改变自身意识状态，从而能够与神灵进行对话。这也使得酒精成为美国原住民各种仪式上的重要祭品。包括部分印第安人[①]在内的许多美国原住民社会都有利用酒精来改变精神状态，从而与神灵进行沟通的历史。在西方，酒精大量进入当地社区之前，人们喝到酩酊大醉的原因之一就是寻求自我意识状态的改变。这与萨满传统密切相关。[②]人们希望通过饮酒后改变精神状态，来寻求神谕、权力、治疗能力，以及与战争有关的启示。[③]这些通过饮酒来改变自己精神状态和精神体验的行为都是为了社会的集体利益，而非私欲。因此，这种饮酒行为很少造成当代社会频发的由酗酒所引发的健康和社会问题。许多历史文献表明，在白人刚刚接触印第安人之时，他们大多数情况下都是安静地喝酒直到睡着，或者酒后跑进领地的森林之中。此时的饮酒没有导致明显的反社会行为或"酒害"等问题。[④]

从上述分析中可以看出，原住民饮酒具有增进社会团结的重要功能，且在不同类型的仪式场合中扮演重要角色。这些功能其实是相互重叠的，比如仪式上的饮酒行为可能同时具有增进社会团结的功能。但是我们也应该认识到，并非所有的美国原住民在传统时期都会饮酒，有些民族不饮酒，甚至

---

① 之所以强调部分印第安人，是因为在传统时代，并非所有印第安人都饮酒，有些地区的印第安人由于交流闭塞等原因从不饮酒。参见 Patrick J. Abbott. "American Indian and Alaska Native Aboriginal Use of Alcohol in the United States," *American Indian and Alaska Native Mental Health Research*, vol.7, 1996, pp.1–13.

② William Emboden. "Dionysus as a Shaman and Wine as a Magical Drug," *Journal of Psychedelic Drugs*, vol.9, no.3, 1977, pp.187–192.

③ Elena Lesley. "Cultural Impairment and the Genocidal Potential of Intoxicants: Alcohol use in Colonial North America," *Genocide Studies and Prevention: An International Journal*, vol.13, no.1, 2019, pp.88–97.

④ John W. Frank, Roland S. Moore and Genevieve M. Ames. "Historical and cultural roots of drinking problems among American Indians," *American Journal of Public Health*, vol.90, no.3, 2000, pp.344–351.

将饮酒行为视为负面、邪恶的象征。①

三、当代美国原住民酗酒现象之概述

现代资本主义和全球一体化的进程使得世界上的每一个角落都被卷进了现代世界体系。一些保持传统生计方式且与外界少有联系的人群和地区在卷入现代世界体系后成为其中的边缘人群和边缘地区，这其中就包括生活在美国境内的原住民。当这些原住民被裹挟进国家与全球经济体系时，许多社区中都出现了酗酒、贫困、不适等问题。

在存在酗酒问题的美国原住民中，印第安人是比较具有代表性的一个群体。当欧洲裔美国人遇到印第安人时，是否要向当地人提供酒精始终困扰着他们。这些欧裔美国人认为，印第安人无法适量饮酒，他们天生就容易上瘾，并且喝醉时会让他们做出各种草率的决定，而这些决定也常常以暴力收场。尽管白人商人一直热衷于向美国原住民倾销酒精，但随着酗酒现象增多、酒后暴力事件频发等情况的出现，美国联邦政府于1832年出台法律来阻止印第安人饮酒。联邦政府认为，饮酒对印第安人是没有好处的。因为这种饮酒行为非但不能为政府提供税收，还会危害社会稳定和公众健康。如果继续向印第安人提供酒，会阻碍他们融入美国主流社会的进程。加拿大也经历了类似的过程，只是在时间上稍有区别。② 尽管美国政府认识到原住民饮酒的危害并出台各种措施，但由于种种原因，这些原住民还是逐渐发展出了有别于传统的饮酒方式和文化。在一段时期内，数量多、时间长的集体豪饮逐渐发展成为印第安人饮酒的主要模式。这种饮酒方式对个体与社会都造成了严重的危害。印第安人酗酒的特点可以简单归纳为以下几个方面：一是更热衷于以群体为主的饮酒方式，喜欢集体豪饮；二是不控制饮酒的数量；三是对酗酒缺乏社会控制，人们经常迫于朋友的压力需要大量饮酒；四是酒后不受控制的暴力行为明显增加；五是对酒后造成的伤害没有负罪感，

---

① Dwight B. Heath. "Drinking and Drunkenness in Transcultural Perspective: Part II," *Transcultural Psychiatric Research Review*, vol.23, no.2, 1986, pp.103–126.

② [加]罗德·菲利普斯：《酒：一部文化史》，马百亮译，格致出版社2019年版，第242—246页。

因为人们认为可以对酒后行为不负责任。①

美国原住民酗酒的危害概括起来主要体现在两个方面。其一，酗酒给原住民带来很严重的健康问题。从总体数据上看，1992年至1994年期间，美国印第安人因酒精中毒引发的死亡率是1993年美国人口整体死亡率的6倍。②从对原住民的具体数据统计上来看，自1965年以后的20多年时间中，纳瓦霍人因饮酒引发的死亡率是全国平均水平的20倍③；祖尼人（Zuni）在20世纪中叶时60%的死亡都与饮酒有关；在阿拉斯加，酗酒导致的死亡率远高于全美平均水平，而其中阿拉斯加原住民的死亡率又远高于当地白人。④

美国原住民酗酒造成的健康问题具体表现在流行病的增加、自杀的增多以及意外、猝死事件的增多。在流行病方面，饮酒过量会增加肝硬化、心脑血管疾病和癌症的患病风险。在自杀方面，1974年的一项研究报告指出，美国印第安人的自杀率是其他人的两倍，且在印第安人中大约75%到80%的自杀均与饮酒有关。在对近100名自杀或试图自杀的祖尼人进行统计时发现，78%的祖尼人有过量饮酒的历史，而83%人的死因与饮酒有关。在意外和猝死方面，1977年美国有20%的印第安人死于事故，这个比例是白人的3倍，而这类事故主要与饮酒有关。在明尼苏达州，印第安人"暴力死

---

① John W. Frank, Roland S. Moore and Genevieve M. Ames. "Historical and cultural roots of drinking problems among American Indians," *American Journal of Public Health*, vol.90, no.3, 2000, pp.344–351.

② John W. Frank, Roland S. Moore and Genevieve M. Ames. "Historical and cultural roots of drinking problems among American Indians," *American Journal of Public Health*, vol.90, no.3, 2000, pp.344–351.

③ Martin D. Topper. "Navajo 'Alcoholism': Drinking, Alcohol Abuse, and Treatment in a Changing Cultural Environment," in Linda A. Bennett and Genevieve M. Ames (eds.). *The American Experience with Alcohol: Contrasting Cultural Perspectives*. New York: Plenum Press, 1985, p.230.

④ Dennis Kelso, William DuBay. "Alaskan Natives and Alcohol: A Sociocultural and Epidemiological Review," in D. L Spiegler, D. A. Tate, S. S. Aitken and C. M. Christian (eds.). *Alcohol Use and Abuse Among US Ethnic Minorities*. Rockville. MD: US Department of Health and Human Services, 1989, pp.223–238.

亡"通常均与饮酒有关,其发生率是普通人口的5倍。① 酗酒引发的一系列健康问题使得美国印第安人的人口在20世纪甚至更早的时间段内逐渐减少,进而危及民族的生存与文化延续。

其二,原住民成员酗酒会破坏家庭和社区关系,并带来严重社会问题。一是从家庭层面上来看,购买酒精需要大量的钱,因此不受控制的饮酒会对家庭经济带来损失,这对本不富裕的原住民来说是笔比较大的开支,耗费在买酒上的钱本可以用于改善家庭的生活条件。况且,饮酒不仅浪费钱,还会让酗酒者失去稳定的工作机会,收入减少。与此同时,饮酒也会使得父母无法很好地养育子女,经常酗酒的父母会忽视照料孩子,进而导致孩子的情感需求无法得到及时满足,产生情感剥夺。以上这些因素经过逐步累积都会引发婚姻和家庭冲突,甚至妻离子散。二是从社区层面上来看,不当的饮酒行为会对社区造成压力和冲击,如对亲属的疏离和经济上的损失。酗酒行为和禁酒令也会使得年轻人与长者产生争执。② 酗酒行为还会在道德层面上被社区成员质疑,因为人们往往会认为一个好人不会在饮酒上花费很多时间和精力。③ 三是从社会层面上来看,过度饮酒几乎总是与各种各样的其他越轨行为联系在一起,包括工作不稳定、性乱交、违法行为、犯罪等。大量研究显示,原住民在与白人接触后,出现了因酗酒导致的传统关系破裂、社会组织瓦解、暴力可能性增加、社会失范等诸多问题。④

---

① Dwight B. Heath. "Alcohol Use among North American Indians: A Cross-Cultural Survey of Patterns and Problems," in Reginald G. Smart, Frederick B. Glaser, Yedy Israel, Harold Kalant, Robert E. Popham and Wolfgang Schmidt. *Research Advances in Alcohol and Drug Problems*, vol.7. New York and London: Plenum Press, 1983, pp.369-370.

② Dwight B. Heath. "Drinking and Drunkenness in Transcultural Perspective: Part II," *Transcultural Psychiatric Research Review*, vol.23, no.2, 1986, pp.103-126.

③ Hugh Brody. "Alcohol, Change and The Industrial Frontier," *Études/Inuit/Studies*, vol.2, no.1, 1977, pp.31-46.

④ Anastasia M. Shkilnyk. *A Poison Stronger than Love: The Destruction of an Ojibwa Community.* New Haven: Yale University Press, 1985; Malcolm D. Holmes, Judith A. Antell. "The Social Construction of American Indian Drinking: Perceptions of American Indian and White Officials," *The Sociological Quarterly*, vol.42, no.2, 2001, pp.151-173; J. Paul Seale, Sylvia Shellenberger, Carlos Rodriguez, Josiah D. Seale and Manuel Alvarado. "Alcohol Use and Cultural Change in an Indigenous Population: A Case Study from Venezuela," *Alcohol and Alcoholism*, vol.37, no.6, 2002, pp.603-608.

四、当代美国原住民酗酒之成因

那么,为何当代美国原住民会出现如此严重的酗酒现象?结合已有的民族志材料与相关研究,笔者认为当代美国原住民之所以会出现酗酒现象,主要是因为白人倾销、无法维系传统生计方式以及为缓解焦虑而造成的过度饮酒。这背后展现了美国社会中存在的结构性不平等对原住民利益的侵害,使得美国原住民的人权无法得到充分保障。

(一)白人倾销

美国原住民饮酒增多的重要原因之一是人们可以购买的酒精数量增多,其背后更深层次原因是白人对美国原住民的倾销。在历史上的很长一段时间中,美国原住民无法大量酿造酒精饮品。随着现代化进程的不断演进,原住民有更多机会接触到外来人群,酒精也更容易获得,再加上白人倾销酒精这一决定性因素,饮酒情况遂逐渐开始增多。

有学者提出,白人向美国原住民出售酒精是诸多种族灭绝方式中的一种。当白人到达美洲大陆以后,他们的酗酒行为影响了周围的印第安人,使得印第安人逐渐习得白人的酗酒文化。在此之后,白人开始反过来渲染印第安人好酒的刻板印象,这种渲染更多是出于私利,因为白人害怕醉酒的印第安人会威胁他们自己的定居点,并借此机会驱赶印第安人远离白人定居点。还有一些白人定居者用印第安人酗酒来证明白人没收印第安人土地的正当性。然而吊诡的是,无论美洲大陆上的原住民走到哪里,酒商很快就会跟随过去。[①] 从纯商业的角度看,酒精在交通不便的地区售卖具有很多优势。与镜子、毯子、金属刀具等物品相比,酒精重量相对较轻,不易腐烂,容易分割,且可稀释后销售来赚取更高利润。在酒精品类方面,葡萄酒和啤酒很少出现在贸易中,法国人首选销售白兰地,英国人倾向于销售朗姆酒,美国人则爱销售威士忌。尽管白人了解印第安人过度饮酒的危害,但为了短期收益,仍然坚持向印第安人售卖酒。白人在与印第安人进行土地谈判时还会故

---

① Elena Lesley. "Cultural Impairment and the Genocidal Potential of Intoxicants: Alcohol use in Colonial North America," *Genocide Studies and Prevention: An International Journal*, vol.13, no.1, 2019, pp.88–97.

意提供酒，这是因为印第安人谈判者会在喝醉后，在土地谈判中做出让步，而在他们清醒时是不会同意白人提出的方案的。随着时间的推移，印第安土著领导人在与白人进行谈判时，反而开始要求酒精。酒精逐渐发展成为一种外交工具。[1] 由此可见，在美国部分印第安人逐渐开始形成酗酒惯习的过程中，白人的影响起到了很大的作用。

（二）无法维系传统生计方式

白人倾销酒精只是美国原住民酗酒增多的原因之一。对美国原住民酗酒原因的探讨，还应该从经济社会的层面上进行分析，而不能简单地归因于其传统文化和族群性。[2] 笔者认为，美国原住民酗酒的重要原因之一是随着外界环境变化所带来的社会变迁，他们无法依靠熟悉的传统生计方式进行生产生活，而只能转变为从事他们所不熟悉、不擅长的其他生计方式。生计方式上的转变与不适使得他们不再聚焦于生产，而是将一部分时间与精力放在饮酒等消遣活动中，甚至出现借酒消愁的情况。这种生计方式的转变伴随着生产资料的丧失，亦可称为美国原住民的无产阶级化。

在美国原住民传统上活动的地区，现代化产业发展以及随之而来的对传统经济模式的破坏使当地原住民逐渐失去生产资料，进而成为无产者。一些学者将这些失去生产资料的原住民社区称为微型贫民窟。大量酗酒现象的存在与原住民生产资料和生产关系的变革具有密切关联。类似的情况在阿拉斯加地区十分明显。在当地，随着工业化进程不断加快，原住民的传统领地被开发，传统经济与贸易被现代工业和贸易所取代。人们失去土地，也不能再依靠传统的生计方式生存。在生计、社会转型的过程中，当地原住民面临

---

[1] John W. Frank, Roland S. Moore and Genevieve M. Ames. "Historical and cultural roots of drinking problems among American Indians," *American Journal of Public Health*, vol.90, no.3, 2000, pp.344–351.

[2] 在分析一些现象和问题时，我们不能仅从文化的角度考虑问题，还应该看到社会结构所塑造的影响。这种强调社会结构，而不单纯从文化角度分析问题的思路，最经典的莫过于对"贫困的文化"（culture of poverty）的学术讨论。美国人类学家奥斯卡·刘易斯（Oscar Lewis）认为，贫困所呈现出的特点都是由文化所决定的，经由世代生活在贫困中所习得的，其结果是不易于补救或加以改变。但批评者认为刘易斯"贫困的文化"这一理论忽略了造成贫困现象的社会结构因素。这种对于社会结构因素的强调对于讨论原住民酗酒产生的原因具有很大的启发性价值。

着重重阻碍。比如，传统的捕鱼活动使得人们无法参加现代工业社会中的全职性工作。在就业市场中，原住民较低的教育水平使得他们不具备竞争力，找工作时也面临着许多民族歧视。以上这些因素使得当地原住民无法融入更大的社会系统之中，进而将时间和精力放在饮酒活动之中。[1] 除了阿拉斯加地区的原住民，纳瓦霍人酗酒的案例也揭示了美国原住民酗酒的原因之一在于原住民在受到外界冲击，生产方式发生改变后，就业上的不充分，以及他们不能很好地适应新的变化，使得他们将时间和精力花费在酗酒上，以消磨时光。

因此，美国原住民饮酒的重要原因之一在于白人对原住民土地等生产资料的剥夺，使得原住民失去生产资料，成为处于社会底层的无产者。原住民无法从事传统生产，也不善于从事现代工业和信息化社会中的工作，进而在生产生活上陷入迷茫，只好用饮酒来打发无聊的时间。生产资料上的缺失和工作的减少也使得他们在当代社会阶层中处于社会底层。这种从传统社会中的主人翁到现代社会中的底层的大幅度阶层滑落，对他们的心态产生很大的影响，一些人就会选择借酒消愁。在生产资料上占有的缺失和处于社会底层这两方面因素是导致原住民酗酒的重要原因。

（三）缓解焦虑

随着现代化、全球化进程的不断演进，原本与外界交流不多的原住民开始与外界接触增多，社区传统不断瓦解，个体自身也出现更多不确定性。此时，面对传统变迁、失去收入来源等剧烈变化后，一些原住民成员会采用酗酒的方式来缓解自身焦虑。这在无形中就造成了酒害情况的出现。

唐纳德·霍顿（Donald Horton）是较早发现原住民会通过饮酒来缓解焦虑的学者。1943年，他基于对56个部落饮酒情况的调查，认为饮酒的数量与食物短缺、文化适应以及战争造成的焦虑有关。换言之，那些承受这些压力的原住民成员通过大量饮酒来减少由此产生的焦虑。同时，霍顿也指出，大量饮酒也会反过来造成焦虑。因此他认为，在一种文化中饮酒的多少是酒

---

[1] Anastasia M. Shkilnyk. *A Poison Stronger than Love*: *The Destruction of an Ojibwa Community*. New Haven: Yale University Press, 1985, pp.31–46.

精减轻焦虑和制造焦虑相互作用的结果。① 20世纪中叶，由人类学家建立的人类区域关系档案（HRAF），也为我们揭示了在包括北美原住民社区在内的大多数社会中，酒精类饮品的主要功能是减少焦虑。尽管由于人类区域关系档案这种资料搜集与研究方法理论基础薄弱，这一结论遭到了很多挑战，但心理学与社会学研究还是证实酒精的确具有镇定功能。

随着现代化进程改变了美国原住民社区，以及原住民进入城市成为城市里的"边缘人"，用酒精缓解焦虑的情况越来越多，有的甚至逐渐演变成严重的酗酒行为。阿拉斯加的原住民②、芝加哥城市中成为"边缘群体"的印第安人③等，都出现了因工作不顺和不适应所引发的酗酒问题。④ 一些经验研究为我们揭示了原住民是如何用酒来缓解焦虑情绪的。在纳瓦霍人中，饮酒增多的原因之一就在于人们试图用饮酒来缓解文化不适应所引起的失落情绪。在传统社区中，成员之间是具有亲属关系的，人们常常会因个人事务而求助于社区中的领导者。但一些纳瓦霍人因为没有在学校中受到过西方式教育，直接在不同的文化语境下工作，导致他们会向欧美雇主请求处理他们的个人事务。在被拒绝后，他们会感到失落和愤怒，进而觉得自己没有价值或不被接纳。在这种情绪下，纳瓦霍年轻人会选择用酒精来麻痹自己。⑤

在一些情况下，原住民因为不适应现代性所带来的改变，已经不是仅

---

① Donald Horton. "The Functions of Alcohol in Primitive Societies: A Cross-Cultural Study," *Quarterly Journal of Studies on Alcohol*, vol.4, 1943, pp.199–320.
② Dwight B. Heath. "Alcohol Use among North American Indians: A Cross-Cultural Survey of Patterns and Problems," in Reginald G. Smart, Frederick B. Glaser, Yedy Israel, Harold Kalant, Robert E. Popham and Wolfgang Schmidt. *Research Advances in Alcohol and Drug Problems*, vol.7. New York and London: Plenum Press, 1983; Gerald D. Berreman. "Drinking patterns of the Aleuts," *Quarterly Journal of Studies on Alcohol*, vol.13, no.3, 1956, p.512.
③ Gerard Littman. "Alcoholism, Illness, and Social Pathology among American Indians in Transition," *American Journal of Public Health*, vol.60, no.9, 1970, pp.1769–1787.
④ Dwight B. Heath. "Drinking and Drunkenness in Transcultural Perspective: Part II," *Transcultural Psychiatric Research Review*, vol.23, no.2, 1986, pp.103–126.
⑤ Martin D. Topper. "Navajo 'Alcoholism': Drinking, Alcohol Abuse, and Treatment in a Changing Cultural Environment," in Linda A. Bennett and Genevieve M. Ames (eds.). *The American Experience with Alcohol: Contrasting Cultural Perspectives*. New York: Plenum Press, 1985, p.238.

仅出现焦虑的情况，而是出现了抑郁。在此情况下，原住民成员也会用酒精来麻痹自己，进而出现酗酒的情况。有学者提出"失范性抑郁"（Anomic depression）概念，并以此来讨论人们如何用饮酒来疗愈自己。[1]失范性抑郁是指原住民成员对本民族文化在西方文化影响下持续异化的反应，它主要产生于以下三点原因：一是社会失范，即原有社会结构被打破，缺乏新的有效的规范结构；二是相对剥夺感不断增加，即少数群体的期望与其在社会中的实际情况具有很大差异；三是文化混乱，即不同文化之间的冲突。[2]在出现失范性抑郁后，原住民成员会选择用饮酒来解忧。因此，饮酒其实可以看作是对社会剥夺感增强的一种回应。这种观点受到社会学家涂尔干理论的影响，从整体性社会事实的角度出发，认为喝酒的原因并非简单地由于文化适应本身的破坏性影响，而更多的是由于当地人缺乏有价值的目标和实现它们的手段。换句话说，处于社会底层的原住民成员缺乏阶层向上流动的渠道，整天郁郁寡欢，只能借酒消愁，用喝酒来打发时间。[3]

五、饮酒的两难与矛盾心理

从前述研究中我们可以看出，美国原住民饮酒是有其自身内在传统和历史逻辑的。但在认识到饮酒的功能作用的同时，我们也应看到，一些原住民在遭遇现代性后会有酗酒的情况出现。面临着传统与现代社会的张力，生活在当代全球化、现代化背景下原住民成员个体在是否饮酒的问题上也面临着两难选择。对他们而言，一方面，饮酒具有一定的社会功能，能为日常生活带来帮助；另一方面，他们也能认识到饮酒很可能会演变成为酗酒与酒害，影响他们的日常生活。然而，面对着如此两难的境地，很多人还是会选择饮酒，这意味着其实他们内心是存在着纠结、矛盾的心理。他们把酒精视

---

[1] Wolfgang G. Jilek. "Anomic Depression, Alcoholism and Culture—Congenial Indian Response," *Journal of Studies on Alcohol Supplement*, vol.9, 1981, pp.159–170.

[2] Dwight B. Heath. "Alcohol Use among North American Indians: A Cross-Cultural Survey of Patterns and Problems," in Reginald G. Smart, Frederick B. Glaser, Yedy Israel, Harold Kalant, Robert E. Popham and Wolfgang Schmidt. *Research Advances in Alcohol and Drug Problems*, vol.7. New York and London: Plenum Press, 1983, p.380.

[3] Thomas W. Hill. "Ethnohistory and Alcohol Studies," in Marc Galanter (ed.). *Recent Developments in Alcoholism*, vol.2. New York: Plenum Press, 1984, p.317.

为镶嵌在日常生活中的重要之物，但也知道其会破坏他们的生活。原住民饮酒者的这种矛盾心理在20世纪90年代以前少有人关注，许多学者会把饮酒看作非此即彼的行为进行描述。然而，如同很多事物一样，饮酒行为并不是非好即坏的。随着调查研究的逐步深入，学者们开始关注到原住民饮酒者的矛盾心理及其两难境地。

保罗·斯派塞（Paul Spicer）通过田野调查指出，一些美国印第安人对酒精的认识是模糊的。饮酒既被认为是一种本民族文化价值的核心，又被认为是一种外来的贬损自身的行为。人们既被其吸引，又对其排斥。它与印第安人生活中最好的和最坏的事物同时联结在一起。斯派塞用"推—拉"理论来描述与解释印第安人在饮酒上的纠结心态。在"拉"向饮酒方面，年轻的印第安人饮酒是为了社交，他们模仿成年人饮酒，并将此行为作为与同龄人相联系的一种手段。因为在他们看来，饮酒是将自己从无聊的保留地生活中解放出来的一种手段。一些人因为戒酒而被孤立，后来重新开始饮酒。在当地，有酒的人从不孤独，生产与消费酒精饮品是日常生活中非常常见的话题。酒精的交换可以使人们更好地进入到当地社会互惠模式之中。根据斯派塞的描述，酒精在他的田野调查地点一直被视为公共财产，任何人都可以享用。分享酒精成为当地的社会规范。

但与此同时，也有一些力量在"推"走印第安人，使他们远离酒精。一是，饮酒使得他们不能履行如照料子女和老人等社会义务。一些妇女常常会因为酒后忽视对孩子的照料而感到自责。对男性而言，除了照顾家庭，酗酒后无法挣钱，一方面会使得他们无法养活家人，另一方面也会使得他们在社区中不再受人尊重，成为大家眼中软弱的男人。二是饮酒在带来社会交往互动增多的同时，也会伴随着社会分裂。饮酒可能会带来社区团结，但酒后的冲突也可能会破坏个体、家庭、社区的关系。三是从历史经验来看，印第安社区中的领袖对酒精持负面态度。尽管年轻人热衷于饮酒，但年长者会极力阻止酒精进入当地社区。这是因为他们看到了酒精的影响超出了他们力所能及的控制范围。当狂欢开始时，任何维持秩序和道德权威的希望都荡然无存。社区领导者一直在不懈地努力推动社区禁酒，但在很多社区收效甚微。对社区成员来说，虽然在饮酒前成员间的紧张关系就已经存在，但每个人都清楚地认识到，饮酒会使冲突变得更加频繁。①

在面对酒精强大的"推—拉"作用下，个人认识到饮酒可能产生的恶劣影响，但强大的社会力量等因素又在将他们"拉"向酒精。印第安人在这种"推—拉"过程中不断摇摆。斯派塞等学者的研究揭示了美国原住民饮酒并非非黑即白的，而是一种混杂、矛盾的。它既是好事，也是坏事。饮酒者对待饮酒行为的态度也是模糊、纠结和飘忽不定的。这种不确定性和相互矛盾的本质特征成为当下理解美国原住民饮酒行为的重要路径。

六、结语

饮酒行为在美国原住民的历史上具有重要的积极作用。酒精增进了社会团结，并在仪式上扮演重要作用。随着白人进入美国大陆，原住民与外界交流不断增多，以及现代性在全球化时代的不断蔓延，许多美国原住民都出现了过量饮酒的现象，后逐渐演变为社会问题，成为美国当今社会发展过程中的一个痛点。白人对原住民酗酒产生污名化，认为他们酗酒是其民族性使然，进而出现种族主义歧视现象。但实际上，美国原住民酗酒并非其民族性使然，而是与白人对北美大陆的统治与一系列政策息息相关。白人倾销、生计破坏与缓解焦虑，是当下美国原住民酗酒的主要原因。

通过还原美国原住民酗酒背后的历史，我们可以发现，美国原住民酗酒现象是在白人进入美洲大陆后才开始逐渐出现的。白人的酒精倾销使得原住民能够大量接触到酒精，土地的扩张运动使得原住民无法维系传统生计方式，白人在美国的统治使得原住民用酒精缓解焦虑，这三点因素都表明了当代美国原住民酗酒形成的原因是白人对于原住民原有生活环境的破坏。在资本主义扩张的过程中，白人只重视了自己的利益，而忽视了长期在美国地区生活的原住民的现实生活情况。

美国原住民酗酒现象对于理解美国当今社会主要矛盾具有重要理论价值和现实意义。实际上，美国往往把酗酒、暴力等社会问题归因于宗教、性别、种族等文化差异。其目的之一就是迷惑底层民众，使他们看不到这些社

---

① Paul Spicer. "Toward a (Dys)functional Anthropology of Drinking: Ambivalence and the American Indian Experience with Alcohol," *Medical Anthropology Quarterly*, vol.11, no.3, 1997, pp.306–323.

会问题背后的阶级矛盾，尤其是贫富阶级之间的矛盾，从而消解他们的斗争意志或误导他们的斗争方向。这一点在"黑命贵"运动（Black Lives Matter）中表现得十分明显，即将代表富人的警察镇压穷人的事件，误导为白人欺压黑人性质。对美国原住民酗酒现象、"黑命贵"运动等社会问题的分析，都不应忽视美国社会中的阶级矛盾。包括原住民在内，美国各类弱势群体的基本生命安全和生存发展权利一直未得到充分保障。他们的人权状况亟待得到改善。

参考文献

一、中文专著

W. J. T. 米切尔编：《风景与权力》，杨丽、万信琼译，南京：译林出版社，2014年。

阿尔君·阿帕杜莱：《消散的现代性：全球化的文化维度》，刘冉译，上海：上海三联书店，2012年。

阿诺尔德·范热内普：《过渡礼仪：门与门坎、待客、收养、怀孕与分娩、诞生、童年、青春期、成人、圣职受任、加冕、订婚与结婚、丧葬、岁时等礼仪之系统研究》，张举文译，北京：商务印书馆，2010年。

埃里克·沃尔夫：《欧洲与没有历史的人民》，赵丙祥、刘玉珠、杨玉静译，上海：上海人民出版社，2006年。

埃文斯-普理查德：《努尔人——对尼罗河畔一个人群的生活方式和政治制度的描述》（修订译本），褚建芳译，北京：商务印书馆，2014年。

安东尼·吉登斯：《现代性的后果》，田禾译，黄平校，南京：译林出版社，2011年。

安东尼·史密斯：《民族认同》，王娟译，南京：译林出版社，2018年。

敖长福主编：《中国鄂伦春族人物志》，海拉尔：内蒙古文化出版社，2013年。

白兰：《鄂伦春族》，北京：民族出版社，1991年。

白兰：《高高的兴安岭——鄂伦春族风情》，呼和浩特：内蒙古人民出版社，2014年。

白寿彝：《中国交通史》，北京：团结出版社，2011年。

本尼迪克特·安德森：《想象的共同体——民族主义的起源与散布（增订版）》，吴叡人译，上海：上海人民出版社，2011年。

布鲁诺·拉图尔：《我们从未现代过：对称性人类学论集》，刘鹏、安涅思译，苏州：苏州大学出版社，2010年。

查干姗登：《禁猎前后：鄂伦春族的社会变迁与社会分化》，北京：社会科学文献出版社，2022年。

邱永君：《民族学名家十人谈》，北京：民族出版社，2009年。

蒂姆·英戈尔德：《人类学为什么重要》，周云水、陈祥译，北京：北京大学出版社，2020年。

鄂伦春自治旗史志编纂委员会：《鄂伦春自治旗志（1989—1999）》，呼和浩特：内蒙古人民出版社，2001年。

鄂伦春自治旗史志编纂委员会：《鄂伦春自治旗志》，呼和浩特：内蒙古人民出版社，1991年。

《鄂伦春族简史》编写组：《鄂伦春族简史》，呼和浩特：内蒙古人民出版社，1983年。

《鄂伦春族简史》编写组、《鄂伦春族简史》修订本编写组：《鄂伦春族简史》，北京：民族出版社，2008年。

范可：《理解族别——比较的视野》，北京：知识产权出版社，2019年。

范可：《他我之间——人类学语境里的"异"与"同"》，北京：中国社会科学出版社，2012年。

范可：《在野的全球化——流动、信任与认同》，北京：知识产权出版社，2015年。

方征、马强，等：《鄂伦春族狩猎文化的变迁与聚居区村民健康研究》，北京：中央民族大学出版社，2014年。

费孝通：《逝者如斯》，苏州：苏州大学出版社，1993年。

费孝通：《费孝通文集》，北京：群言出版社，1999年。

费正清、邓嗣禹：《冲击与回应：从历史文献看近代中国》，陈少卿译，北京：民主与建设出版社，2019年。

弗雷德里克·巴特：《斯瓦特巴坦人的政治过程——一个社会人类学研究的范例》，黄建生译，上海：上海人民出版社，2005年。

福柯：《词与物：人文知识的考古学》，莫伟民译，上海：上海三联书店，2001年。

傅琦：《华中药市的崛起——一个发展人类学的个案研究》，北京：知识产权出版社，2017年。

葛兰言：《古代中国的节庆与歌谣》，赵丙祥、张宏明译，赵丙祥校，桂林：广西师范大学出版社，2005年。

贡德·弗兰克：《白银资本：重视经济全球化中的东方》，刘北成译，北京：中央编译出版社，2008年。

沟口雄三：《作为方法的中国》，孙军悦译，北京：生活·读书·新知三联书店，2011年。

关丙胜：《族群的演进博弈——中国图瓦人研究》，北京：社会科学文献出版社，2011年。

关小云：《大兴安岭鄂伦春》，哈尔滨：哈尔滨出版社，2003年。

韩有峰：《黑龙江鄂伦春族文化》，哈尔滨：黑龙江教育出版社，2010年。

韩有峰、都永浩、刘金明：《鄂伦春族历史、文化与发展》，哈尔滨：哈尔滨出版社，2003年。

何青花：《金色的森林》，北京：民族出版社，2002年。

何群：《环境与小民族生存——鄂伦春文化的变迁》，北京：社会科学文献出版社，2006年。

何文柱：《鄂伦春族发展问题研究》，海拉尔：内蒙古文化出版社，2013年。

黄光学主编、施联珠副主编：《中国的民族识别》，北京：民族出版社，1995年。

黄树民：《林村的故事：一九四九年后的中国农村变革》，素兰、纳日碧力戈译，北京：生活·读书·新知三联书店，2002年。

加格达奇区地方志办公室编：《加格达奇区志（1990—2005）》，哈尔滨：黑龙江人民出版社，2010年。

加格达奇区地方志编纂委员会编纂：《加格达奇区志》，合肥：黄山书社，1993年。

菅志翔：《族群归属的自我认同与社会定义——关于保安族的一项专题研究》，北京：社会科学文献出版社，2017年。

金鑫：《布特哈衙门军政制度沿革研究》，呼和浩特：内蒙古大学出版社，2018年。

卡尔·波兰尼：《巨变：当代政治与经济的起源》，黄树民译，北京：社会科学文献出版社，2013年。

柯文：《在中国发现历史——中国中心观在美国的兴起》，林同奇译，北京：中华书局，2002年。

克里斯蒂安·沃尔玛：《通向世界尽头：跨西伯利亚大铁路的故事》，李阳译，北京：生活·读书·新知三联书店，2017年。

克利福德·格尔茨：《文化的阐释》，韩莉译，南京：译林出版社，2014年。

孔飞力：《他者中的华人》，李明欢译，南京：江苏人民出版社，2016年。

拉内·韦尔斯莱夫：《灵魂猎人——西伯利亚尤卡吉尔人的狩猎、万物有灵论与人观》，石峰译，北京：商务印书馆，2020年。

拉铁摩尔：《中国的亚洲内陆边疆》，唐晓峰译，南京：江苏人民出版社，2010年。

兰德尔·柯林斯、迈克尔·马科夫斯基：《发现社会——西方社会学思想述评》（第八版），李霞译，北京：商务印书馆，2014年。

列维-布留尔：《原始思维》，丁由译，北京：商务印书馆，1981年。

林耀华主编：《民族学通论》（修订本），北京：中央民族大学出版社，1997年。

凌纯声：《松花江下游的赫哲族》，北京：民族出版社，2012年。

刘绍华：《我的凉山兄弟：毒品、艾滋与流动青年》，北京：中央编译出版社，2015年。

刘晓春：《鄂伦春人文经济》，北京：知识产权出版社，2010年。

刘晓春：《黑龙江沿岸人文历史研究》，上海：上海三联书店，2022年。

刘晓春主编：《中国民族地区经济社会发展调查报告·鄂伦春自治旗卷》，北京：中国社会科学出版社，2018年。

刘正爱：《孰言吾非满族——一项历史人类学研究》，北京：中国社会科学出版社，2015年。

罗伯特·L.凯利：《第五次开始——600万年的人类历史如何预示我们的未来》，徐坚译，北京：中信出版集团，2018年。

罗德·菲利普斯：《酒：一部文化史》，马百亮译，上海：格致出版社，2019年。

约翰·罗尔斯：《正义论》，何怀宏、何包钢、廖申白译，北京：中国社会科学出版社，1988年。

麻国庆：《人类学的全球意识与学术自觉》，北京：社会科学文献出版社，2016年。

马克：《黑龙江旅行记》，吉林省哲学社会科学研究所翻译组译，北京：商务印书馆，1977年。

马塞尔·莫斯：《礼物——古式社会中交换的形式与理由》，汲喆译，北京：商务印书馆，2016年。

马塞尔·莫斯：《人类学与社会学五讲》，林宗锦译，梁永佳校，桂林：广西师范大学出版社，2008年。

马歇尔·萨林斯：《石器时代经济学》，张经纬、郑少雄、张帆译，北京：生活·读书·新知三联书店，2009年。

玛丽·道格拉斯：《洁净与危险——对污染和禁忌观念的分析》，黄剑波、柳博赟、卢忱译，北京：商务印书馆，2018年。

迈克尔·桑德尔：《金钱不能买什么：金钱与公正的正面交锋》，邓正来译，北京：中信出版社，2012年。

满都尔图：《满都尔图民族学文集》，北京：民族出版社，2006年。

莫里斯·布洛克：《马克思主义与人类学》，冯利、覃光广、陈为、宪蒙译，北京：华夏出版社，1988年。

莫里斯·弗里德曼：《中国东南的宗族组织》，刘晓春译，王铭铭校，上海：上海人民出版社，2000年。

那敏：《桦树皮船制作技艺传承人——郭宝林》，北京：民族出版社，2011年。

内蒙古自治区编辑组、《中国少数民族社会历史调查资料丛刊》修订编辑委员会：

《鄂伦春族社会历史调查》(一),北京:民族出版社,2009年。

皮埃尔·布迪厄:《实践感》,蒋梓骅译,南京:译林出版社,2012年。

浅川四郎、永田珍馨:《兴安岭之王 使马鄂伦春族》,赵复兴译,海拉尔:内蒙古文化出版社,1999年。

秋浦:《鄂伦春社会的发展》,上海:上海人民出版社,1978年。

曲枫主编,迈克尔·克努佩尔、王伟副主编:《北冰洋研究》(第二辑),北京:社会科学文献出版社,2020年。

沈斌华、高建纲:《鄂伦春族人口概况》,呼和浩特:内蒙古大学出版社,1989年。

施坚雅主编:《中华帝国晚期的城市》,叶光庭等译,陈桥驿校,北京:中华书局,2000年。

辻雄二、色音编译:《北方民族与萨满文化——中国东北民族的人类学调查》,北京:中央民族大学出版社,1995年。

史禄国:《北方通古斯的社会组织》,吴有刚、赵复兴、孟克译,呼和浩特:内蒙古人民出版社,1985年。

斯蒂文·郝瑞:《田野中的族群关系与民族认同——中国西南彝族社区考察研究》,巴莫阿依、曲木铁西译,南宁:广西人民出版社,2000年。

斯塔夫里阿诺斯:《全球分裂:第三世界的历史进程》,王红生等译,北京:北京大学出版社,2017年。

田汝康:《芒市边民的摆》,昆明:云南人民出版社,2008年。

王铭铭:《社会人类学与中国研究》,北京:生活·读书·新知三联书店,1997年。

维克多·特纳:《象征之林》,赵玉燕、欧阳敏、徐洪峰译,北京:商务印书馆,2012年。

翁乃群主编:《南昆八村——南昆铁路建设与沿线村落社会文化变迁》(广西卷),北京:民族出版社,2001年。

沃尔夫冈·希弗尔布施:《铁道之旅:19世纪空间与时间的工业化》,金毅译,上海:上海人民出版社,2018年。

吴雅芝:《最后的传说:鄂伦春族文化研究》,北京:中央民族大学出版社,2006年。

吴亚芝:《鄂伦春族口述家族史》,北京:民族出版社,2016年。

吴重庆:《孙村的路——后革命时代的人鬼神》,北京:法律出版社,2014年。

项飙、吴琦:《把自己作为方法——与项飙谈话》,上海:上海文艺出版社,2020年。

谢健:《帝国之裘:清朝的山珍、禁地以及自然边疆》,关康译,北京:北京大学出版社，2019年。

阎云翔：《礼物的流动：一个中国村庄中的互惠原则与社会网络》，李放春、刘瑜译，上海：上海人民出版社，2000年。

阎云翔：《私人生活的变革：一个中国村庄里的爱情、家庭与亲密关系（1949—1999）》，龚小夏译，上海：上海书店出版社，2006年。

杨清媚：《最后的绅士——以费孝通为个案的人类学史研究》，北京：世界图书出版公司，2010年。

伊曼纽尔·沃勒斯坦：《现代世界体系》（四卷本），北京：社会科学文献出版社，2013年。

于硕、赵式庆主编：《山上啊，山上！鄂伦春猎民口述史》，北京：新世界出版社，2017年。

约翰·布林克霍夫·杰克逊：《发现乡土景观》，俞孔坚、陈义勇、莫琳、宋丽青译，北京：商务印书馆，2016年。

詹姆斯·斯科特：《国家的视角——那些试图改善人类状况的项目是如何失败的》，王晓毅译，北京：社会科学文献出版社，2012年。

詹姆斯·斯科特：《逃避统治的艺术：东南亚高地的无政府主义历史》，王晓毅译，北京：生活·读书·新知三联书店，2016年。

詹姆斯·斯科特：《六论自发性——自主、尊严，以及有意义的工作和游戏》，袁子奇译，北京：社会科学文献出版社，2019年。

张雯：《自然的脱嵌——建国以来一个草原牧区的环境与社会变迁》，北京：知识产权出版社，2016年。

赵复兴：《鄂伦春族研究》，呼和浩特：内蒙古人民出版社，1987年。

赵复兴：《鄂伦春族游猎文化》，呼和浩特：内蒙古人民出版社，1991年。

周永明主编：《路学：道路、空间与文化》，重庆：重庆大学出版社，2016年。

《中国人口较少民族发展研究丛书》编委会编：《中国人口较少民族经济和社会发展调查报告》，北京：民族出版社，2007年。

二、中文论文及文章

白兰：《从鄂伦春民族的发展看我国民族政策调整的取向》，《内蒙古社会科学》（汉文版）2002年第6期。

白兰：《抉择与发展：现代化过程中的鄂伦春族经济和文化》，周勇、马丽雅主编《民族、自治与发展：中国民族区域自治制度研究》，北京：法律出版社，2008年。

白兰：《以驯鹿的名义：生存智慧让泛北极圈文化理念永不落幕——中国民族

博物馆〈寻找"鄂伦"的足迹——泛北极圈东北亚驯鹿民族文化展〉有感》,《北方民族》2017年第6期。

白兰:《鄂伦春民族文化生态保护区调查》,刘晓春主编《中国民族地区经济社会调查报告·鄂伦春自治旗卷》,北京:中国社会科学出版社,2018年。

蔡家麒:《鄂伦春族马匹私有制的产生与发展》,《历史研究》1965年第2期。

曹宏琰:《刘晓春 鄂伦春的呼唤》,《中华儿女》2015年第23期。

查干姗登:《论狩猎民族的身份分化——以鄂伦春族为例》,《湖北民族学院学报》(哲学社会科学版)2012年第6期。

崔应令:《回顾、反思与重构:近百年来中国社区研究》,《华中科技大学学报》(社会科学版)2011年第1期。

邓正来:《"生存性智慧模式"——对中国市民社会研究既有理论模式的检视》,《吉林大学社会科学学报》2011年第2期。

都永浩:《中国北方渔猎民族的历史演变》,《黑龙江民族丛刊》2007年第6期。

范可:《"边疆"与民族——略论民族区域的治理逻辑》,《西北民族研究》2015年第2期。

范可:《略论族群认同与族别认同》,《江苏行政学院学报》2015年第4期。

范可:《500年中国移民史的一幅长卷》,《中华读书报》2016年6月29日18版。

范可:《边疆与民族的互构:历史过程与现实影响》,《民族研究》2017年第6期。

范可:《何以"边"为:巴特"族群边界"理论的启迪》,《学术月刊》2017年第7期。

范可:《民族型貌与国家营建:福建案例》,张雨男译,范可《认同、文化与地方历史——人类学的理论探讨与经验研究》,北京:社会科学文献出版社,2018年。

范可:《狩猎采集社会及其当下意义》,《民族研究》2018年第4期。

范可:《驯化、传播与食物生产类型的形成——人类学的视角》,《中山大学学报》(社会科学版)2018年第6期。

范可:《老骥伏枥:费孝通晚年之思之价值》,《西北民族研究》2020年第4期。

范可:《人类学视野里的生存性智慧与生态文明》,《学术月刊》2020年第3期。

范可:《田野工作与"行动者取向的人类学":巴特及其学术遗产》,《民族研究》2020年第1期。

范可、张雨男:《社会文化人类学研究》,郝时远主编《新时代中国民族学研究回顾与展望》,北京:社会科学文献出版社,2020年。

费孝通:《关于我国民族的识别问题》,《中国社会科学》1980年第1期。

费孝通:《民族社会学调查的尝试》,《中央民族学院学报》1982年第2期。

费孝通:《中华民族的多元一体格局》,《北京大学学报》(哲学社会科学版)1989

年第4期。

费孝通：《人不知而不愠》，《读书》1994年第4期。

费孝通：《民族生存与发展——在中国第六届社会学人类学高级研讨班开幕式上的即兴讲演》，《西北民族研究》2002年第1期。

费孝通：《关于"文化自觉"的一些自白》，《学术研究》2003年第7期。

高志英：《20世纪中国边疆"直过"民族教育观念变迁研究——以云南独龙族为例》，《华东师范大学学报》（教育科学版）2007年第3期。

关红英：《浅议鄂伦春族生态环境意识——与自然和谐相处》，《鄂伦春研究》2001年第2期。

关凯：《现代化与少数民族的文化变迁》，《中南民族学院学报》（人文社会科学版）2002年第6期。

韩狄：《日本学者秋叶隆和泉靖一的鄂伦春族民族学调查》，《日本研究》2014年第1期。

郝时远：《取代与改造：民族发展的方式选择——以鄂温克族猎民的发展为例》，《民族研究》1996年第4期。

何群：《综述和讨论：关于小民族的生存及前景》，《西北民族研究》2007年第1期。

何群：《酒与"酒"之两难——基于鄂伦春族生态环境与历史文化变迁的分析》，《思想战线》2014年第2期。

贺晓星：《作为方法的家庭：教育研究的新视角》，《教育学术月刊》2014年第1期。

黄剑波：《小民族文化生存的人类学考察——以美国印地安人为例》，《广西民族研究》2003年第3期。

黄淑娉：《费孝通先生对中国人类学的理论贡献》，《中央民族大学学报》（哲学社会科学版）2007年第4期。

黄宣卫：《从认知角度探讨族群：评介五位学者的相关研究》，《台湾人类学刊》2010年第2期。

黄志辉：《自我生产政体："代耕农"及其"近阈限式耕作"》，《开放时代》2010年第12期。

黄志辉：《自我生产政体：被忽视的劳动形态——来自城郊农地与建筑工地的两类中国经验》，《青年研究》2013年第1期。

黄志辉：《"嵌入"的多重面向——发展主义的危机与回应》，《思想战线》2016年第1期。

黄志辉：《理解费孝通的研究单位：中国作为"个案"》，《西南民族大学学报》（人文社科版）2016年第5期。

黄志辉:《第三条思路:"原生态文化"保护的并接实践》,《中央民族大学学报》(哲学社会科学版)2017年第3期。

黄志辉:《土地为媒:跨体系社区的多元一体联结纽带》,《青海民族研究》2022年第3期。

柯尚哲:《三线铁路与毛泽东时代后期的工业现代化》,《开放时代》2018年第2期。

李安山:《小民族、社会科学与人类文化》,《广西民族大学学报》(哲学社会科学版)2006年第5期。

李永祥:《民族传统知识与防灾减灾——云南少数民族文化中的防灾减灾功能探讨》,《西南民族大学学报》(人文社科版)2015年第10期。

李永祥:《生物多样性:西方生态人类学研究新领域》,《民族研究》2023年第1期。

李志农、胡倩:《道路、生计与国家认同——基于云南藏区奔子栏村的调查》,《北方民族大学学报》(哲学社会科学版)2018年第3期。

林盛中:《中国鄂伦春族人口的发展和现状》,《人口研究》1989年第6期。

刘琪:《缺失的"民族"与整体的"社会"——从魁阁时期的两个研究文本谈起》,《学术月刊》2020年第11期。

刘晓春:《鄂伦春族女性萨满问题初探》,《黑龙江民族丛刊》2015年第3期。

刘晓春:《中国人口较少民族的政策实施与跨越式发展》,《广西民族大学学报》(哲学社会科学版)2019年第6期。

刘晓春、何文柱:《鄂伦春族民族精神的内涵与体现》,《黑河学院学报》2021年第4期。

刘岳:《作为方法的县》,《文化纵横》2019年第5期。

刘正爱:《自我、他者与国家:福建琴江满族的认同》,《民族研究》2006年第6期。

刘正爱:《"民族"的边界与认同——以新宾满族自治县为例》,《民族研究》2010年第4期。

吕光天:《鄂伦春族十七世纪后由家族公社向比邻公社的发展》,《中央民族学院学报》1975年第3期。

麻国庆:《作为方法的华南:中心和周边的时空转换》,《思想战线》2006年第4期。

麻国庆:《开发、国家政策与狩猎采集民社会的生态与生计——以中国东北大小兴安岭地区的鄂伦春族为例》,《学海》2007年第1期。

麻国庆:《费孝通民族研究理论与"合之又合"的中华民族共同性》,《中央民族大学学报》(哲学社会科学版)2020年第4期。

马戎:《民族研究中的原住民问题(上)》,《西南民族大学学报》(人文社会科学版)2013年第12期。

满都尔图：《从家庭公社到地域公社——鄂伦春族原始生产方式的解体》，《文物》1976年第7期。

纳日碧力戈：《全球场景下的"族群"对话》，《世界民族》2001年第1期。

潘蛟：《"族群"及其相关概念在西方的流变》，《广西民族学院学报》（哲学社会科学版）2003年第5期。

秋浦：《关于萨满教研究的几个问题》，《社会科学战线》1989年第3期。

曲枫：《关于建立中国近北极民族研究框架的思考》，《渤海大学学报》（哲学社会科学版）2020年第2期。

泉靖一：《大兴安岭东南部鄂伦春调查报告》，李东源译，《黑龙江民族丛刊》1986年第4期。

泉靖一：《大兴安岭东南部鄂伦春调查报告（续）》，李东源译，《黑龙江民族丛刊》1987年第1期。

宋宝峰、王艳梅、陈胜前：《鄂伦春狩猎采集生活的考古学意义》，《边疆考古研究》，2008年。

孙九霞、王学基：《川藏公路与鲁朗社区的旅游中心化》，《广西民族大学学报》（哲学社会科学版）2017年第6期。

谭同学：《类型比较视野下的深度个案与中国经验表述——以乡村研究中的民族志书写为例》，《开放时代》2009年第8期。

谭同学：《关于制约当代民族研究的若干重要问题反思——迈向实践社会科学的视野》，《开放时代》2020年第1期。

唐戈：《鄂伦春族的"部落"组织——兼谈满族八旗制度对鄂伦春族社会的影响》，《满语研究》2002年第2期。

唐戈：《鄂伦春族研究的主要阶段及其特点》，《满语研究》2006年第2期。

唐戈：《鄂伦春和鄂温克：从狩猎民到农民的困境》，《满语研究》2008年第1期。

唐戈：《中国近北极民族北方通古斯人及其文化变迁》，曲枫主编，迈克尔·克努佩尔副主编：《北冰洋研究（第一辑）》，北京：社会科学文献出版社，2019年。

唐戈、黄孝东：《民族学中国马克思主义学派对唯物史观的贡献——以鄂温克族和鄂伦春族研究为例》，《满语研究》2011年第2期。

汪晖、杨北辰：《"亚洲"作为新的世界历史问题——汪晖再谈"亚洲作为方法"》，《电影艺术》2019年第4期。

王娟：《族群精英与近代中国的边疆秩序——以民国时期的康巴精英格桑泽仁为个案》，《社会学研究》2019年第2期。

王铭铭：《小地方与大社会——中国社会的社区观察》，《社会学研究》1997年第1期。

王铭铭：《宗族、社会与国家——对弗里德曼理论的再思考》，《王铭铭自选集》，桂林：广西师范大学出版社，2000年。

王铭铭：《当代民族志形态的形成：从知识论的转向到新本体论的回归》，《民族研究》2015年第3期。

王铭铭：《"西游"中的几个转向——欧亚人类学的宇宙观形塑》，《清华社会科学（第1卷第2辑）》，北京：商务印书馆，2020年。

王铭铭：《导读》，蒂姆·英戈尔德《人类学为什么重要》，周云水、陈祥译，北京：北京大学出版社，2020年。

王铭铭：《"家园"何以成为方法？》，《开放时代》2021年第1期。

王彦芸：《族群互嵌格局下的"区域"探析——基于都柳江流域生态与历史的人类学研究》，《思想战线》2021年第1期。

吴红涛：《作为方法的空间》，《自然辩证法研究》2014年第11期。

谢本书：《马曜与社会科学研究》，《云南民族大学学报》（哲学社会科学版）2006年第3期。

杨秋月：《再造传统与消费文化：一个滇西北古城的非遗实践》，《原生态民族文化学刊》2020年第2期。

毅松：《鄂伦春族经济转型与文化保护研究综述》，周勇、马丽雅主编《民族、自治与发展：中国民族区域自治制度研究》，北京：法律出版社，2008年。

于硕：《鄂伦春妇女的口述史：里儿面儿翻转的符号学》，《职大学报》2020年第5期。

袁天伟、邢友德、黎虎：《对解放前鄂伦春族社会性质的探讨》，《民族研究》1959年第2期。

约翰·卡马洛夫：《图腾与族群性：意识、实践与不平等的标记》，刘琪译，《西南民族大学学报》（人文社科版）2017年第5期。

詹姆斯·埃德：《菲律宾的森林消亡与部落解体：巴拉望岛个案研究》，知寒译，《民族译丛》1992年第3期。

张雨男：《鄂伦春族日常生活节奏的变迁与适应》，《民族研究》2018年第3期。

张雨男：《走出发展的"困境"——人类学话语中的鄂伦春社会与文化》，《原生态民族文化学刊》2019年第6期。

张雨男：《从"重写"到"本体论"——文化人类学视野下的狩猎采集社会研究》，《世界民族》2020年第4期。

张雨男：《路、国家与鄂伦春社会文化变迁》，《开放时代》2020年第4期。

张雨男：《促进大兴安岭地区各民族交往交流交融》，《中国社会科学报》2023年

11月24日第Y03版。

张原：《"走廊"与"通道"：中国西南区域研究的人类学再构思》，《民族学刊》2014年第4期。

赵复兴：《鄂温克族与鄂伦春族崇熊祭熊习俗探讨》，《内蒙古社会科学》（文史哲版）1988年第2期。

赵复兴：《鄂伦春族研究概述——纪念内蒙古少数民族社会历史调查组鄂伦春族分组成立四十周年》，《内蒙古社会科学》（文史哲版）1997年第1期。

赵旭东、齐钊：《费孝通的"三区论"与王铭铭的"三圈说"的比照分析》，《开放时代》2010年第7期。

赵旭东、周恩宇：《道路、发展与族群关系的"一体多元"——黔滇驿道的社会、文化与族群关系的型塑》，《北方民族大学学报》（哲学社会科学版）2013年第6期。

周大鸣：《饮酒作为山地民族的一种生活方式——以黎、瑶、侗三个山地民族村寨为例》，《民俗研究》2018年第1期。

周大鸣、廖越：《聚落与交通："路学"视域下中国城乡社会结构变迁》，《广东社会科学》2018年第1期。

周永明：《道路研究与"路学"》，载《二十一世纪》（香港）2010年8月号。

周永明：《重建史迪威公路：全球化与西南中国的空间卡位战》，《二十一世纪》（香港）2012年8月号。

周永明：《汉藏公路的"路学"研究：道路空间的生产、使用、建构与消费》，《二十一世纪》（香港）2015年4月号。

周勇：《鄂伦春民族区域自治与可持续发展》，刘晓春主编《中国民族地区经济社会调查报告·鄂伦春自治旗卷》，北京：中国社会科学出版社，2018年。

朱凌飞：《修路事件与村寨过程——对玉狮场道路的人类学研究》，《广西民族研究》2014年第3期。

朱凌飞、胡为佳：《道路、聚落与空间正义：对大丽高速公路及其节点九河的人类学研究》，《开放时代》2019年第6期。

朱凌飞、马巍：《边界与通道：昆曼国际公路中老边境磨憨、磨丁的人类学研究》，《民族研究》2016年第4期。

朱晓阳：《中国的人类学本体论转向及本体政治指向》，《社会学研究》2021年第1期。

三、内部资料

内蒙东北调查组：《关于鄂伦春族调查报告 附录》，1957年。

内蒙古少数民族社会历史调查组、中国科学院内蒙古分院历史研究所：《鄂伦春自治旗甘奎努图克调查报告——鄂伦春族调查材料之八》，1960年。

中共鄂伦春自治旗委员会、鄂伦春自治旗人民政府：《浴血兴安：东北抗日联军第三路军三支队在鄂伦春自治旗征战资料汇编》，2017年。

四、英文专著

Adam Kuper. *The Invention of Primitive Society: Transformation of an Illusion*. London and New York: Routledge, 1988.

Anastasia M. Shkilnyk. *A Poison Stronger than Love: The Destruction of an Ojibwa Community*. New Haven: Yale University Press, 1985.

Anna Lowenhaupt Tsing. *The Mushroom at the End of the World: On the Possibility of Life in Capitalist Ruins*. Princeton: Princeton University Press, 2015.

Bruno Latour. *Reassembling the Social: An Introduction to Actor-Network-Theory*. New York: Oxford University Press, 2007.

Claude Meillassoux. *Maidens, Meal and Money: Capitalism and the Domestic Community*. New York: Cambridge University Press, 1981.

David G. Anderson. *Identity and Ecology in Arctic Siberia: The Number One Reindeer Brigade*. Oxford: Oxford University Press, 2000.

Donatas Brandišauskas. *Leaving Footprints in the Taiga: Luck, Spirits and Ambivalence among the Siberian Orochen Reindeer Herders and Hunters*. New York: Berghahn Books, 2019.

Dru Gladney. *Muslim Chinese: Ethnic Nationalism in the People's Republic*. Cambridge: Harvard University Press, 1991.

Dru Gladney. *Ethnic Identity in China: The Making of a Muslim Minority Nationality*. Orlando: Harcourt Brace & Company, 1998.

Dwight B. Heath. *Drinking Occasions: Comparative Perspectives on Alcohol and Culture*. London: Psychology Press, 2000.

Eduardo Kohn. *How Forests Think: Toward an Anthropology Beyond the Human*. Berkeley: University of California Press, 2013.

Fernand Braudel. *The Identity of France (vol.1: History and Environment)*. translated by Sian Reynolds, New York: Harper & Row Publishers, 1990.

Fredrik Barth (ed.). *Ethnic Groups and Boundaries: The Social Organization of Culture Difference*. Boston: Little, Brown and Company, 1969.

Gregory Bateson. *Steps Toward an Ecology of Mind*. New Jersey and London: Jason

Aronson Inc., 1972.

Henri Lefebvre. *Rhythmanalysis: Space, Time and Everyday Life.* New York: Bloomsbury Academic, 2004.

James F. Eder. *On the Road to Tribal Extinction: Depopulation, Deculturation, and Adaptive Well-Being Among the Batak of the Philippines.* Berkeley: University of California Press, 1987.

James Fairhead & Melissa Leach. *Misreading the African Landscape: Society and Ecology in a Forest-savanna Mosaic.* Cambridge: Cambridge University Press, 1996.

James Ferguson. *The Anti-Politics Machine: Development, Depoliticization, and Bureaucratic Power in Lesotho.* Minneapolis: University of Minnesota Press, 1994.

Johannes Fabian. *Time and the Other: How Anthropology Makes Its Object.* New York: Columbia University Press, 2014.

Lawrence A. Hirschfeld. *Race in the Making: Cognition, Culture and the Child's Construction of Human Kinds.* Cambridge: MIT Press, 1996.

Liisa H. Malkki. *Purity and Exile: Violence, Memory, and National Cosmology among Hutu Refugees in Tanzania.* Chicago: University of Chicago Press, 1995.

Loretta E. Kim. *Ethnic Chrysalis: China's Orochen People and the Legacy of Qing Borderland Administration.* Cambridge: Harvard University Press, 2019.

Martin Holbraad, Morten Axel Pedersen. *The Ontological Turn: An Anthropological Exposition.* Cambridge: Cambridge University Press, 2017.

Max Weber. *Economy and Society.* Berkeley: University of California Press, 1978.

Myron Weiner. *Modernization the Dynamics of Growth.* New York: Basic Books, 1966.

Nicholas B. Dirks. *Castes of Mind: Colonialism and the Making of Modern India.* Princeton: Princeton University Press, 2001.

Nicholas Tapp. *The Hmong of Thailand: Opium People of the Golden Triangle.* London: Anti-Slavery Society, 1986.

Philippe Descola. *Beyond Nature and Culture.* Chicago: University of Chicago Press, 2013.

Ralph A. Litzinger. *Other Chinas: The Yao and the Politics of National Belonging.* Durham: Duke University Press, 2000.

Rita Astuti. *People of the Sea: Identity and Descent among the Vezo of Madagascar.* Cambridge: Cambridge University Press, 1995.

Robert Edgerton. *Sick Societies: Challenging the Myth of Primitive Harmony.* New York: Free Press, 1992.

Robert H. Jackson. *Race, Caste, and Status: Indians in Colonial Spanish America.* Albuquerque: University of New Mexico Press, 1999.

Sergei M. Shirokogorov. *Psychomental Complex of the Tungus.* London: Kegan Paul, Trench, Truhner & Co., Ltd., 1935.

Stanley J. Tambiah. *Culture, Thought, and Social Action.* Cambridge: Harvard University Press, 1985.

Stevan Harrell. *Ways of Being Ethnic in Southwest China: Studies on Ethnic Groups in China.* Seattle: University of Washington Press, 2001.

Thomas Mullaney. *Coming to Terms with the Nation: Ethnic Classification in Modern China.* Berkeley: University of California Press, 2011.

Tim Ingold. *The Perception of the Environment: Essays on Livelihood, Dwelling and Skill.* New York: Routledge, 2003.

Walt Whitman Rostow. *The Stages of Economic Growth: A Non-Communist Manifesto.* Cambridge: Cambridge University Press, 1991.

五、英文论文及文章

Arturo Escobar. "Power and Visibility: Development and the Invention and Management of the Third World," *Cultural Anthropology* 3(4), 1988.

Arturo Escobar. "Constructing Nature: Elements for a Post-structural Political Ecology," in Richard Peet & Michael Watts (eds.). *Liberation Ecologies: Environment, Development and Social Movements.* New York: Routledge, 1996.

Bwire T. M. Kaare. "The Impact of Modernization Policies on the Hunter-Gatherer Hadzabe: The Case of Education and Language Policies of Postindependence Tanzania," in Ernest S. Burch & Linda J. Ellanna (ed.). *Key Issues in Hunter-Gatherer Research.* New York: Routledge, 1994.

Catherine A. Gagnon, Dominique Berteaux. "Integrating Traditional Ecological Knowledge and Ecological Science: A Question of Scale," *Ecology and Society* 14(2), 2009.

Charles Hirschman. "The Making of Race in Colonial Malaya: Political Economy and Racial Ideology," *Sociological Forum* 1(2), 1986.

Charles R. Menzies, Caroline Butler. "Introduction: Understanding Ecological

Knowledge," in Charles R. Menzies (ed.). *Traditional Ecological Knowledge and Natural Resource Management*, Lincoln and London: University of Nebraska Press, 2006.

D. Dalakoglou, P. Harvey. "Roads and Anthropology: Ethnographic Perspectives on Space, Time and (Im)Mobility," *Mobilities* 4, 2012.

David G. Anderson & Dmitry V. Arzyutov. "The Etnos Archipelago: Sergei M. Shirokogoroff and the Life History of a Controversial Anthropological Concept," *Current Anthropology* 60(6), 2019.

Dennis Kelso, William DuBay. "Alaskan Natives and Alcohol: A Sociocultural and Epidemiological Review," in D. L Spiegler, D. A. Tate, S. S. Aitken and C. M. Christian (eds.). *Alcohol Use and Abuse Among US Ethnic Minorities*. Rockville, MD: US Department of Health and Human Services, 1989.

Dwight B. Heath. "Anthropology and Alcohol Studies: Current Issues," *Annual Review of Anthropology* 16(1), 1987.

Dwight B. Heath. "A Decade of Development in the Anthropological Study of Alcohol Use, 1970–1980," in Mary Douglas (ed.), *Constructive drinking: Perspectives on Drink from Anthropology*. Cambridge: Cambridge University Press, 1987.

E. J. Lindgren. "North-Western Manchuria and the Reindeer-Tungus," *The Geographical Journal* 75(6), 1930.

Eduardo Viveiros de Castro. "Cosmological Deixis and Amerindian Perspectivism," *Journal of the Royal Anthropological Institute* 4(3), 1998.

Erik Gómez-Baggethun, Esteve Corbera, Victoria Reyes-García. "Traditional Ecological Knowledge and Global Environmental Change: Research findings and policy implications," *Ecology and Society* 18(4), 2013.

Etienne Balibar. "Paradoxes of Universality," in David Theo Goldberg (ed.). *Anatomy of Racism*. Minneapolis: University of Minnesota Press, 1990.

G. Prakash Reddy. "Hunter-Gatherers and the Politics of Environment and Development in India," in Ernest S. Burch and Linda J. Ellanna (ed.), *Key Issues in Hunter-Gatherer Research*. New York: Routledge, 1994.

George W. Wenzel. "Traditional Ecological Knowledge and Inuit: Reflections on TEK Research and Ethics," *Arctic* 52(2), 1999.

Gregory D. Smithers. "Beyond the 'Ecological Indian': Environmental Politics and Traditional Ecological Knowledge in Modern North America," *Environmental History* 20(1), 2015.

Gunnar Haaland. "Economic Determinants in Ethnic Processes," in Fredrik Barth (ed.). *Ethnic Groups and Boundaries: The Social Organization of Culture Difference*, Illinois: Waveland Press, 1998.

J. Paul Seale, Sylvia Shellenberger, Carlos Rodriguez, Josiah D. Seale, Manuel Alvarado. "Alcohol Use and Cultural Change in an Indigenous Population: A Case Study from Venezuela," *Alcohol and Alcoholism* 37(6), 2002.

James Woodburn. "Egalitarian Societies," *Man, New Series* 17(3), 1982.

Kenneth L. Pratt. "'They Never Ask the People': Native Views About the Nunivak Wilderness," in Ernest S. Burch and Linda J. Ellanna (ed.). *Key Issues in Hunter-Gatherer Research*. New York: Routledge, 1994.

Kenneth Morrison. "Animism and a Proposal for a Post-Cartesian Anthropology," in Graham Harvey (ed.). *The Handbook of Contemporary Animism*, New York: Routledge, 2013.

Maria Lundberg, Yong Zhou. "Hunting-Prohibition in the Hunters' Autonomous Area: Legal Rights of Oroqen People and the Implementation of Regional National Autonomy Law," *International Journal on Minority and Group Rights* 16(3), 2009.

Mark Dyble, Jack Thorley, Abigail E. Page, Daniel Smith, Andrea Bamberg Migliano. "Engagement in Agricultural Work is Associated with Reduced Leisure Time among Agta Hunter-Gatherers," *Nature Human Behaviour* 3, 2019.

Mary Douglas. "A Distinctive Anthropological Perspective," in Mary Douglas (ed.). *Constructive Drinking: Perspectives on Drink from Anthropology*. Cambridge: Cambridge University Press, 1987.

Masami Iwasaki-Goodman, Milton M. R. Freeman. "Social and Cultural Significance of Whaling in Contemporary Japan: A Case Study of Small-Type Coastal Whaling," in Ernest S. Burch and Linda J. Ellanna (ed.). *Key Issues in Hunter-Gatherer Research*. New York: Routledge, 1994.

Michael Dietler. "Alcohol: Anthropological/Archaeological Perspectives," *Annual Review of Anthropology* 35, 2006.

Nancy J. Turner, Marianne Boelscher Ignace, Ronald Ignace. "Traditional Ecological Knowledge and Wisdom of Aboriginal Peoples in British Columbia," *Ecological Applications* 10(5), 2000.

Nancy Peluso. "Whose Woods Are These? Counter-Mapping Forest Territories in Kalimantan, Indonesia," *Antipode* 27(4), 1995.

Nicholas B. Dirks. "Introduction," in Nicholas B. Dirks (ed.). *Colonialism and Culture*. Ann Arbor: University of Michigan Press, 1992.

Nurit Bird-David. "The Giving Environment: Another Perspective on the Economic System of Hunter-Gatherers," *Current Anthropology* 31(2), 1990.

Nurit Bird-David. "Beyond 'The Original Affluent Society': A Culturalist Reformulation," *Current Anthropology* 33(1), 1992.

Pierre Bourdieu. "Social Space and Symbolic Power," *Sociological Theory* 7(1), 1989.

Raymond Dasmann. "Future Primitive: Ecosystem People versus Biosphere People," *Co-Evolution Quarterly* 11, 1976.

Richard Fraser. "Cultural Heritage, Ethnic Tourism, and Minority-State Relations amongst the Orochen in North-East China," *International Journal of Heritage Studies* 26(2), 2020.

Robert H. Jackson, Gregory Maddox. "The Creation of Identity: Colonial Society in Bolivia and Tanzania," *Comparative Studies in Society and History* 35(2), 1993.

Robert Kurzban, John Tooby, Leda Cosmides. "Can Race Be Erased? Coalitional Computation and Social Categorization," *Proceedings of the National Academy of Sciences of the United States of America* 98(26), 2001.

Talal Asad. "Market Model, Class Structure and Consent: A Reconsideration of Swat Political Organization," *Man*, 7(1), 1972.

Thomas W. Hill. "Ethnohistory and Alcohol Studies," in Marc Galanter (ed.). *Recent Developments in Alcoholism*, *vol.2*. New York: Plenum Press, 1984.

后 记

之所以会对大兴安岭林区开展文化人类学调查研究，与笔者的学习经历和田野工作息息相关。笔者2011年进入中央民族大学民族学专业学习，开始逐渐接触到民族研究的理论方法与田野实践。2015年进入南京大学人类学专业攻读硕士学位之后，在为学位论文寻找田野点之时，有幸来到了大兴安岭林区进行调研。在调研过程中，大兴安岭林区的社会发展转型深深吸引了我，促使我对相关议题进行长时间关注。自2016年以来，笔者多次深入大兴安岭林区中的各类社区进行田野调查，发表多篇论文。今天所呈现在读者面前的这本书，汇集了笔者自2016年以来对大兴安岭林区的相关研究成果。

在成书之际，感谢我的博士阶段导师范可教授。我在南京大学攻读博士学位期间，范老师在学术上给予我很大帮助，积极鼓励我开展大兴安岭林区等相关研究。在我毕业工作后，还时常给予我很多学术上的指导。感谢带我进入大兴安岭林区的麻国庆教授、黄志辉教授。2016年7月，正是因为有缘跟随两位老师前往鄂伦春自治旗进行调研，才使我有机会接触到大兴安岭林区的多元文化，并开始逐步有机会进行细致的田野研究。2022年6月，我有幸进入中国社会科学院民族学与人类学研究所工作，得到了单位领导和同仁的关心与指导。感谢学苑出版社的肯定与支持，感谢陈佳老师的付出，方能使此书顺利呈现在各位读者面前。感谢杨园章副研究员的反复督促与细致建议，这些努力推动了此书的出版工作。感谢在我求学和工作中帮助过我的所有老师、家人和朋友。最后要感谢我的父母，感谢他们给予我足够的信任，鼓励我从事学术研究。

大兴安岭林区还有很多有趣的话题值得深入挖掘，希望有机会能在以后的研究中不断对此进行更加深入的探索。

张雨男
2024年11月9日，初稿
2025年4月2日，修订